司法解释理解与适用系列

Tort Liability of Civil Code
of the People's Republic of China

最高人民法院
民法典侵权责任编
司法解释理解与适用

程 啸 ◎著

中国法制出版社
CHINA LEGAL PUBLISHING HOUSE

图书在版编目（CIP）数据

最高人民法院民法典侵权责任编司法解释理解与适用 / 程啸著. -- 北京 ：中国法制出版社，2024.10

（司法解释理解与适用系列）

ISBN 978-7-5216-4121-9

Ⅰ.①最… Ⅱ.①程… Ⅲ.①侵权法-法律适用-中国 Ⅳ.①D923.75

中国国家版本馆 CIP 数据核字（2024）第 010912 号

责任编辑：程　思　　　　封面设计：李　宁

最高人民法院民法典侵权责任编司法解释理解与适用

ZUIGAO RENMIN FAYUAN MINFADIAN QINQUAN ZERENBIAN SIFA JIESHI LIJIE YU SHIYONG

著者/程啸

经销/新华书店

印刷/三河市紫恒印装有限公司

开本/710 毫米×1000 毫米　16 开　　　印张/ 19.5　字数/ 245 千

版次/2024 年 10 月第 1 版　　　2024 年 10 月第 1 次印刷

中国法制出版社出版

书号 ISBN 978-7-5216-4121-9　　　定价：68.00 元

北京市西城区西便门西里甲 16 号西便门办公区

邮政编码：100053　　　传真：010-63141600

网址：http://www.zgfzs.com　　　**编辑部电话：010-63141806**

市场营销部电话：010-63141612　　　**印务部电话：010-63141606**

（如有印装质量问题，请与本社印务部联系。）

前 言

自2021年1月1日我国《民法典》施行后，不少人都担心最高人民法院今后可能就《民法典》颁布过多的司法解释，甚至怀疑将来极可能出现关于民法典的司法解释的总条文数超过《民法典》的总条文数（1260条）的情形。理论界与实务界的多数观点认为，最高人民法院关于《民法典》的司法解释应当充分立足审判实践，坚持问题导向，解决法律适用中的疑点难点，同时遵循必要的原则，不一味求大求全，追求体系。只有《民法典》的规定在司法实践中存在理解适用上的争议，或者有些问题在《民法典》中没有明确的规定，才有必要制定司法解释。2024年9月26日颁布的《最高人民法院关于适用〈中华人民共和国民法典〉侵权责任编的解释（一）》（以下简称《民法典侵权责任编解释（一）》）是《民法典》施行后最高人民法院首次针对第七编“侵权责任”作出的司法解释，该解释坚持问题导向，聚焦实践中争议较大的疑难复杂问题，如侵害监护关系的侵权赔偿责任、监护人责任的诉讼主体与责任承担方式、第三人侵权时教育机构的侵权责任、用人单位责任、产品责任的赔偿范围、机动车交通事故责任与强制责任保险的适用、高空抛物致害中的责任承担方式等。

从《民法典侵权责任编解释（一）》的规定来看，笔者认为该司法解释有两个比较明显的特点：一方面，重视对《民法典》的体系化理解，不是孤立地去解释某个条文，而是在体系中思考不同侵权责任与相关制度规则的适用关系，从而将各种可能并存的侵权责任形态的关系都考虑得比较清楚。这一点比较鲜明地体现在对侵害监护关系侵权责任与侵害被监护人的人身权益的侵权责任关系的规定（第1条至第3条）；对于教唆帮助侵权、监护人责任、委托监护中受托人责任之间并存适用关系的规定（第 10 条、第 12 条和第 13 条）；对于高空抛物致害责任中具体侵权人的侵权责任、建筑物管理人违反安全保障义务的侵权责任与可能加害的建筑物使用人的补偿责任这三者的适用关系的规定（第 24 条、第 25 条）；等等。

另一方面，实现了实体法与程序法规定的密切结合，注重将实体法规定通过相应的程序加以贯彻落实。例如，《民法典》侵权责任编多处规定了“相应的责任”，包括第 1189 条规定委托监护中受托人有过错时要承担相应的责任，第 1191 条第 2 款规定劳务派遣单位有过错的要承担相应的责任，第 1193 条规定的定作人存在定作、指示或选任过错时要承担相应的责任等。这些条文中的“相应的责任”是什么意思？其与监护人责任、接受劳务派遣单位的责任以及承揽人的责任之间究竟是按份责任还是连带责任抑或其他责任承担方式？对此，《民法典侵权责任编解释（一）》第 10 条、第 16 条和第 18 条将之明确为部分的连带责任，即监护人、承揽人或接受劳务派遣的单位承担侵权人应承担的全部责任，而受托人、劳务派遣单位或者定作人在过错范围内与监护人、承揽人或接受劳务派遣的单位共同承担责任。也就是说，无论是监护人与受托人之间，接受劳务派遣单位与劳务派遣单位之间抑或承揽人与定作人之间，都既不是连带责任，也不是按份责任，它们之间在相互重叠的部分内向被侵权人承担连带赔偿责任，赔偿的总额不能超过被侵权人遭受的损害的范围。再如，我国《民法典》第 1198 条第 2 款和第 1201 条分别规定了第三人侵权时安全保障义务人和教育机构有过错的，要承担的是“相应的补充责任”，但是由于缺乏具体的程序法上的规定，司法实践中实际上都被理解为“相应的责任”。此次《民法典侵权责任编解释（一）》第 14 条和第 24 条要求法官在判决书主文中明确未尽到管理职责的教育机构、未采取必要安全保障措施的建筑物的管理人在人民法院对第三人的财产依法强制执行后仍不能履行的部分，承担与其过错相应的补充责任。如此一来，就真正从程序上保障了相应的补充责任的贯彻落实。

在《民法典侵权责任编解释（一）》的起草论证过程中，笔者曾多次参加最高人民法院组织的论证会与研讨会，并且，笔者还专门就该司法解释的公开征求意见稿向最高人民法院有关部门提出了详细的修改建议。① 侵权法律关系相当复杂，涉及各方利益的平衡，具有很强的理论性与实践性，即便是专业的法律人士也不容易掌握和理解。为了使广大律师、法官和法律实务工作者了解该司法解释，知其然，更知其所以然，笔者依据《民法典》的规定，密切结合侵权法基本理论，对《民法典侵权责任编解释（一）》进行逐条解析，每一条的解析都围绕“条文要旨”“理解与适用”“疑点与难点”“相关规定”这四个部分展开。

学者撰写的法律或司法解释的释义书，肯定不同于立法机关、司法机关相关工作人员撰写的释义书。笔者认为，它们最大的区别在于：学者撰写的释义书可以秉承独立的学术态度，对于法律或司法解释指出问题和提出建议，而不是只能肯定或赞扬。当然，无论是赞同还是批评，都只是作者一孔之见。错谬之处，尚祈读者批评指正！

本书是2023年清华大学本科教育教学改革项目“本科精品课配套教材《侵权责任法教程》的改革与修订”（项目编号：DX09_ 01）的阶段性成果。

程 啸

2024年9月22日于清华园

---

① 参见程啸：《对〈民法典侵权责任编解释（一）〉（征求意见稿）的若干意见》，载微信公众号“中国法律评论”2023年3月31日，https：//mp. weixin. qq. com/s/MemSxZjLOxzRfp4JYOVmCw。

缩略语表

	简 称	全 称
一、法律法规		
1	《民法典》	《中华人民共和国民法典》（2020 年 5 月 28 日第十三届全国人民代表大会第三次会议通过；2021 年 1 月 1 日起施行）
2	《民法通则》	《中华人民共和国民法通则》（2009 年 8 月 27 日第十一届全国人民代表大会常务委员会第十次会议修正；已废止）
3	《民法总则》	《中华人民共和国民法总则》（2017 年 3 月 15 日第十二届全国人民代表大会第五次会议通过；已废止）
4	《侵权责任法》	《中华人民共和国侵权责任法》（2009 年 12 月 26 日第十一届全国人民代表大会常务委员会第十二次会议通过；已废止）
5	《道路交通安全法》	《中华人民共和国道路交通安全法》（2021 年 4 月 29 日第十三届全国人民代表大会常务委员会第二十八次会议第三次修正）
6	《民事诉讼法》	《中华人民共和国民事诉讼法》（2023 年 9 月 1 日第十四届全国人民代表大会常务委员会第五次会议第五次修正）

	简　称	全　称
7	《个人信息保护法》	《中华人民共和国个人信息保护法》（2021年8月20日第十三届全国人民代表大会常务委员会第三十次会议通过）
8	《未成年人保护法》	《中华人民共和国未成年人保护法》（2024年4月26日第十四届全国人民代表大会常务委员会第九次会议第二次修正）
9	《预防未成年人犯罪法》	《中华人民共和国预防未成年人犯罪法》（2020年12月26日第十三届全国人民代表大会常务委员会第二十四次会议修订）
10	《交强险条例》	《机动车交通事故责任强制保险条例》（2019年3月2日国务院第四次修订）
	二、司法解释	
1	《民法典侵权责任编解释（一）》	《最高人民法院关于适用〈中华人民共和国民法典〉侵权责任编的解释（一）》（法释〔2024〕12号）
2	《民法典侵权责任编司法解释（一）（征求意见稿）》	《最高人民法院关于适用〈中华人民共和国民法典〉侵权责任编的解释（征求意见稿）》（2023年3月29日，最高人民法院）
3	《人身损害赔偿解释》	《最高人民法院关于审理人身损害赔偿案件适用法律若干问题的解释》（法释〔2022〕14号）

	简　称	全　称
4	《精神损害赔偿解释》	《最高人民法院关于确定民事侵权精神损害赔偿责任若干问题的解释》（法释〔2020〕17号）
5	《铁路运输人身损害赔偿解释》	《最高人民法院关于审理铁路运输人身损害赔偿纠纷案件适用法律若干问题的解释》（法释〔2021〕19号）
6	《道路交通事故损害赔偿解释》	《最高人民法院关于审理道路交通事故损害赔偿案件适用法律若干问题的解释》（法释〔2020〕17号）
7	《民法典总则编解释》	《最高人民法院关于适用〈中华人民共和国民法典〉总则编若干问题的解释》（法释〔2022〕6号）
8	《利用信息网络侵害人身权益纠纷规定》	《最高人民法院关于审理利用信息网络侵害人身权益民事纠纷案件适用法律若干问题的规定》（法释〔2020〕17号）
9	《民事诉讼法解释》	《最高人民法院关于适用〈中华人民共和国民事诉讼法〉的解释》（法释〔2022〕11号）
10	《刑事诉讼法解释》	《最高人民法院关于适用〈中华人民共和国刑事诉讼法〉的解释》（法释〔2021〕1号）
11	《物业服务纠纷解释》	《最高人民法院关于审理物业服务纠纷案件适用法律若干问题的解释》（法释〔2020〕17号）

	简　称	全　称
12	《民法典时间效力规定》	《最高人民法院关于适用〈中华人民共和国民法典〉时间效力的若干规定》（法释〔2020〕15号）
13	《国家赔偿案件精神损害赔偿解释》	《最高人民法院关于审理国家赔偿案件确定精神损害赔偿责任适用法律若干问题的解释》（法释〔2021〕3号）
13	《民法通则意见》	《最高人民法院关于贯彻执行〈中华人民共和国民法通则〉若干问题的意见（试行）》（法（办）发〔1988〕6号，已废止）

目 录

Contents

第一条 【非法使被监护人脱离监护的财产损失赔偿】

非法使被监护人脱离监护，监护人请求赔偿为恢复监护状态而支出的合理费用等财产损失的，人民法院应予支持。

◆ 条文要旨

本条是关于侵权人非法使被监护人脱离监护致监护人财产损失的赔偿责任的规定。

◆ 理解与适用

一、本条的规范意旨

尽管在我国民法学界，就监护权的性质存在很大的争议（究竟是否属于权利抑或资格），但是，理论界与实务界一致认为：拐卖儿童或因过错致孩子被抱错等非法使被监护人脱离监护的行为，构成侵权行为，行为人需要承担相应的侵权责任。早在 2001 年最高人民法院颁布的《精神损害赔偿解释》第 2 条就明确规定："非法使被监护人脱离监护，导致亲子关系或者近亲属间的亲属关系遭受严重损害，监护人向人民法院起诉请求赔偿精神损害的，人民法院应当依法予以受理。"① 然而，这个司法解释只是规范精神损害赔偿责任，仅仅解决了非法使被监护人脱离监护给监护人造成精神损害时的赔偿责任问题，没有对于监护人由此遭受的财产损失能否请求赔偿等问题作出规定。实践中因侵权人非法使被监护人脱离监护的行为而导致监护人的财产损失的情形是比较常见的。例如，孩子被犯罪分子拐卖后，父母为了寻找孩子，走遍全国各地，支出了大量的交通费、食宿费等。基于侵权法上的过错原则以及完全赔偿

① 《民法典》颁布后，最高人民法院于 2020 年 12 月 23 日对该解释进行了修正，但是本条没有变化，依然保留下来。

原则，这些因为侵权人非法使被监护人脱离监护的侵权行为而造成的财产损失，当然应由侵权人予以赔偿。《民法典侵权责任编解释（一）》第1条对此作出了规定。

二、非法使被监护人脱离监护的行为之性质

（一）比较法

在普通法系，早期的普通法认为，父亲对于子女拥有一种获得子女服侍的权利，因此，当被告诱拐或者伤害孩子的时候，父亲有权基于失去的那些服侍而获得赔偿。现在的普通法或者成文法认为，当未成年的孩子被引诱、诱拐或者藏匿的时候，拥有孩子监护权的父母有权获得赔偿，该诉求不是针对离间感情，而是针对实际监护权的剥夺而提出的，同时，损害赔偿也不局限于针对失去孩子服侍的损失，还可能包括针对父母的痛苦、失去孩子的陪伴以及为重新获得监护权而付出的花费。此类案件可以被描述为故意且不正当地干涉父母对于未成年人的监护权。①《美国侵权法重述（第二次）》第700条规定："明知其父母不同意而诱拐、强迫或诱使未成年子女离开对其有合法监护权的父母，或者使未成年人离开父母后拒绝回家的，行为人应当向该父母承担责任。"

在大陆法系国家，尤其是德国法认为，拐骗儿童等行为属于侵害亲权的侵权行为，应当承担侵权责任。在德国法上，父母和未成年子女的关系深受《德国基本法》第6条第2款规定的影响，即照料和教育子女是父母的自然权利，也是其至高义务。基于父母比其他任何人或机构更加关心子女的最佳利益的事项，照料和教育子女被认为是父母的自然权利和最高义务，就算是国家也不能任意干涉父母的权利，即国家不能用

---

① ［美］丹·B. 多布斯：《侵权法》（下册），马静、李昊、李妍、刘成杰译，中国政法大学出版社2014年版，第1077—1078页。

监督职能来排除父母权利。[①] 在德国民法中，父母对于未成年子女的照料和教育的权利即亲权（Die elterliche Sorge）属于《德国民法典》第823 条第 1 款规定的“其他权利”，受到侵权法的保护。[②] 虽然在父母和子女的关系中，亲权是由一系列复杂的具有相对效力的权利和义务组成的，但是对父母与子女关系之外的第三人而言，亲权虽然不属于支配权（Herrschaftsrecht），但仍然是具有绝对效力的。所谓对父母亲权的侵犯，主要包括孩子被拐骗、没有亲权的父母一方将孩子带走、不受欢迎的人与孩子进行交往等情形，至于孩子本身对父母的不服从或者第三人侵害孩子本身的身体健康，不属于对父母亲权的侵害。[③]

在国际条约层面，1980 年在海牙签订的《国际诱拐儿童的民事方面公约》旨在加强国际合作，尽快使被非法带走的儿童返回惯常居住地。[④]《国际诱拐儿童的民事方面公约》的目的在于：保证在任何缔约国中遭非法带走或扣留的儿童迅速返回；以及保证缔约国法律所规定的监护权和探望权在其他缔约国获得有效尊重。依据该公约第 3 条第 1 款，符合以下条件的行为属于非法带走或扣留儿童的行为：（1）根据儿童被带走或被扣留前当时的惯常居所地国家的法律规定，如有侵犯属于个人、机构或任何其他团体的共同或单独监护权；并且（2）在带走或扣留的当时，实际上业已共同或单独行使上述监护权，或者如无带走或扣留情事，则将行使此项权利。

---

① ［德］迪特尔·施瓦布：《德国家庭法》，王保莳译，法律出版社 2010 年版，第 260—262 页；［德］马丽娜·韦伦霍菲尔：《德国家庭法》（第六版），雷巍巍译，中国人民大学出版社 2023 年版，第 301 页。

② Ahrens/Spickhoff，Deliktsrecht，Beck，2022，§11，Rn52.

③ Münchener Kommentar zum BGB /Wagner，8. Aufl.，Beck，2020，§ 823，Rn. 345—348.

④ 该公约仅适用于我国香港特别行政区、澳门特别行政区，不适用于内地。参见中华人民共和国外交部网站，https：//www. mfa. gov. cn/web/ziliao_ 674904/tytj_ 674911/tyfg_ 674913/201410/t20141016_ 9867713. shtml，2024 年 1 月 6 日访问。

（二）我国法

1. 学说上对监护性质的争议

过错责任原则是我国侵权法的基本原则，《民法典》第 1165 条第 1 款规定："行为人因过错侵害他人民事权益造成损害的，应当承担侵权责任。"《民法典侵权责任编解释（一）》第 1 条中的"非法使被监护人脱离监护"的行为属于一般侵权行为，应当适用的是过错责任。问题在于：该侵权纠纷中侵权人侵害的民事权益是什么？是否为监护权？这就涉及我国民法学界关于监护的性质的争议，主要的观点有职责说、权利说及权利义务统一说。

（1）职责说

此说认为，监护权是一种不准确的说法，监护权实质上并非监护人的权利而是监护人的职责。监护制度的设立在于弥补被监护人民事行为能力之欠缺，其着眼点在于保护被监护人的合法权益，而不是为了监护人自身的利益，因此，监护并不构成对于被监护人的权利。① 监护并非为监护人创设权利而是给其施加了相应的职责或者法定的义务，里面涉及监护人本身的权利的只有法定代理权和管教权。② 我国民事立法素来强调的就是监护人的职责。例如，《民法通则》第 18 条第 1 款曾规定："监护人应当履行监护职责，保护被监护人的人身、财产及其他合法权益，除为被监护人的利益外，不得处理被监护人的财产。"③ 《民法典》第 34 条第 1 款更是明确地规定："监护人的职责是代理被监护人实施民事法律行为，保护被监护人的人身权利、财产权利以及其他合法权益等。"尽管《民法典》第 34 条第 2 款规定："监护人依法履行监护职责

---

① 梁慧星：《民法总论》（第五版），法律出版社 2019 年版，第 106 页。

② 杨代雄：《民法总论》，北京大学出版社 2022 年版，第 136 页。

③ 《民法通则》颁布后阐述该法的著作基本上都是依据本款论述监护人的职责，比较有代表性的著作参见佟柔主编：《中国民法》，法律出版社 1990 年版，第 77—78 页；孙亚明主编：《民法通则要论》，法律出版社 1991 年版，第 45—46 页；徐开墅、成涛、吴弘：《民法通则概论》，群众出版社 1988 年版，第 41—42 页。

产生的权利，受法律保护。”但是，该条中的“权利”并不完全是权利。理由在于：一方面，任何权利都以一定的实有利益为基础，权利需要体现权利人的利益，而监护制度的着眼点在于保护被监护人的合法权益，而监护人并不从监护中获得利益，其主要是负有义务；另一方面，如果说监护是一种权利，那么监护人就可以因监护而取得相应的利益，甚至借监护而谋求自身利益，这显然违背了监护的目的。①

（2）权利说

此说认为，监护权属于身份权。监护人之所以享有监护权是基于监护人和被监护人之间的特定身份关系，不是任何人都能担任监护人，正是由于监护人与被监护人之间的特定身份关系，才能更好地尽到自己的责任，保护被监护人的合法权益，显然监护权属于一种身份权。② 监护权作为身份权体现的是监护人就被监护人的人身利益和财产利益而享有的支配关系，监护人要保护被监护人的人身、处理其财产、代理其从事民事法律行为。③ 我国法律已经明确认可了监护人享有的监护权。《民法通则》第 18 条第 2 款就明确规定：“监护人依法履行监护的权利，受法律保护。”在我国编纂《民法典》的过程中，虽然对于监护权存在争议，但是最终立法者仍然在《民法典》第 34 条第 2 款规定了“监护人依法履行监护职责产生的权利”。这一款中的“权利”当然是民事权利，④ 其性质上应当认定为身份权。⑤ 因此，拐卖儿童等非法使被监护人脱离监护人的行为的性质就是侵害监护权。

（3）权利义务统一说

此说认为，监护在本质上是一种职责，是权利和义务的统一。监

① 王利明：《民法总则研究》（第三版），中国人民大学出版社 2018 年版，第 209 页。
② 李由义主编：《民法学》，北京大学出版社 1988 年版，第 574 页。
③ 杨立新：《人身权法论》（修订版），人民法院出版社 2002 年版，第 930—931 页。
④ 李永军：《民法典总则论》，中国法制出版社 2022 年版，第 237 页。
⑤ 最高人民法院民事审判第一庭：《最高人民法院〈关于确定民事侵权精神损害赔偿责任若干问题的解释〉的理解与适用》，人民法院出版社 2001 年版，第 39 页。

护人既享有职权（权利），又负有责任（义务），因而作为一种指称，被称为“监护权”。目前实践中常常偏重监护人的责任，而忽略了监护人的权利。与配偶权、亲权一样，监护职责必须配置监护权利来帮助其实现，这些权利包括监护人为了被监护人的利益，可以合理地利用或处分被监护人的财产；当被监护人的人身、财产和其他合法权益受到非法侵害时，监护人作为法定代理人有权代理被监护人为民事法律行为和诉讼活动。①

2. 本书的观点

由于对监护的性质存在上述争议，故此，最高人民法院在起草《民法典侵权责任编解释（一）》时，没有使用“监护权”的概念。② 笔者认为，非法使被监护人脱离监护的行为在性质上当然属于侵害监护权的侵权行为，监护权是一种基于婚姻家庭关系而产生的人身权利即身份权，受到侵权法的保护。要界定监护权的性质，就必须明确监护权的涵义。所谓权利是指，法律规范授予人的，旨在满足其个人利益的意思力（Willensmacht），即享受特定利益的法律之力。③ 法律上之所以确立某种民事权利，根本目的在于保护民事主体的某种利益，以满足该主体之需求。就监护人与被监护人之间的关系而言，法律通过施加监护人以相应的职责——“代理被监护人实施民事法律行为，保护被监护人的人身权利、财产权利以及其他合法权益等”，从而更好地实现保护被监护人合法权益以及弥补其民事行为能力不足的目标。因此，从监护人和被监护

---

① 李霞：《监护制度比较研究》，山东大学出版社 2004 年版，第 38—39 页。

② 反对《民法典侵权责任编解释（一）》使用“监护权”表述的观点，参见曹险峰：《对〈侵权编解释意见稿〉的意见与建议》，载微信公众号“中国民商法律网”2023 年 4 月 28 日，https：//mp. weixin. qq. com/s/tjCHle2hokNbRkzJ4CRzkw；张家勇：《关于〈民法典〉侵权责任编的解释（一）（征求意见稿）的修改意见》，载微信公众号“中国民商法律网”2023 年 4 月 24 日，https：//mp. weixin. qq. com/s/eMIy1ieCPzGoXscdkp1eiA。

③ Vgl. Brox Walker，Allgemeiner Teil des BGB，32Aufl.，Carl Heymanns Verlag，2008，Rn. 617；［德］卡尔·拉伦茨：《德国民法通论》（上册），王晓晔、邵建东等译，法律出版社 2003 年版，第 276—277 页。

人之间的关系而言，监护权就是职责（主要就是义务），监护人必须履行监护职责，不能放弃或转让。

之所以我国民法始终用监护人的“职责”的表述，而不使用监护人的“义务”的概念，原因在于：法律为了使得监护人能够保护被监护人的人身财产权益以及代理被监护人实施民事法律行为，必须赋予监护人相应的权利，这些权利被《民法典》第34条第2款统称为“监护人依法履行监护职责产生的权利”。就《民法典》该款所称的权利究竟包括哪些权利，有不同的看法。有的学者认为，该权利包括两种：（1）对于被监护人的财产请求权。这是指如果监护人在履行监护职责的过程中为被监护人垫付了财产，则可以请求对被监护人进行追偿的权利。（2）对第三人的请求权，如果监护人在履行监护职责时，受到第三人的侵害，监护人当然享有对第三人的请求权，或者监护人在履行转承责任后，有可能产生对第三人的请求权。① 有的学者则认为，所谓监护人依法履行监护职责产生的权利包括：（1）监护人行使监护权的自主权利，即监护人依法履行监护义务的特权；（2）监护人的名誉权，能否妥善履行监护职责，在某些情形下也会对监护人的名誉产生影响；（3）在有偿的意定监护中，监护人因履行监护职责而获得报酬的权利。②

笔者认为，监护人依法履行监护职责而产生的权利必须是服务于监护职责的履行的，也就是说，这些权利只有在履行监护职责时才能产生，也是旨在保障监护职责的履行。如果不属于履行监护职责，就不存在这些权利。因此，不能将监护过程中产生的任何权利或与监护有关的权利都纳入其中。按照这个标准，前述学者所称的监护人对被监护人的财产请求权（如垫付费用或者取得报酬）、监护人被第三人侵害后产生的请求权、监护人的名誉权都不属于履行监护职责产生的权利。

① 李永军：《民法典总则论》，中国法制出版社2022年版，第238页。
② 陈甦主编：《民法总则评注》（上册），法律出版社2017年版，第248页；采相同观点的，参见杨代雄主编：《袖珍民法典评注》，中国民主法制出版社2022年版，第26页。

如果人们将监护人因履行监护职责而产生的权利统称为“监护权”的话，那么，由于监护职责的内容较为广泛，既包括人身方面的监护职责，也包括财产方面的监护职责，故此，监护人因履行监护职责而产生的权利包含的内容也非常广泛。比较典型的此类权利如法定代理权。《民法典》第23条规定“无民事行为能力人、限制民事行为能力人的监护人是其法定代理人”，因此，监护人作为被监护人的法定代理人有权代理被监护人实施民事法律行为，如签订买卖合同、教育服务合同等；当第三人实施侵害被监护人民事权益的侵权行为或违约行为时，如损坏被监护人的房屋、打伤被监护人等，被监护人基于物权、健康权受到侵害，可以行使相应的绝对权请求权和损害赔偿请求权。但是，由于被监护人是不完全民事行为能力人，缺乏诉讼行为能力，故此应由监护人作为法定代理人代为诉讼。对此，《民事诉讼法》第60条有明确的规定：“无诉讼行为能力人由他的监护人作为法定代理人代为诉讼。法定代理人之间互相推诿代理责任的，由人民法院指定其中一人代为诉讼。”再如，监护人对涉及被监护人权益的特定行为的同意权也是监护人依法履行监护职责而产生的权利。我国法律要求行为人在实施某些影响自然人的民事权益的行为之前必须取得该自然人的同意，如果自然人缺乏同意能力，必须取得其监护人的同意。例如，依据《民法典》第1219条第1款，医务人员在诊疗活动中应当向患者说明病情和医疗措施。需要实施手术、特殊检查、特殊治疗的，医务人员应当及时向患者具体说明医疗风险、替代医疗方案等情况，并取得其明确同意。当患者是缺乏同意能力的被监护人时，必须取得监护人的明确同意。再如，《个人信息保护法》第31条第1款规定：“个人信息处理者处理不满十四周岁未成年人个人信息的，应当取得未成年人的父母或者其他监护人的同意。”此外，为了确保监护职责的履行，法律上还赋予了监护人对被监护人的管教权。《未成年人保护法》第16条第9项以及《预防未成年人犯罪法》第28条、第29条规定，未成年人的父母或者其他监护人应当预防和制止未成年人的不良行为和违法犯罪行为，并进行合理管教。尤其是当未成年人存在吸烟、饮酒，多次旷课、逃学，无故夜不归宿、离家出走，沉迷网络等不利于未成年人身心健康成长的不良行为时，未成年人的父母或者其他监护人一旦发现，就应当及时制止并加强管教。

监护人需要履行的监护职责以及为履行监护职责享有的权利当然不限于上述列举的情形，但是，无论是监护人要履行的监护职责还是基于此而享有的权利，其根本目的在于保护被监护人的人身、财产权利及其他合法权益。因此，监护人不仅必须履行监护职责，也必须行使相应的权利，而不得放弃或转让这些权利。然而，一旦跳出监护人与被监护人的监护关系，对于该关系之外的第三人而言，监护人的监护职责及依法履行监护职责产生的权利就具有绝对的效力，第三人（无论是组织还是个人）都不得侵入、干扰或破坏，既不得妨碍或影响监护人履行监护职责，也不能侵害监护人依法履行监护职责产生的权利，否则第三人的行为就构成侵权行为。例如，在行为人拐卖儿童时，该行为就构成对于监护人与被监护人之间的关系的整体性妨害，导致监护人无法履行监护职责和行使权利。由此可见，就监护关系外的第三人而言，可以将已经依法履行监护职责产生的权利整体看待为具有绝对效力的权利。我们可以统称其为“监护权”。所谓非法使监护人脱离监护的行为，既可以说是妨害监护人履行监护职责的行为，当然也是侵害监护权的行为。

我国《民法典》第 34 条第 1 款规定了监护人的职责，第 2 款规定了监护人的监护权，第 3 款和第 4 款则分别规定了监护人不履行监护职责或者侵害被监护人合法权益的民事责任，以及监护人暂时无法履行监护职责的临时照料措施。但是，《民法典》第 34 条并未规定第三人侵害监护权时的侵权责任问题。监护权从性质上来说是基于监护关系而产生的对于监护关系之外的第三人具有绝对效力的权利，故此，属于《民法典》第 112 条规定的“自然人因婚姻家庭关系等产生的人身权利”，即身份权。《民法典》第 1165 条第 1 款规定：“行为人因过错侵害他人民事权益造成损害的，应当承担侵权责任。”依据这些规定，《民法典侵权责任编解释（一）》第1条对非法使被监护人脱离监护的行为即侵害监护权的行为作出了规定。

需要注意的是，侵害监护权的行为不同于侵害被监护人的民事权益的行为。非法使被监护人脱离监护的行为是对监护权的侵害，因此，被侵权人和享有损害赔偿请求权的是监护人而非被监护人。有些行为表面上似乎也是对监护权的侵害，但实质上只是构成对被监护人的人身权益或财产权益的侵害。例如，医疗机构没有取得未成年人的监护人的同意，就对未成年人进行手术而给未成年人造成损害；再如，网络公司没有取得十四周岁以下未成年人的父母或者其他监护人的同意，就收集、使用该未成年人的个人信息。医疗机构和网络公司的行为客观上当然也“侵害”了监护人的同意权，但是这些行为因为已经构成对未成年人的身体权、健康权以及个人信息权益的侵害，故此被吸收了，不再单独作为侵害监护权的行为来看待。此时，只有被监护人才是原告和享有侵权赔偿请求权，监护人只是作为被监护人的法定代理人代为诉讼。但是，在有些情形下，行为人实施的是多个行为，如既包括非法拐卖儿童的行为，又在拐卖儿童期间给儿童的生命权、身体权或健康权造成了损害。这种情形下，就存在多个侵权行为（而不是被吸收），包括侵害监护权的侵权行为、侵害被监护人人身权益的侵权行为，监护人和被监护人均有权针对这两个不同的侵权行为要求行为人承担侵权责任。对此，《民法典侵权责任编解释（一）》第3条作出了规定。

三、财产损害赔偿责任的构成要件

依据《民法典》第1165条第1款以及《民法典侵权责任编解释（一）》第1条，非法使被监护人脱离监护的财产损失赔偿责任需要满足以下三项构成要件：（1）非法使被监护人脱离监护；（2）给被监护人造成了财产损失；（3）行为人具有过错。前两个要件是客观构成要件，第三个是主观构成要件。下面逐一加以讨论。

（一）非法使被监护人脱离监护

所谓非法使被监护人脱离监护，是指行为人实施了使被监护人脱离监护的非法行为即构成对监护权的侵害。首先，行为人在客观上使被监护人脱离了监护。这是指行为人通过诱骗、胁迫、抢夺、欺诈等各种方式使得被监护人脱离了监护人对其进行教育、照顾和保护的状态，导致监护人无法依法履行监护职责和行使相应的权利。此种被监护人脱离监护状态的长短不影响行为的性质，可以是短暂的，也可以是长时间的。例如，在一个案件中，原告唐某华与被告段某娇之二姐段某某系夫妻关系，双方结婚后生育一女孩，取名唐某嘉，诉讼时年满两周岁。唐某嘉出生后即由被告段某娇来家照看。1994 年 10 月 13 日下午，原告唐某华之妻段某某下班后搭乘他人汽车，途中发生车祸死亡。此后，被告段某娇仍继续在原告处为原告照看唐某嘉。1995 年 3 月 13 日，被告段某娇趁原告在学校上课之机，将唐某嘉带回自己家中。此后，原告及亲友等多次找被告要求将唐某嘉送回，均被被告段某娇拒绝。为此，原告向法院起诉，要求被告段某娇将唐某嘉送回。[①] 该案中，段某娇没有取得唐某嘉的监护人即唐某华的同意，就将唐某嘉带回自己家中并且拒绝将孩子送还，这种行为直接导致被监护人脱离了监护，使得监护人无法对被监护人进行教育、照顾和保护。

其次，该行为是“非法”的，这也是最核心的要求。由于监护人对于被监护人享有的教育、照顾和保护等职责相对于监护关系之外的人具有绝对效力，因此，所谓“非法”，就是指行为人使被监护人脱离监护的行为既没有取得监护人的同意，也不存在法律规定排除违法性的情形，从而构成对监护权这一绝对权利的侵害。一方面，如果行为人取得监护人的同意，如父母同意邻居带自己的孩子去公园玩耍；监护人将其监护

① 唐某华诉段某娇未经同意带走其未成年女儿侵犯监护权案，载最高人民法院中国应用法学研究所编：《人民法院案例选》（总第 19 辑），人民法院出版社 1997 年版，第 69 页以下。

职责委托给他人（《民法典》第1189条），不构成“非法”。另一方面，如果存在法律规定的可以排除行为违法性的情形，如《民法典》第34条第4款规定的发生突发事件等紧急情况（如地震、洪水等），监护人暂时无法履行监护职责，由有关单位为被监护人安排必要的临时生活照料措施的，不属于非法使被监护人脱离监护；再如，依据《民法典》第36条，监护人因为实施严重损害被监护人身心健康、怠于履行监护职责等行为而被法院依据有关个人或单位的申请撤销其监护资格，此时，有关单位或个人将被监护人从该（原）监护人处带离的行为，也不具有非法性。

实践中，最为严重的非法使被监护人脱离监护的行为就是拐卖儿童的犯罪行为。在刑法上，拐卖儿童是指以出卖为目的，拐骗、绑架、收买、贩卖、接送、中转儿童的行为，该罪的主观要件为故意并且要以出卖被拐卖的儿童为目的。① 依据《刑法》第240条，拐卖儿童的，处5年以上10年以下有期徒刑，并处罚金；存在以出卖为目的偷盗婴幼儿等八种情形的，法定刑升格为10年以上有期徒刑或者无期徒刑，并处罚金或者没收财产，情节特别严重的，处死刑，并处没收财产。实践中，由于拐卖儿童的犯罪分子往往没有赔偿能力，很少有监护人针对他们提起民事侵权诉讼。但是，这并不意味着犯罪分子在遭受刑罚处罚后就可以不用承担民事责任。《民法典》第187条明确规定：“民事主体因同一行为应当承担民事责任、行政责任和刑事责任的，承担行政责任或者刑事责任不影响承担民事责任；民事主体的财产不足以支付的，优先用于承担民事责任。”

（二）给监护人造成了财产损失

行为人实施的非法使被监护人脱离监护的行为属于侵害监护权这一民事权益的侵权行为。该行为无论是否给监护人造成损害，监护人都有

① 周光权：《刑法各论》（第四版），中国人民大学出版社2021年版，第57页。

权要求行为人承担停止侵害、排除妨碍等作为绝对权请求权的侵权责任。例如，监护人针对行为人行使交还被监护人的请求权。① 只有当非法使被监护人脱离监护的行为给监护人造成了财产损失（有损害），才能有赔偿。单纯地使被监护人脱离监护关系只是构成对民事权益的“侵害”（verletzen），并不等于造成了“损害”（Schaden）。侵害强调的是行为的非法性或违法性。就人格权、物权、知识产权以及监护权等绝对权而言，侵害是指未经权利人同意或许可且无法律规定的免责事由而侵入权利人控制的领域或占有、使用、处分权利的客体。例如，未经他人的同意而进入其住宅，构成侵害隐私权和所有权；未经许可拍摄他人的肖像，属于侵害肖像权；没有取得监护人的同意并且不存在法律规定的情形就将被监护人带走，使之脱离监护，侵害了监护人的监护权。

损害是任何损害赔偿责任（无论侵权责任还是违约责任）的必备构成要件，它是指具有法律上的可补偿性的受害人遭受的任何物质的或精神的利益的非自愿地丧失，分为财产损害与非财产损害（精神损害）。很多情形下，侵害他人的民事权益就会给权益人造成损害，即损害是侵害所造成的后果。例如，开车将行人撞伤，侵害了该行人的健康权或身体权，造成了财产损害和精神损害。其中，财产损害又包括所受损害（如受害人为了治疗和康复而支出的医疗费、交通费等合理费用）与所失利益（如误工费、残疾赔偿金、死亡赔偿金等）。不过，有些时候侵权行为人虽然侵害了民事权益却并未造成损害，例如，保姆张某意图拐卖李某的孩子，正准备乘坐火车离开，被李某发现并报警，警察在火车站将张某抓获。张某的行为属于非法使被监护人脱离监护，是侵害监护人李某的监护权的侵权行为，但是因为张某很快就被抓获了，故此，该侵害行为尚未给李某造成财产损失或精神损害。

---

① 《德国民法典》第1632条第1款规定：“子女人身之监护，包括对于不法留置子女而使其脱离父母之返还请求权。”

监护人要求行为人承担侵害监护权的财产损失，就必须证明行为人侵害监护权的行为（非法使被监护人脱离监护）给其造成了财产损失，这些财产损失就是“为恢复监护状态而支出的合理费用等”。具体来说：首先，监护人的财产损失与行为人实施的非法使被监护人脱离监护的行为存在因果关系。行为人实施非法使被监护人脱离监护的行为与监护人的民事权益被侵害之间的因果关系是“责任成立的因果关系”（haftungsbegründende Kausalität / causation that establishes liability），即我国《民法典》第1165条第1款中的“侵害他人民事权益”，它是指加害行为与权益遭受侵害（Rechtsgutsverletzung）之间的关联。① 责任成立的因果关系属于事实构成要件，解决的是侵权责任成立与否的问题。而监护人的财产损失与非法使被监护人脱离监护的行为之间的因果关系是“责任范围的因果关系”（haftungsausfüllende Kausalität / causation that determines the extent of liability），即我国《民法典》第1165条第1款中的“造成损害”，它是指权益受侵害与损害之间的因果关联，是在侵权责任成立后用来确定损害赔偿范围的因果关系。我国理论界与实务界通说都主张借鉴德国法上的相当因果关系说来判断责任范围的因果关系。相当因果关系说认为，作为原告损害条件的被告的行为（或应由其负责之事件），如果极大地增加了此种损害发生的客观可能性（objektive Möglichkeit），那么该行为就属于损害的充分原因（an adequate cause）。测算被告的行为是否极大地增加了此种客观之可能性，应当在被诉侵权人实施侵权行为之时已知或应知的所有情形的基础上，并结合以经验为基础的一般实践性知识（general practical knowledge）加以认定。

其次，就非法使被监护人脱离监护的行为给监护人造成的财产损失，《民法典侵权责任编解释（一）》列举了最典型的财产损失，即“为恢复监护状态而支出的合理费用”。一方面，必须是为恢复监护状态而支

① Brox/Walker, Allgemeines Schuldrecht, 44. Aufl. Beck, 2020, S. 613.

出的。所谓恢复监护状态，是指使监护人重新处于监护人的监护之下，监护人得以对被监护人进行照顾、抚养、教育和保护。另一方面，该费用是合理的费用，其具体范围包括但不限于：为恢复监护状态而支出的交通费、住宿费、印刷费、通信费、调查费、取证费、律师费、鉴定费等合理的费用。例如，新闻媒体报道，在福建石狮打工的朱某夫妇的儿子被人贩子拐走，夫妇二人为了寻找儿子，花费近 10 万元，8 个多月走遍泉州、厦门和漳州三市的 20 多个县、乡、村，终于找到了 5 岁儿子朱某某的下落，朱某某被警方顺利解救。① 显然朱某夫妇为了寻找儿子而支出的 10 万元费用属于为恢复监护状态而支出的费用。当然，非法使被监护人脱离监护的行为给监护人造成的财产损失不限于“为恢复监护状态而支出的合理费用”，还包括其他财产损失。例如，为了寻找被人贩子拐卖的儿子，父母不得不停止工作或经营活动，此种误工收入的损失，也属于侵权人应当赔偿的财产损失。

（三）行为人主观具有过错

行为人主观上需要具有过错即故意或者过失，故意的情形如人贩子拐卖儿童，过失的情形是指行为人因未尽到相应的注意义务而导致被监护人丢失或被他人抱走。在一个案件中，原告赵某强、宫某系夫妻关系。1981 年 10 月 29 日，原告宫某在被告通化市人民医院妇产科顺产一名男婴。按被告的规定，新生儿由院方医护人员在婴儿室看护 3 日。3 日后，原告宫某同被告交与的男婴一同出院，该男婴取名赵某，由二原告抚养至今。2001 年 4 月 6 日，赵某在大学参加无偿献血时，得知自己的血型为 AB 型，二原告方知赵某并非其亲生子。后经多方寻找，并经辽宁省公安厅进行 DNA 亲子鉴定，结论为二原告与赵某无血亲关系，与原告宫某同在被告处生产的李某野之子孙某系二原告亲生子。经多方调查寻找

① 《安徽夫妻借债 10 万，闽南三地苦寻儿》，载台海网，http://www.taihainet.com/news/fujian/szjj/2007-12-03/195296_2.html。

获知，造成这一后果的直接原因是被告疏于管理，导致串子。二原告在寻子及为赵某寻亲期间共花各种费用4.5万元。[①] 再如，在另一个案件中，2001年3月27日，原告因临产住进被告市医院住院部三楼的一间病房，当日下午6时顺利产下一名男婴。同年3月28日，市医院按照有关产后24小时内给婴儿洗澡的规定，通知二原告将其婴儿抱到产房洗澡。次日上午，市医院无人通知二原告给婴儿洗澡，也无人派护士去抱原告的婴儿洗澡。至11时许，原告问医院其婴儿被人抱走去洗澡，现在还没见送回。市医院当即向公安机关报案，请求查找婴儿的下落。当天下午，在公安人员的组织下，集中当班的医护人员，让二原告辨认其中是否有抱走其婴儿的人。二原告经过辨认，未发现被集中的人中有抱走其婴儿的人。后公安机关立案侦查，至二原告起诉时仍无婴儿下落的结果。[②] 这两个案件中，作为被告的医院并非故意使得被监护人脱离监护，更不存在出卖儿童的行为，医院主观上对于将婴儿搞混以及婴儿丢失存在的是过失，其行为依然属于“非法使被监护人脱离监护”。

四、侵权赔偿责任人与请求权人

非法使被监护人脱离监护的行为人原则上就是侵权人，其应当承担监护人为恢复监护状态而支出的合理费用等财产损失的赔偿责任。如果实施非法使被监护人脱离监护行为的人是受到他人教唆或得到他人帮助，则教唆人、帮助人应当与行为人承担连带责任。如果行为人是不完全民事行为能力人，则教唆人、帮助人应当承担侵权责任；该不完全民事行为能力人的监护人未尽到监护职责的，应当承担相应的责任（《民法典》第1169条第2款）。在拐卖儿童的情形中，拐卖者与收买者还会构成共同侵权行为，依据《民法典》第1168条，他们应当向监护人承担连带

① 孙某东、李某野诉通化市人民医院侵犯身份权案，载最高人民法院中国应用法学研究所编：《人民法院案例选》（总第46辑），人民法院出版社2004年版，第93页以下。

② 阿某某力·库某班、艾某提·塔某某勒诉阿克苏市人民医院丢失婴儿损害赔偿案，载最高人民法院中国应用法学研究所编：《人民法院案例选（2004年民事专辑）》，人民法院出版社2005年版，第89页以下。

赔偿责任。

监护人是要求非法使被监护人脱离监护的行为人承担赔偿责任的请求权主体，监护人既包括父母以及其他担任监护人的近亲属等自然人，也包括担任监护人的民政部门以及被监护人住所地的居民委员会、村民委员会。但是，这些近亲属以外的自然人以及组织的赔偿请求权仅限于财产损害赔偿请求权，不包括精神损害赔偿请求权（《民法典侵权责任编解释（一）》第2条）。

◆ 疑点与难点

一、监护权是否属于身份权

身份权，也称“亲属权（Familienrecht）”。所谓身份权，是具有一定的亲属关系（自然的亲属关系与拟制的亲属关系）的自然人相互之间享有的权利，该权利是以亲属关系这一身份关系而得享有的利益为内容，以具有亲属关系的人为客体的。“民法上身份云者，谓基于亲属法上相对关系之身份，有一定身份后得享有之权利也。例如家长权为家长对于其家属之身份，夫权为夫对于其妻之身份，亲权为父母对于其子女之身份，是也。亦可谓亲属权。”① 我国著名法学家谢怀栻先生指出，身份权就是“亲属权”，现代法律中没有从前法律中的各种身份（如贵族、商人、家长），而父母子女间、配偶间以及其他亲属间的关系也与以前的身份关系大不相同。②

身份权的特征在于：首先，该权利仅发生在具有婚姻家庭等亲属关系的自然人之间。亲属关系发生时，权利产生；亲属关系消灭时，权利消灭。其次，身份权的主体只能是自然人，不包括法人或非法人组织。再次，身份权具有专属性，不能放弃、转让、继承或进行其他的处分，

---

① 史尚宽：《民法总论》，中国政法大学出版社2000年版，第21页。

② 谢怀栻：《论民事权利体系》，载《法学研究》1996年第2期。

也不能由他人代为行使。最后，身份权本身也具有一定的义务性。是否行使身份权并不完全由权利人自由决定，权利人也负有一定的义务，即必须行使该权利。这是因为，身份权并非如同一般的民事权利那样，仅仅以保护归属于权利人的利益为核心。换言之，身份权不是仅为权利人而存在的，而是为包括权利人在内的一定的亲属团体的共同利益而存在的。例如，配偶间的权利是为配偶双方的利益而存在的。再如，父母子女间的权利是为由父母子女所组成的家庭之利益而存在的。

我国《民法典》第112条规定："自然人因婚姻家庭关系等产生的人身权利受法律保护。"该条中规定的"因婚姻家庭关系等产生的人身权利"就是身份权，也称亲属权。由于我国《民法典》所规定的监护的类型较多，既包括法定监护，也包括意定监护（包括遗嘱监护和成年监护），还有临时监护。不仅如此，能够担任监护人的也并非只有父母等近亲属，还包括其他愿意担任监护人的个人或者组织。在没有依法具有监护资格的人的情形下，监护人由民政部门担任，也可以由具备履行监护职责条件的被监护人住所地的居民委员会、村民委员会担任。显然，与被监护人不具有亲属关系的自然人不享有身份权，而法人或非法人组织更不可能享有身份权。所以，将监护权笼统地界定为身份权并不妥当。只有在那些具有婚姻家庭关系的监护人与被监护人之间，监护权才能被认为属于身份权。

二、不属于非法使被监护人脱离监护的几种情形

以下几种情形不属于非法使被监护人脱离监护的情形：其一，在对监护人的确定发生争议的情况下，如爷爷奶奶与外公外婆之间就孩子的监护人发生争议时，一方可能在孩子放学时偷偷将其带回自己家，这种行为不应认为是非法使被监护人脱离监护的情形，因为发生争议的双方实际上都处于有资格担任监护人的序列当中，无非存在争议而已。但是，一旦有关单位（被监护人住所地的居民委员会、村民委员会或者民政部门以及人民法院）指定了监护人，则不属于监护人的一方未取得监护人的同意就将孩子带走，会构成非法使被监护人脱离监护。其二，父母离婚后，孩子跟随一方生活，另一方没有告知对方就将孩子带走（如带去旅游），这种情形下不能认定属于非法使被监护人脱离监护。因为，《民法典》第 1084 条第 1 款、第 2 款规定，父母与子女间的关系，不因父母离婚而消除。离婚后，子女无论由父或者母直接抚养，仍是父母双方的子女。离婚后，父母对于子女仍有抚养、教育、保护的权利和义务。故此，父或母不告知对方就将孩子带走的行为，虽然不妥，但不构成非法使被监护人脱离监护。

三、父母一方擅自非法将子女送给他人收养的行为也构成侵害监护权

侵害监护权的侵权人本身可能就是监护人。例如，在一起侵权纠纷案件中，原告缪某某与被告钟某某经他人介绍后认识并同居，生育了女儿缪某 1，后钟某某未经过缪某某的同意擅自将缪某 1 送给他人抚养，至今无法找寻到。缪某某向法院起诉钟某某，认为钟某某在其不知情的情况下未经法定程序擅自将自己的女儿缪某 1 送给他人抚养，侵害了自己对缪某 1 的监护权，要求精神损害赔偿。法院终审认定被告钟某某的行为属于非法使被监护人脱离监护，导致亲子关系遭受严重损害，故而判决钟某某赔偿缪某某精神损害 2 万元。① 依据我国《民法典》第 27 条第 1 款，父母是未成年子女的监护人，父母共同行使对未成年子女的监护权，即便父母要将子女送给他人收养，也应当双方均同意且符合其他法定条件。《民法典》第 1097 条规定："生父母送养子女，应当双方共同送养。生父母一方不明或者查找不到的，可以单方送养。"在本案中，钟某某未经缪某某同意就擅自将女儿缪某 1 送给他人收养，显然是侵害了缪某某对缪某 1 的监护权，应当承担侵权责任。

---

① 缪某某、钟某某侵权责任纠纷案，广东省湛江市中级人民法院（2023）粤 08 民终 4689 号民事判决书。

◆ 相关规定

1. **《中华人民共和国民法典》**

第二十六条　父母对未成年子女负有抚养、教育和保护的义务。

成年子女对父母负有赡养、扶助和保护的义务。

第二十七条　父母是未成年子女的监护人。

未成年人的父母已经死亡或者没有监护能力的，由下列有监护能力的人按顺序担任监护人：

（一）祖父母、外祖父母；

（二）兄、姐；

（三）其他愿意担任监护人的个人或者组织，但是须经未成年人住所地的居民委员会、村民委员会或者民政部门同意。

第二十八条　无民事行为能力或者限制民事行为能力的成年人，由下列有监护能力的人按顺序担任监护人：

（一）配偶；

（二）父母、子女；

（三）其他近亲属；

（四）其他愿意担任监护人的个人或者组织，但是须经被监护人住所地的居民委员会、村民委员会或者民政部门同意。

第二十九条　被监护人的父母担任监护人的，可以通过遗嘱指定监护人。

2. **《最高人民法院关于确定民事侵权精神损害赔偿责任若干问题的解释》**（法释〔2020〕17号）

第一条　因人身权益或者具有人身意义的特定物受到侵害，自然人或者其近亲属向人民法院提起诉讼请求精神损害赔偿的，人民法院应当依法予以受理。

第二条　非法使被监护人脱离监护，导致亲子关系或者近亲属间的亲属关系遭受严重损害，监护人向人民法院起诉请求赔偿精神损害的，人民法院应当依法予以受理。

3.《最高人民法院关于审理人身损害赔偿案件适用法律若干问题的解释》（法释〔2022〕14号）

第二十三条 精神损害抚慰金适用《最高人民法院关于确定民事侵权精神损害赔偿责任若干问题的解释》予以确定。

第二条 【非法使被监护人脱离监护的精神损害赔偿】

非法使被监护人脱离监护，导致父母子女关系或者其他近亲属关系受到严重损害的，应当认定为民法典第一千一百八十三条第一款规定的严重精神损害。

◆ 条文要旨

本条是有关侵权人非法使被监护人脱离监护给监护人造成严重精神损害时的赔偿责任的规定。

◆ 理解与适用

一、本条的规范意旨

早在最高人民法院颁布的《精神损害赔偿解释》中就已经对非法使被监护人脱离监护的精神损害赔偿责任作出了规定。依据该解释第2条，非法使被监护人脱离监护，导致亲子关系或者近亲属间的亲属关系遭受严重损害，监护人向人民法院起诉请求赔偿精神损害的，人民法院应当依法予以受理。《精神损害赔偿解释》的起草者认为：在近亲属范围内，监护实际上兼有身份权利的性质，非法使被监护人脱离监护，导致亲子关系或近亲属间的亲属关系遭受严重损害的，可以认定为侵害他人监护权，监护人请求赔偿精神损害的，人民法院应当依法予以受理。① 应当说，在2001年我国当时的法律尚未规定精神损害赔偿责任的背景下，《精神损害赔偿解释》就能明确侵害具有一定身份权性质的监护权也应当承担精神损害赔偿责任，具有非常积极的意义。

自2010年7月1日起施行的《侵权责任法》第22条对精神损害赔偿责任作出了明确规定："侵害他人人身权益，造成他人严重精神损害的，被侵权人可以请求精神损害赔偿。"该条中的"人身权益"包括人格权益和身份权益。民法典编纂后，《侵权责任法》第22条成为《民法典》第1183条第1款，但是，将"他人人身权益"明确为"自然人人身权益"，即"侵害自然人人身权益造成严重精神损害的，被侵权人有权请求精神损害赔偿"。该款进一步明确了只有侵害自然人的人身权益并造成严重精神损害的，被侵权人才享有精神损害赔偿请求权。依据《民法典》第1183条第1款之规定，《民法典侵权责任编解释（一）》第2条进一步明确了非法使被监护人脱离监护时导致严重精神损害的认定问题。

二、严重精神损害的界定与判断标准

依据《民法典》第1165条第1款、第1183条第1款以及《民法典侵权责任编解释（一）》第2条的规定，非法使被监护人脱离监护关系的精神损害赔偿责任须满足以下构成要件：（1）行为人实施了非法使被监护人脱离监护的行为，即存在加害行为；（2）该行为导致父母子女关系或者其他近亲属关系受到严重损害，即造成了精神损害；（3）行为人存在过错。前两个要件是客观要件，第三个要件是主观要件。本书在阐述《民法典侵权责任编解释（一）》第1条时已经论述了第一个和第三个要件，故此，本处仅论述第二个要件，即何谓造成了严重精神损害。

依据《民法典侵权责任编解释（一）》第2条的规定，非法使被监

① 最高人民法院民事审判第一庭：《最高人民法院〈关于确定民事侵权精神损害赔偿责任若干问题的解释〉的理解与适用》，人民法院出版社2001年版，第39页。

护人脱离监护只有在出现以下结果时才能认定为给监护人造成了严重精神损害——“导致父母子女关系或者其他近亲属关系受到严重损害的”。具体阐述如下：

（一）导致父母子女关系或者其他近亲属关系受到严重损害

在《民法典侵权责任编解释（一）》的起草论证过程中，有些学者认为，非法使被监护人脱离监护，只要造成监护关系受到严重损害即可产生精神损害赔偿请求权，没有必要限定为“父母子女关系或者其他近亲属关系”。[①] 笔者认为，该观点没有考虑到在我国法上可以担任监护人的主体是非常广泛的，既包括自然人（父母等近亲属以及其他愿意担任监护人的个人），也包括组织（如民政部门、居民委员会和村民委员会）。依据我国《民法典》第1183条第1款，只有侵害自然人的人身权益才可能产生精神损害赔偿责任。因此，倘若监护人是民政部门、居民委员会和村民委员会等法人组织，即便是行为人非法使被监护人脱离监护，这些监护人也不可能享有精神损害赔偿请求权。即便是自然人担任监护人，如果监护人不是被监护人的近亲属，而是近亲属之外的愿意担任监护人的个人，因其与被监护人之间不存在近亲属关系，非法使被监护人脱离监护的行为就不可能损害近亲属关系，由此可以进一步认为这些监护人不会遭受精神损害，至少不可能遭受严重的精神损害。[②] 正因如此，《精神损害赔偿解释》第2条就已经明确要求必须是“导致亲子关系或者近亲属间的亲属关系遭受严重损害”。《民法典侵权责任编解释（一）》第2条则依据《民法典》婚姻家庭编的相关规定，明确为“导致父母子女关系或者其他近亲属关系受到严重损害”。需要注意的是，虽然不属于近亲属的监护人不能因为行为人侵害监护权的行为享有精神

① 在2023年5月13日下午中国人民大学法学院举办的“民法典侵权责任编解释研讨会”上，一些学者提出该观点。

② 有些非近亲属的个人与被监护人也可能具有很深的感情，但是依据《民法典侵权责任编解释（一）》第2条的规定也无法获得精神损害赔偿。

损害赔偿请求权，但并不影响其依据《民法典侵权责任编解释（一）》第1条请求侵权人赔偿为恢复监护状态而支出的合理费用等财产损失。

（二）父母子女关系或者其他近亲属关系受到严重损害的认定标准

依据《民法典》第1183条第1款，侵害自然人的人身权益的，只有造成“严重精神损害”才能产生精神损害赔偿请求权。最早提出这种后果的严重性要求的是《侵权责任法》。起草《侵权责任法》时，立法机关担心精神损害赔偿被滥用，故此，希望加以限制，而“严重精神损害”就被《侵权责任法》第22条作为精神损害赔偿请求权成立的法定条件之一，偶尔的痛苦和不高兴不能认为是严重精神损害。[①]《民法典》第1183条第1款则延续了《侵权责任法》的这个规定。

按照程度从重到轻的标准，可将精神损害分为严重的精神损害、一般的精神损害与轻微的精神损害。显然，一般的和轻微的精神损害是不能获得赔偿的。然而，由于精神损害本属于受害人心理或精神上的感受，具有很强的主观性，损害严重与否，外人难以了解。故此，常常需要借助相对客观的标准进行综合的考量和判断，否则，法官自由裁量权过大。从司法实践来看，就侵害人格权的精神损害赔偿中严重与否的认定，通常因区分物质性人格权和精神性人格权而有所不同。首先，在侵害物质性人格权即生命权、身体权和健康权的情形，只要造成了受害人死亡或残疾的，就可以直接认定给受害人或其近亲属造成了严重的精神损害。一方面，这体现了对人的生命健康的尊重，也是保护广大人民群众的人身安全所必需的；另一方面，这种认定也是完全符合常理的，毕竟任何人因侵权而致残疾，岂有不严重痛苦之理？任何人的亲人因侵权而去世，岂有不严重痛苦之理？所谓人同此心，心同此理。人之天性，法律上应予考虑。当然，构成伤残可以认定为造成严重精神损害，只是一个原则。有些情形下，虽然没有构成伤残，但是毁损了受害人（尤其是女性）的

① 王胜明主编：《中华人民共和国侵权责任法释义》，法律出版社2010年版，第111页。

容貌，影响其正常生活工作的，也会构成严重精神损害。

其次，在侵害精神性人格权时，认定是否构成严重精神损害，则需要综合考虑多种因素如加害行为的性质、程度和方式（如披露他人的隐私、诽谤他人、在发行量巨大或读者众多的媒体上实施侵害行为等），侵权人的主观过错程度（故意还是重大过失抑或轻微过失），损害后果的类型以及被侵权人因侵权而引起的连锁反应（如出现失眠、学习成绩下降、企图自杀）等予以认定。例如，《国家赔偿案件精神损害赔偿解释》第 4 条规定，人民法院赔偿委员会适用精神损害赔偿条款，应当严格依法认定侵权行为是否“致人精神损害”以及是否“造成严重后果”。一般情形下，人民法院赔偿委员会应当综合考虑受害人人身自由、生命健康受到侵害的情况，精神受损情况，日常生活、工作学习、家庭关系、社会评价受到影响的情况，并考量社会伦理道德、日常生活经验等因素，依法认定侵权行为是否致人精神损害以及是否造成严重后果。受害人因侵权行为而死亡、残疾（含精神残疾）或者所受伤害经有合法资质的机构鉴定为重伤或者诊断、鉴定为严重精神障碍的，人民法院赔偿委员会应当认定侵权行为致人精神损害并且造成严重后果。

《民法典侵权责任编解释（一）》第 2 条将非法使被监护人脱离监护的行为给监护人造成的严重精神损害界定为“父母子女关系或者其他近亲属关系受到严重损害”，于是，问题就转换为如何认定父母子女关系或者其他近亲属关系受到了严重损害。笔者认为，可以综合考虑以下因素加以认定：（1）被监护人的年龄。通常而言，被监护人的年龄越小，其自我照顾和保护的能力越弱，越需要父母等监护人的照顾和保护。故此，年幼的被监护人脱离监护后，给父母子女关系或者其他近亲属关系造成的损害往往是严重的。（2）监护人的情形。监护人的类型有很多，其中，父母作为监护人因监护权被侵害而遭受的精神损害往往要重于作为监护人的其他近亲属。父母是子女第一位的法定监护人，父母与子女的关系和感情通常也是最深的，因此被监护人被他人非法带走而脱离父母的监护，给父母子女关系造成的精神损害往往就是严重的。(3）脱离监护的时间长短。使被监护人非法脱离监护的时间越长，给父母子女关系或其他近亲属关系造成的损害显然是越严重的。例如，实践中出现的幼童在一两岁时候就被拐卖，直到十多年甚至二十多年后才找到，这种行为造成的精神损害当然是非常严重的，因为父母错过了陪伴孩子从牙牙学语到蹒跚而行，从清纯阳光的少年到朝气蓬勃的青年这一重要人生阶段，失去的这些是无法弥补的。倘若只是短暂地脱离几天，通常对于父母子女关系或其他近亲属关系不会造成严重损害。(4）监护人因监护权被侵害是否出现生理或精神上的疾病对于认定精神损害的严重程度也很重要，尤其是父母在未成年子女被拐卖的情况下，往往会陷入极大的痛苦，由此一病不起或加重已有疾病，甚至精神失常。这些情形下，显然精神损害是非常严重的。此外，还可以考虑侵害监护权的加害行为的方式、行为人的主观心理状态等其他因素综合认定。

三、精神损害赔偿请求权人

行为人实施非法使被监护人脱离监护的行为，导致父母子女关系或者其他近亲属关系受到严重损害，构成《民法典》第1183条第1款所规定的“严重精神损害”的，精神损害的受害人是谁，即何人享有精神损害赔偿请求权？究竟是只有监护人享有精神损害赔偿请求权，还是监护人和被监护人都享有精神损害赔偿请求权？笔者认为，只有父母以及作为监护人的其他近亲属享有精神损害赔偿请求权，这是因为相对于第三人，他们才是监护权的权利人，是因为监护权被侵害而造成严重精神损害，所以享有精神损害赔偿请求权。至于被监护人，往往因年龄幼小而无法认识到发生了什么事情，通常不会有精神损害。

◆ 疑点与难点

一、我国法律上精神损害赔偿责任的适用范围

实践中，为防止滥诉和不当增加侵权人的赔偿负担，法院对于精神

损害赔偿的适用也有相当的限制。例如，《精神损害赔偿解释》（法释〔2001〕7号）第8条就明确区分了精神损害的后果是否严重而分别作出规定：首先，被侵权人虽因侵权而遭受了精神损害，但后果并不严重，那么受害人请求赔偿精神损害的，法院一般不予支持，但可以根据情形判令侵权人停止侵害、恢复名誉、消除影响、赔礼道歉。其次，如果精神损害后果严重的，则人民法院除判令侵权人承担停止侵害、恢复名誉、消除影响、赔礼道歉等民事责任外，还可以根据受害人一方的请求判令其赔偿相应的精神损害抚慰金。①

在我国起草《侵权责任法》的过程中，立法机关认为："侵权行为在不少情况下既造成财产损害，又造成精神损害。我国现行法律没有明确规定精神损害赔偿，但审判实践中已有不少精神损害赔偿的案例。经同有关部门研究认为，草案应当对精神损害赔偿作出明确规定，但对精神损害赔偿的范围应当严格限制。"②《中华人民共和国侵权责任法（草案）》（二次审议稿）曾从侵害的对象、主观要件、后果严重程度三个方面对精神损害赔偿责任的适用范围作出了严格限制。例如，该草案第23条规定："侵害他人生命权、健康权，造成死亡的，受害人的近亲属可以请求精神损害赔偿；造成残疾的，受害人可以请求精神损害赔偿。"第24条规定："故意侵害他人人格权、身份权，造成他人严重精神损害的，受害人可以请求精神损害赔偿。"这种规定是不妥当的。因为过失的侵权行为也可能给受害人造成严重的精神损害，例如，过失发表侵害他人名誉权、隐私权的文章等。由于专家学者对此规定表示反对，最后，《侵权责任法》第22条只是从两方面限制了精神损害赔偿责任的适用范围：其一，侵害的客体，即侵害了人身权益；其二，损害后果，即造成

① 司法解释的类似规定还有《利用信息网络侵害人身权益纠纷规定》第11条："网络用户或者网络服务提供者侵害他人人身权益，造成财产损失或者严重精神损害，被侵权人依据民法典第一千一百八十二条和第一千一百八十三条的规定，请求其承担赔偿责任的，人民法院应予支持。"

② 全国人民代表大会法律委员会关于《中华人民共和国侵权责任法（草案）》主要问题的汇报，2008年12月22日第十一届全国人民代表大会常务委员会第六次会议。

他人严重精神损害。

我国《民法典》延续了《侵权责任法》的规定，在第1183条规定："侵害自然人人身权益造成严重精神损害的，被侵权人有权请求精神损害赔偿。因故意或者重大过失侵害自然人具有人身意义的特定物造成严重精神损害的，被侵权人有权请求精神损害赔偿。"由此可见，我国法上的精神损害赔偿的适用也有限制，此种限制主要表现在：其一，仅适用于侵害自然人的人身权益以及自然人具有人身意义的特定物遭受侵害的情形。至于其他民事权益被侵害以及法人或非法人组织的民事权益被侵害，不适用精神损害赔偿。其二，必须是造成严重精神损害，如果是不严重的精神损害，则可以通过赔礼道歉、消除影响、恢复名誉等其他民事责任承担方式来实现对精神损害的填补和抚慰，无须判决赔偿精神损害。此外，《民法典》第996条规定："因当事人一方的违约行为，损害对方人格权并造成严重精神损害，受损害方选择请求其承担违约责任的，不影响受损害方请求精神损害赔偿。"作此规定的原因是"在违约责任与侵权责任存在竞合的情形中，允许受损害方请求行为人承担违约责任时，可以在违约责任请求中请求精神损害赔偿，有利于为受害人提供不同救济渠道的选择，拓展在此类情形下精神损害的救济方法，符合加强人格权保护的比较法发展趋势"。①

目前在我国，除了《民法典》对精神损害赔偿责任作出了规定，还有多部法律有相关的规定，分别是：（1）《未成年人保护法》将造成精神损害作为学生欺凌行为的认定因素之一，该法第130条第3项规定："学生欺凌，是指发生在学生之间，一方蓄意或者恶意通过肢体、语言及网络等手段实施欺压、侮辱，造成另一方人身伤害、财产损失或者精神损害的行为。"（2）《消费者权益保护法》对消费者的精神损害赔偿请求权的规定，该法第51条规定："经营者有侮辱诽谤、搜查身体、侵犯

① 黄薇主编：《中华人民共和国民法典人格权编解读》，中国法制出版社2020年版，第37—38页。

人身自由等侵害消费者或者其他受害人人身权益的行为，造成严重精神损害的，受害人可以要求精神损害赔偿。”（3）《国家赔偿法》对国家赔偿责任中的精神损害的规定，该法第35条规定：“有本法第三条或者第十七条规定情形之一，致人精神损害的，应当在侵权行为影响的范围内，为受害人消除影响，恢复名誉，赔礼道歉；造成严重后果的，应当支付相应的精神损害抚慰金。”（4）《军人地位和权益保障法》对军人的精神损害赔偿请求权的规定，该法第65条规定：“违反本法规定，通过大众传播媒介或者其他方式，诋毁、贬损军人荣誉，侮辱、诽谤军人名誉，或者故意毁损、玷污军人的荣誉标识的，由公安、文化和旅游、新闻出版、电影、广播电视、网信或者其他有关主管部门依据各自的职权责令改正，并依法予以处理；造成精神损害的，受害人有权请求精神损害赔偿。”

二、刑事案件中侵害监护权的精神损害赔偿责任问题

非法使被监护人脱离监护的行为不仅是侵害监护权的侵权行为，也会构成刑事犯罪。例如，犯罪分子拐卖儿童的行为构成拐卖儿童罪，依据《刑法》第240条，应当处5年以上10年以下有期徒刑，并处罚金；存在法律规定的情形的，如拐卖儿童集团的首要分子等，处10年以上有期徒刑或者无期徒刑，并处罚金或者没收财产；情节特别严重的，处死刑，并处没收财产。再如，非法拘禁被监护人或以其他方式剥夺被监护人自由的，还会构成《刑法》第238条的非法拘禁罪。对于这些构成刑事犯罪的侵害监护权的行为，行为人不仅要承担刑事责任，也要承担民事责任。我国《民法典》第187条也明确规定，民事主体因同一行为应当承担民事责任、行政责任和刑事责任的，承担行政责任或者刑事责任不影响承担民事责任；民事主体的财产不足以支付的，优先用于承担民事责任。

然而，我国《刑事诉讼法》第101条第1款却规定：“被害人由于被告人的犯罪行为而遭受物质损失的，在刑事诉讼过程中，有权提起附

带民事诉讼。被害人死亡或者丧失行为能力的，被害人的法定代理人、近亲属有权提起附带民事诉讼。”① 这种规定给人的感觉是，被害人由于被告人的犯罪行为而遭受精神损害的，在刑事诉讼过程中，就不能提起附带民事诉讼。最高人民法院的两个司法解释就曾明确采取了这种否定的观点：（1）2000 年 12 月 13 日《最高人民法院关于刑事附带民事诉讼范围问题的规定》（法释〔2000〕47 号，已废止）第 1 条规定：“因人身权利受到犯罪侵犯而遭受物质损失或者财物被犯罪分子毁坏而遭受物质损失的，可以提起附带民事诉讼。对于被害人因犯罪行为遭受精神损失而提起附带民事诉讼的，人民法院不予受理。”（2）2002 年 7 月 11 日颁布的《最高人民法院关于人民法院是否受理刑事案件被害人提起精神损害赔偿民事诉讼问题的批复》（法释〔2002〕17 号，已废止）亦认为：“对于刑事案件被害人由于被告人的犯罪行为而遭受精神损失提起的附带民事诉讼，或者在该刑事案件审结以后，被害人另行提起精神损害赔偿民事诉讼的，人民法院不予受理。”

依据 2015 年 1 月 12 日颁布的《最高人民法院关于废止部分司法解释和司法解释性质文件（第十一批）的决定 》，上述两个司法解释均被《刑事诉讼法解释》及相关内容修改，故予以废止。《刑事诉讼法解释》第 192 条规定：“对附带民事诉讼作出判决，应当根据犯罪行为造成的物质损失，结合案件具体情况，确定被告人应当赔偿的数额。犯罪行为造成被害人人身损害的，应当赔偿医疗费、护理费、交通费等为治疗和康复支付的合理费用，以及因误工减少的收入。造成被害人残疾的，还应当赔偿残疾生活辅助器具费等费用；造成被害人死亡的，还应当赔偿丧葬费等费用。驾驶机动车致人伤亡或者造成公私财产重大损失，构成犯罪的，依照《中华人民共和国道路交通安全法》第七十六条的规定确定

① 《刑事诉讼法》第 101 条鲜明地体现了“重刑轻民”的观念，过于强调国家对犯罪分子的惩罚，没有充分重视对受害人合法权益的保护。

赔偿责任。附带民事诉讼当事人就民事赔偿问题达成调解、和解协议的，赔偿范围、数额不受第二款、第三款规定的限制。”① 显然，该条只是在第 3 款中为构成刑事犯罪的机动车交通事故责任的民事赔偿责任作了例外规定，即在驾驶机动车致人伤亡或者造成公私财产重大损失而构成犯罪的案件中，应当适用《道路交通安全法》第 76 条确定赔偿责任，受害人可以就财产损害和精神损害获得赔偿。至于其他的犯罪行为，无论是否给受害人造成多么严重的精神损害，均不得请求精神损害赔偿。按照《刑事诉讼法解释》第 192 条的上述规定，《民法典侵权责任编解释（一）》第 2 条就只能适用于不构成犯罪的那些非法使被监护人脱离监护的侵权行为，相反，只要行为人非法使被监护人脱离监护的行为构成了犯罪，则无论该行为导致父母子女关系或者其他近亲属关系受到多么严重的损害，都不能依据《民法典》第 1183 条第 1 款要求精神损害赔偿。笔者认为，该司法解释存在与《民法典》第 187 条和第 1183 条第 1 款的规定不一致的情况，建议予以更正。②

◆ 相关规定

1.《中华人民共和国民法典》

第一千零四十五条 亲属包括配偶、血亲和姻亲。

配偶、父母、子女、兄弟姐妹、祖父母、外祖父母、孙子女、外孙子女为近亲属。

配偶、父母、子女和其他共同生活的近亲属为家庭成员。

第一千一百八十三条 侵害自然人人身权益造成严重精神损害的，

---

① 关于该条的另一个极不合理的地方（不赔偿犯罪行为受害人的死亡赔偿金和残疾赔偿金），将在阐释本解释第 17 条时加以讨论。

② 《民法典侵权责任编解释（一）（征求意见稿）》第 1 条第 2 款曾规定：“监护人请求赔偿精神损害的，人民法院应当依照民法典第一千一百八十三条第一款、《最高人民法院关于适用〈中华人民共和国刑事诉讼法〉的解释》第一百九十二条第一款的规定予以认定。”不过，最终该款没有出现在正式颁布的司法解释里面。

被侵权人有权请求精神损害赔偿。

因故意或者重大过失侵害自然人具有人身意义的特定物造成严重精神损害的，被侵权人有权请求精神损害赔偿。

2.《最高人民法院关于确定民事侵权精神损害赔偿责任若干问题的解释》（法释〔2020〕17号）

第五条 精神损害的赔偿数额根据以下因素确定：

（一）侵权人的过错程度，但是法律另有规定的除外；

（二）侵权行为的目的、方式、场合等具体情节；

（三）侵权行为所造成的后果；

（四）侵权人的获利情况；

（五）侵权人承担责任的经济能力；

（六）受理诉讼法院所在地的平均生活水平。

第三条 【被监护人死亡的人身损害赔偿与侵害监护关系的损害赔偿的关系】

非法使被监护人脱离监护，被监护人在脱离监护期间死亡，作为近亲属的监护人既请求赔偿人身损害，又请求赔偿监护关系受侵害产生的损失的，人民法院依法予以支持。

◆ 条文要旨

本条规定的是被监护人在脱离监护期间死亡的人身损害赔偿责任与侵害监护关系的赔偿责任之间的关系。

◆ 理解与适用

一、本条的规范意旨

行为人非法使被监护人脱离监护，被监护人在脱离监护期间死亡或者伤残的，该死亡或者伤残可能是侵害监护关系的侵权人造成的，也可能来自第三人的侵权行为（如发生交通事故）。如果是侵害监护关系的侵权人造成的，那么该侵权人不仅实施了侵害监护权的侵权行为，还实施了侵害被监护人的生命权、身体权或健康权的侵权行为。换言之，这种情形中有两个民事权益被侵害：一是被监护人的生命权、健康权和身体权，二是监护人的监护权。故此，就产生了两个损害赔偿请求权：一个是因被监护人的人身伤亡而产生的损害赔偿请求权；另一个是因监护人的监护权被侵害产生的损害赔偿请求权。这两种侵权损害赔偿请求权的主体可能是分离的（如被监护人伤残时），也可能是同一主体（如被监护人死亡时），但它们属于不同性质的请求权，二者可以并存。倘若被监护人在脱离监护期间因为第三人的侵权行为而遭受人身伤害，那么就涉及两个侵权人，一是侵害监护权的侵权人，二是侵害被监护人生命权、身体权、健康权的第三人。这种情形下，各个侵权人当然要就自己的侵权行为承担侵权责任。问题是，侵害监护权的人要不要就被监护人的人身伤亡与第三人承担不真正连带责任，即被监护人或者被监护人的近亲属可以请求侵害监护权的人承担人身伤亡的赔偿责任，也可以请求第三人承担人身伤亡的赔偿责任，但是侵害监护权的人承担赔偿责任后可以向第三人追偿。

对于上述诸多问题，《民法典侵权责任编解释（一）》第3条只是作出了非常简略的回答。一方面，该条仅仅对被监护人在脱离监护期间死亡时的人身损害赔偿请求权作出了规定，没有对伤残的人身损害赔偿请求权作出规定。另一方面，从该条的文义来看，也没有指明究竟是谁造成了“被监护人在脱离监护期间死亡”的后果，至于“作为近亲属的监护人既请求赔偿人身损害，又请求赔偿监护关系受侵害产生的损失的”中被请求的对象究竟是谁，也没有明确说明。

二、被监护人脱离监护期间死亡的损害赔偿请求权

（一）被监护人死亡的损害赔偿请求权与监护权被侵害的损害赔偿请求权并行不悖

如前所述，行为人非法使被监护人脱离监护的行为就是侵害监护人的监护权的行为。监护人因此而遭受损害，如果是为恢复监护状态而支出的合理费用等财产损失，可以依据《民法典侵权责任编解释（一）》第1条请求侵权人承担财产损害赔偿责任；如果因为监护权被侵害而导致父母子女关系或者其他近亲属关系受到严重损害，可以依据《民法典侵权责任编解释（一）》第2条请求侵权人承担精神损害赔偿责任。然而，实践中还会出现这样一种情形，即行为人非法使被监护人脱离监护后，在被监护人脱离监护关系期间又实施侵权行为导致被监护人死亡或伤残。例如，拐卖儿童的犯罪分子在拐卖过程中对于生病的儿童不送医治疗，以致儿童患病死亡；一些犯罪分子为了防止孩子哭闹暴露自己贩卖儿童的罪行，给孩子服用安眠或麻醉药物，导致孩子死亡或伤残。更有穷凶极恶之徒，拐卖未成年人是为了割取器官出售牟利。在刑法上，拐卖儿童的犯罪分子造成被拐卖的儿童重伤、死亡或者其他严重后果的，属于我国《刑法》第240条规定的拐卖儿童罪的结果加重犯，应当处10年以上有期徒刑或者无期徒刑，并处罚金或者没收财产；情节特别严重的，处死刑，并处没收财产。如果拐卖儿童是用于割取儿童器官，则不仅构成拐卖儿童罪，依据《刑法》第234条之一第2款，还构成故意杀人罪或故意伤害罪，应当数罪并罚。从民法上来说，被监护人在脱离其监护期间死亡或伤残的，是被监护人自身的生命权或身体权、健康权被侵害而造成的损害，该侵害行为也是由侵害监护权的侵权人实施的，故此，该侵权人除要承担侵害监护人的侵权责任外，还要承担侵害被监护人的生命权、身体权和健康权的侵权责任。这两种侵权责任所侵害的民

事权益不同，造成的损害不同，是可以并存的侵权责任。此外，无论非法使被监护人脱离监护的行为本身是否构成犯罪，以及行为人导致被监护人在脱离监护期间死亡或伤残的行为是否构成犯罪，都不影响行为人的民事责任，不能因为行为人承担了刑事责任就免除民事责任。《民法典》第 187 条前半句规定，"民事主体因同一行为应当承担民事责任、行政责任和刑事责任的，承担行政责任或者刑事责任不影响承担民事责任"。也就是说，如果非法使被监护人脱离监护的行为人的行为构成犯罪，其除承担刑事责任外，还要向监护人承担侵害监护权的损害赔偿责任，同时要就被监护人脱离监护期间的人身伤亡承担侵权赔偿责任。《民法典侵权责任编解释（一）》第 3 条只是规定了被监护人在脱离监护期间死亡的，被监护人的近亲属有权既请求赔偿人身损害，又请求赔偿监护关系受侵害产生的损失。该条没有对被监护人在脱离监护期间残疾的人身损害赔偿问题作出规定，笔者认为，依据《民法典》第 1165 条第 1 款，被监护人在脱离监护期间因侵害监护权的侵权人的行为而伤残的，被监护人当然有权请求侵权人赔偿。令人遗憾的是，司法解释却没有对此作出明确规定。

问题是，如果被监护人脱离监护期间是因为第三人的侵权行为而遭受人身伤亡，如人贩子在拐卖儿童过程中发生了交通事故，被拐卖儿童因此死亡或伤残，显然，机动车交通事故责任人要承担赔偿责任，那拐卖儿童的人贩子要不要承担责任？笔者认为，其也应当承担侵权责任。也就是说，被监护人或被监护人的近亲属既有权请求机动车交通事故责任人赔偿，也有权请求人贩子赔偿，人贩子赔偿后可以向机动车交通事故责任人追偿，他们是不真正连带责任关系。之所以如此，就是要加重侵害监护关系的侵权人的责任，使得被监护人脱离监护期间的所有风险都要由侵害监护关系的侵权人来承担，即便是由于不可抗力甚或是被监护人自身的疾病导致的，该侵害监护关系的侵权人也不能免责，以达到遏制侵害监护关系尤其是拐卖儿童的违法犯罪行为的目的。这属于法政策上的考虑。事实上，在我国《民法典》中也有不少此种法政策上的考虑。例如，《民法典》第1214条关于转让拼装报废机动车的连带责任的规定，以及第1215条第1款关于盗窃人、抢劫人或者抢夺人与机动车使用人承担连带责任的规定。再如，《民法典》第461条规定："占有的不动产或者动产毁损、灭失，该不动产或者动产的权利人请求赔偿的，占有人应当将因毁损、灭失取得的保险金、赔偿金或者补偿金等返还给权利人；权利人的损害未得到足够弥补的，恶意占有人还应当赔偿损失。"之所以恶意占有人就权利人的损害未得到足够弥补的还需要承担赔偿责任，就是要加重恶意占有人的责任。

（二）被监护人脱离监护期间死亡的人身损害赔偿请求权与侵害监护权的损害赔偿请求权的关系问题

被监护人并未脱离监护，而是在监护人的监护之下，被监护人因他人的侵权行为而死亡的，依据《民法典》第1181条第1款第1句，作为近亲属的监护人有权请求侵权人承担侵权责任。例如，小学生张某在放学回家的路上，被李某驾驶的汽车撞击身亡，李某负该起机动车交通事故的全部责任。张某的父母有权要求李某承担侵权责任，包括死亡赔偿金等财产损失以及精神损害抚慰金。同理，当被监护人因行为人侵害监护权的侵权行为而脱离了监护人的监护，而在脱离监护期间死亡的，依据《民法典》第1181条第1款第1句，近亲属有权请求侵权人承担侵权责任。这个造成被监护人死亡的侵权人可能是侵害监护权的侵权人，也可能是第三人。无论如何，依据《民法典侵权责任编解释（一）》第3条，监护人享有的是两项损害赔偿请求权：一是，作为在脱离监护期间死亡的被监护人的近亲属，就被监护人的死亡而享有的要求侵害被监护人的生命权的侵权人承担人身损害赔偿责任的请求权；二是，作为监护人就其监护权被侵害而享有的要求侵害监护权的侵权人承担损害赔偿请求权。这两项请求权的区别在于以下几点：

1. 请求权人不同

只有在监护人是被监护人的近亲属时，《民法典侵权责任编解释（一）》第3条中规定的两个赔偿请求权的主体才是完全重合的。此时，监护人既可以就被监护人的死亡针对侵权人行使人身损害赔偿请求权，也可以依据《民法典侵权责任编解释（一）》第1条和第2条就监护权被侵害行使财产损失赔偿请求权与精神损害赔偿请求权。如果监护人不是被监护人的近亲属，而是近亲属以外的自然人或者组织，那么，该监护人只能依据《民法典侵权责任编解释（一）》第1条请求非法使被监护人脱离监护的行为人赔偿为恢复监护状态而支出的合理费用等财产损失，而不能就监护权被侵害行使精神损害赔偿请求权（《民法典侵权责任编解释（一）》第2条），同时，也无权就被监护人在脱离监护期间死亡而请求侵权人（无论该侵权人是谁）承担侵权责任（《民法典》第1181条第1款第1句）。

2. 赔偿义务人不同

非法使被监护人脱离监护的人就是侵害监护权的人，这个侵权人当然是《民法典侵权责任编解释（一）》第1条和第2条中的赔偿请求权指向的义务人。导致被监护人在脱离监护关系期间死亡的人，有可能是非法使被监护人脱离监护的行为人（如前述给孩子服用麻醉药物导致孩子死亡的人贩子），也可能是使被监护人脱离监护的行为人之外的第三人。例如，保姆张某将其照顾的一周岁孩子李某私自抱回老家，在回程的路上乘坐的A客车与闯红灯的B货车发生交通事故，张某重伤，李某死亡。交警部门认定B车负事故全部责任，A车及车上乘客无责。这种情况下，保姆张某是侵害监护权的侵权人，而闯红灯的B货车的司机是造成李某死亡的侵权人。笔者认为，这种情形下，李某的父母既可以要求侵害监护权的张某承担侵害监护权的损害赔偿责任，也可以要求张某就李某的死亡造成的损害承担赔偿责任，当然，就后一个损害，张某赔偿后可以向B车的司机或者用人单位追偿。李某的父母也可以要求张某承担侵害监护权的损害赔偿责任，要求B车的司机或者用人单位承担李某死亡的人身损害赔偿责任。无论哪一种情形，都是两个不同的诉讼。但是，对于监护权被侵害而产生的财产损失以及精神损害，李某的父母只能要求张某承担赔偿责任。

综上所述，在监护人是近亲属时，其针对非法使被监护人脱离监护的侵权人提起诉讼时，既可以请求侵权人赔偿被监护人在脱离监护期间死亡的人身损害，又可以请求侵权人赔偿监护关系受侵害产生的财产损失和精神损害，这些请求权针对的是不同的被侵害的民事权益，填补的是不同的损害，二者并存才符合完全赔偿原则，也不违反禁止得利原则。

◆ 疑点与难点

一、被监护人脱离监护期间死亡的人身损害

《民法典侵权责任编解释（一）》第3条中作为近亲属的监护人请求赔偿的"人身损害"，是指侵权人侵害被监护人的生命权导致被监护人死亡而产生的全部损害，既包括财产损失，也包括精神损害。具体而言，财产损失就是《民法典》第1179条所规定的医疗费、护理费、交通费、营养费、住院伙食补助费等为治疗和康复支出的合理费用，因误工减少的收入以及丧葬费和死亡赔偿金。对于这些财产损害赔偿项目的具体计算，应当依据《人身损害赔偿解释》的规定。精神损害则是依据《民法典》第1183条第1款以及《精神损害赔偿解释》加以确定的。

二、被监护人死亡时监护人奔丧费用的赔偿问题

被监护人在脱离监护期间死亡，还涉及监护人的奔丧费用的赔偿。事实上，相当一部分被侵权人死亡的案件中都涉及奔丧费用的赔偿问题。《民法典》第1179条对自然人的生命权、身体权和健康权遭受侵害造成人身伤亡的财产损失赔偿的具体范围作出了规定。依据该条，人身伤亡的财产损失分为两类：一是所受损害，即不应当被减少的财产客观上减少了，包括医疗费、护理费、交通费、营养费、住院伙食补助费等为治

疗和康复支出的合理费用，以及辅助器具费和丧葬费；二是所失利益，即应当增加的财产没有增加，包括因误工减少的收入、残疾赔偿金和死亡赔偿金。此外，《人身损害赔偿解释》第16条规定，被扶养人生活费计入残疾赔偿金或者死亡赔偿金。实践中当被侵权人因他人的侵权行为而死亡时，近亲属为了办理死者的丧葬事宜往往会支出交通费、住宿费等费用以及在办理丧葬事宜期间因无法工作而遭受误工损失，这些财产损失被称为“奔丧费用”。对于奔丧费用是否应当赔偿，存在认识上的分歧。

在我国《民法典》颁布前，一些法规和司法解释明确规定应赔偿奔丧费用。例如，2002年国务院颁布的《医疗事故处理条例》第51条就明确规定，对于参加医疗事故处理的患者的近亲属，或者患者的配偶和直系亲属在参加患者因医疗事故死亡的丧葬活动中所支出的交通费、误工费、住宿费，应当予以赔偿，但是计算费用的人数不超过2人。再如，依据2003年的《人身损害赔偿解释》第17条第3款的规定，受害人死亡的，赔偿义务人应当赔偿死者（即死亡的受害人）的亲属办理丧葬事宜所支出的交通费、住宿费以及误工损失等其他的合理费用。[①] 但2022年最高人民法院为适应《民法典》施行的需要对《人身损害赔偿解释》进行了修改，此次修改将第17条第3款予以删除。如此一来，司法实践中法院对于是否赔偿奔丧费用的问题就产生了争议。在《民法典侵权责任编解释（一）（征求意见稿）》面向社会公众征求意见的过程中，就法院是否应当支持死者近亲属的奔丧费用赔偿请求权，存在较大的争议。

赞同者认为，死者近亲属请求奔丧费用是《民法典》规定的侵权责任的应有之义。依据《民法典》第1181条第1款第1句的规定，被侵权人因侵权行为而死亡的，其近亲属有权请求侵权人承担侵权责任，其中

① 参见最高人民法院民事审判第一庭：《最高人民法院人身损害赔偿司法解释的理解与适用》，人民法院出版社2004年版，第259页。

包括了奔丧费用。只是应当作适当的限制，否则如果近亲属是亿万富翁，则一天的误工费将达到几十万元，若要据实赔偿，对于侵权人而言也是巨大负担。因此，建议参考《医疗事故处理条例》第 51 条对近亲属的人数与计算的标准进行限制，例如限制在 2 人。

反对者认为，不应当赔偿所谓的奔丧费用，理由在于：首先，赔偿该费用没有法律依据。因为《民法典》第 1179 条对于侵害他人造成人身损害的赔偿范围作出了明确的列举，而且这种列举是完全列举，并未包含所谓的“奔丧费用”。况且，《人身损害赔偿解释》第 14 条也已对丧葬费进行了定额化的规定，显然也不可能再将奔丧费用解释到丧葬费当中。故要求侵权人赔偿奔丧费用，缺乏法律依据。其次，虽然 2003 年《人身损害赔偿解释》第 17 条第 3 款曾经明确规定了受害人的亲属在办理丧葬事宜中所支出的交通费、住宿费和误工损失等合理费用应当予以赔偿，但《民法典》施行后，最高人民法院已修改《人身损害赔偿解释》，将这一规定加以删除。在原解释第 17 条第 3 款所列举的费用中，丧葬费在《民法典》中有明确规定，没有疑问；而被扶养人生活费则应当计入残疾赔偿金或者死亡赔偿金当中，对此，修改后的《人身损害赔偿解释》第 16 条有明确的规定。现行司法解释唯独没有对死亡补偿费、受害人亲属办理丧葬事宜所支出的交通费、住宿费和误工损失等其他的合理费用作出规定，这一点就很清楚地表明最高人民法院已经不再承认应当赔偿奔丧费用。

考虑到争议很大，正式颁布的《民法典侵权责任编解释（一）》没有对奔丧费用的赔偿问题作出规定。笔者赞同赔偿合理的奔丧费用。这既符合民法的规定，也符合我国的传统伦理道德与社会主义核心价值观。首先，民事损害赔偿的基本功能就是补偿功能，即通过损害赔偿的方法（金钱赔偿或者恢复原状）以完全实现填补受害人损害的目的。① 就侵权

① vgl. Oliver Brand, Schadensersatzrecht, 2. Aufl., Beck, 2015. S. 14.

损害赔偿而言，完全赔偿意味着通过赔偿要使被侵权人回复到侵权行为没有发生时其本应处的状态。奔丧费用是由于侵权人侵害他人生命权而给死者的近亲属造成的一种纯粹经济财产损失，符合相当因果关系的要求，也是侵权人完全能够预见的损害，如果不赔偿该损失就难以完全填补被侵权人的损害。我国《民法典》没有采取相应的条文规定完全赔偿原则，是一个不足之处。这种做法也引发了一种误解，即认为《民法典》第1179条所规定的人身损害的财产损失赔偿项目就是完全列举，如果不能纳入其中的任何一项，就不能赔偿。这显然违背了完全赔偿这一损害赔偿法的基本原则。

其次，从我国传统伦理道德以及社会主义核心价值观的要求来看，在合理的范围内赔偿死者近亲属为了办理丧葬事宜而支出的住宿费、交通费等费用以及遭受的误工损失，是非常必要的。“慎终追远，民德归厚矣”，作为死者的近亲属，如果不为死者办理丧葬事宜，就违背了起码的人伦道德。按照社会主义核心价值观对公民基本道德规范的要求，公民之间应当互相尊重、互相关心、互相帮助，努力形成社会主义的新型人际关系。近亲属之间更应如此。即便法律上规定不赔偿死者近亲属的奔丧费用，近亲属依然会为死者办理丧葬事宜，但是司法解释在赔偿或不赔偿的态度中所体现的道德价值判断则是完全不同的。事实上，认为不应当赔偿奔丧费用的观点就如同当年起草《人身损害赔偿解释》时，一些人以“人固有一死”为由主张不应当由侵权人赔偿死者的丧葬费，而只要赔偿提前支付丧葬费的利息损失那样，不甚合理。

再次，人格尊严、人身价值和人格完整优先于财产权，是最高法益，受到最高程度的保护。[①] 奔丧费用就是因为侵害自然人的生命权所引发的。如果不赔偿奔丧费用，就会降低侵权人的侵权成本，变相鼓励此种侵权行为，不利于贯彻落实保护广大公民人身权、财产权和人格权的要

① 参见王利明：《民法上的利益位阶及其考量》，载《法学家》2014年第1期。

求。为了尊重生命，更充分地保护生命权这一位阶最高的人格权，当然应当由侵权人赔偿奔丧费用。此外，一些人担心赔偿奔丧费用会让侵权人承担过重责任，事实上并非如此，因为只有合理范围的奔丧费用才能获得人民法院的支持。

最后，如果认为死者近亲属的奔丧费用应当予以赔偿，那么其请求权基础为何？有的观点认为，从《民法典》第1179条规定来看，其本身采取了封闭式的规定，即除了被侵权人本人的医疗费、护理费、误工费等费用外，如果被侵权人残疾，则增加“辅助器具费和残疾赔偿金”，倘若被侵权人死亡，再增加“丧葬费和死亡赔偿金”。该规定并没有为被侵权人近亲属请求奔丧费用预留空间。然而，《民法典》第1181条第2款中有一个兜底规定即“等合理费用”，其可以用来涵盖被侵权人的父母、子女、配偶等近亲属在给死者办理丧葬事宜的过程中所支出的交通费、住宿费和误工损失等。简言之，可以将《民法典》第1181条作为死者近亲属请求奔丧费用的规范基础。① 反对的观点认为，《民法典》第1181条第2款通过列举医疗费、丧葬费等，已经进行了限制，故难以将奔丧费用解释进去。可以考虑的是，将其解释到《民法典》第1179条的丧葬费中，即奔丧费用是处理丧葬事宜所发生的费用，也属于广义的丧葬费。②

笔者认为，《民法典》第1179条对于人身损害的财产损失赔偿的具体范围进行了限制性列举，丧葬费有专门的涵义与计算方法，将奔丧费用强行解释进丧葬费，并不妥当。因为丧葬费是为死者办理丧事而支付的费用，它是因侵害生命权而产生的一种独特的财产损害，即为了火化、安葬死者而支出的必要费用。③ 同时，按照《人身损害赔偿解释》第14

① 参见潘杰：《人身损害赔偿司法解释的两次修改与重点解读》，载《中国应用法学》2022年第4期。

② 2023年5月13日下午，在中国人民大学法学院举办的“民法典侵权责任编解释研讨会”上，有学者提出该观点。

③ 参见张新宝：《中国民法典释评·侵权责任编》，中国人民大学出版社2020年版，第58页。

条的规定，丧葬费采取定额赔偿的方式（即受理案件的法院所在地上一年度的职工月平均工资乘以 6 个月）。因此，该额度也无法容纳近亲属的奔丧费用。如果将《民法典》第 1181 条第 2 款作为奔丧费用的请求权基础，可以避免强行将之解释进《民法典》第 1179 条中的弊端。而且，死者近亲属为了办理丧葬事宜而实际支出的住宿费、交通费等费用，只要在合理范围内，也可以认为属于《民法典》第 1181 条第 2 款中的“合理费用”。不过，死者的近亲属因办理丧葬事宜而遭受的误工损失，不属于支出的合理费用，而是可得利益的损失，难以纳入《民法典》第 1181 条第 2 款中的“合理费用”。因此，未来还是应当由司法解释或指导性案例对奔丧费用的赔偿问题作出明确的规定，同时将赔偿的人数限制在 2 人，并且只有合理的交通费、住宿费才能给予赔偿，以免使得侵权人的赔偿责任过重。

三、民政部门能否就被监护人的死亡行使损害赔偿请求权

如果被监护人没有近亲属，而是由民政部门、居民委员会或村民委员会作为监护人。那么，在行为人非法使被监护人脱离监护时，这些作为监护人的组织可以请求赔偿为恢复监护状态而支出的合理费用等财产损失，而不能要求侵权人承担精神损害赔偿责任。问题是，如果被监护人在脱离监护期间死亡，作为监护人的组织是否可以请求侵权人承担侵害被监护人生命权的财产损害赔偿责任呢？从《民法典》第 1181 条以及《民法典侵权责任编解释（一）》第 3 条第 1 款的规定来看，结论是否定的。依据《民法典》第 1181 条第 1 款第 1 句的规定，被侵权人死亡的，损害赔偿请求权主体只能是死者的近亲属，即配偶、父母、子女、兄弟姐妹、祖父母、外祖父母、孙子女、外孙子女（《民法典》第 1045 条第 2 款）。不过，《民法典》第 1181 条第 2 款规定，被侵权人死亡的，支付被侵权人医疗费、丧葬费等合理费用的人有权请求侵权人赔偿费用，但是侵权人已经支付该费用的除外。由此可见，如果作为监护人的民政部门、居民委员会或村民委员会为被监护人支付了医疗费、丧葬费等合理费用，有权请求侵权人赔偿该等费用。

以往司法实践中曾出现过，流浪人员发生机动车交通事故死亡，交警部门认定机动车一方全责，流浪人员无责，但是由于流浪人员没有近亲属或者因为身份不明而无法确定其近亲属，此时，救助站或民政局作为赔偿请求权人向法院起诉，要求机动车交通事故的侵权人承担赔偿责任的情况。[①] 这种做法被最高人民法院所否定。在《最高人民法院公报》刊登的案例中，法院认为："因交通事故引发的人身损害赔偿案件中，死亡受害人为城市生活无着的流浪乞讨人员，经公安部门刊发启示未发现其近亲属，政府民政部门作为原告提起民事诉讼，要求赔偿义务人承担赔偿责任的，因民政部门不是法律规定的赔偿权利人，与案件不存在民事权利义务关系，且其法定职责不包括代表或代替城市生活无着的流浪乞讨人员提起民事诉讼，故民政部门不是案件的适格诉讼主体，其起诉应依法驳回。"[②] 此后，最高人民法院通过司法解释作出了进一步的规定，《道路交通事故损害赔偿解释》第 23 条规定："被侵权人因道路交通事故死亡，无近亲属或者近亲属不明，未经法律授权的机关或者有关组织向人民法院起诉主张死亡赔偿金的，人民法院不予受理。侵权人以已向未经法律授权的机关或者有关组织支付死亡赔偿金为理由，请求保险公司在交强险责任限额范围内予以赔偿的，人民法院不予支持。被侵权人因道路交通事故死亡，无近亲属或者近亲属不明，支付被侵权人医疗费、丧葬费等合理费用的单位或者个人，请求保险公司在交强险责任限额范围内予以赔偿的，人民法院应予支持。"

---

① 例如，在"重庆市丰都县救助管理站诉刘某某等道路交通事故人身损害赔偿案"，法院肯定了救助站可以代为提起诉讼。参见重庆市高级人民法院：《重庆审判案例精选（第三辑）》，法律出版社 2008 年版，第 294 页以下。在另外一个案件中，受害人为流浪儿童，因交通事故而受伤，法院认可民政局作为其法定代理人提起诉讼。参见居无定所的流浪儿童李某由交通事故发生地的民政局作法定代理人诉李某人身损害赔偿案，载最高人民法院中国应用法学研究所编：《人民法院案例选》（总第 39 辑），人民法院出版社 2002 年版，第 159 页以下。

② 高淳县民政局诉王某胜、吕某、天安保险江苏分公司交通事故人身损害赔偿纠纷案，载《中华人民共和国最高人民法院公报》2007 年第 6 期。

◆ 相关规定

1.《**中华人民共和国民法典**》

第一千一百七十九条 侵害他人造成人身损害的，应当赔偿医疗费、护理费、交通费、营养费、住院伙食补助费等为治疗和康复支出的合理费用，以及因误工减少的收入。造成残疾的，还应当赔偿辅助器具费和残疾赔偿金；造成死亡的，还应当赔偿丧葬费和死亡赔偿金。

第一千一百八十条 因同一侵权行为造成多人死亡的，可以以相同数额确定死亡赔偿金。

第一千一百八十一条 被侵权人死亡的，其近亲属有权请求侵权人承担侵权责任。被侵权人为组织，该组织分立、合并的，承继权利的组织有权请求侵权人承担侵权责任。

被侵权人死亡的，支付被侵权人医疗费、丧葬费等合理费用的人有权请求侵权人赔偿费用，但是侵权人已经支付该费用的除外。

2.《**最高人民法院关于审理人身损害赔偿案件适用法律若干问题的解释**》(法释〔2022〕14号)

第一条 因生命、身体、健康遭受侵害，赔偿权利人起诉请求赔偿义务人赔偿物质损害和精神损害的，人民法院应予受理。

本条所称“赔偿权利人”，是指因侵权行为或者其他致害原因直接遭受人身损害的受害人以及死亡受害人的近亲属。

本条所称“赔偿义务人”，是指因自己或者他人的侵权行为以及其他致害原因依法应当承担民事责任的自然人、法人或者非法人组织。

第六条 医疗费根据医疗机构出具的医药费、住院费等收款凭证，结合病历和诊断证明等相关证据确定。赔偿义务人对治疗的必要性和合理性有异议的，应当承担相应的举证责任。

医疗费的赔偿数额，按照一审法庭辩论终结前实际发生的数额确定。器官功能恢复训练所必要的康复费、适当的整容费以及其他后续治疗费，赔偿权利人可以待实际发生后另行起诉。但根据医疗证明或者鉴定结论确定必然发生的费用，可以与已经发生的医疗费一并予以赔偿。

第七条 误工费根据受害人的误工时间和收入状况确定。

误工时间根据受害人接受治疗的医疗机构出具的证明确定。受害人因伤致残持续误工的，误工时间可以计算至定残日前一天。

受害人有固定收入的，误工费按照实际减少的收入计算。受害人无固定收入的，按照其最近三年的平均收入计算；受害人不能举证证明其最近三年的平均收入状况的，可以参照受诉法院所在地相同或者相近行业上一年度职工的平均工资计算。

第八条 护理费根据护理人员的收入状况和护理人数、护理期限确定。

护理人员有收入的，参照误工费的规定计算；护理人员没有收入或者雇佣护工的，参照当地护工从事同等级别护理的劳务报酬标准计算。护理人员原则上为一人，但医疗机构或者鉴定机构有明确意见的，可以参照确定护理人员人数。

护理期限应计算至受害人恢复生活自理能力时止。受害人因残疾不能恢复生活自理能力的，可以根据其年龄、健康状况等因素确定合理的护理期限，但最长不超过二十年。

受害人定残后的护理，应当根据其护理依赖程度并结合配制残疾辅助器具的情况确定护理级别。

第九条 交通费根据受害人及其必要的陪护人员因就医或者转院治疗实际发生的费用计算。交通费应当以正式票据为凭；有关凭据应当与就医地点、时间、人数、次数相符合。

第十条 住院伙食补助费可以参照当地国家机关一般工作人员的出差伙食补助标准予以确定。

受害人确有必要到外地治疗，因客观原因不能住院，受害人本人及其陪护人员实际发生的住宿费和伙食费，其合理部分应予赔偿。

第十一条 营养费根据受害人伤残情况参照医疗机构的意见确定。

第十二条 残疾赔偿金根据受害人丧失劳动能力程度或者伤残等级，按照受诉法院所在地上一年度城镇居民人均可支配收入标准，自定残之日起按二十年计算。但六十周岁以上的，年龄每增加一岁减少一年；七十五周岁以上的，按五年计算。

受害人因伤致残但实际收入没有减少，或者伤残等级较轻但造成职业妨害严重影响其劳动就业的，可以对残疾赔偿金作相应调整。

第十三条 残疾辅助器具费按照普通适用器具的合理费用标准计算。伤情有特殊需要的，可以参照辅助器具配制机构的意见确定相应的合理费用标准。

辅助器具的更换周期和赔偿期限参照配制机构的意见确定。

第十四条 丧葬费按照受诉法院所在地上一年度职工月平均工资标准，以六个月总额计算。

第十五条 死亡赔偿金按照受诉法院所在地上一年度城镇居民人均可支配收入标准，按二十年计算。但六十周岁以上的，年龄每增加一岁减少一年；七十五周岁以上的，按五年计算。

第十六条 被扶养人生活费计入残疾赔偿金或者死亡赔偿金。

第十七条 被扶养人生活费根据扶养人丧失劳动能力程度，按照受诉法院所在地上一年度城镇居民人均消费支出标准计算。被扶养人为未成年人的，计算至十八周岁；被扶养人无劳动能力又无其他生活来源的，计算二十年。但六十周岁以上的，年龄每增加一岁减少一年；七十五周岁以上的，按五年计算。

被扶养人是指受害人依法应当承担扶养义务的未成年人或者丧失劳动能力又无其他生活来源的成年近亲属。被扶养人还有其他扶养人的，赔偿义务人只赔偿受害人依法应当负担的部分。被扶养人有数人的，年赔偿总额累计不超过上一年度城镇居民人均消费支出额。

第十八条 赔偿权利人举证证明其住所地或者经常居住地城镇居民

人均可支配收入高于受诉法院所在地标准的，残疾赔偿金或者死亡赔偿金可以按照其住所地或者经常居住地的相关标准计算。

被扶养人生活费的相关计算标准，依照前款原则确定。

第十九条 超过确定的护理期限、辅助器具费给付年限或者残疾赔偿金给付年限，赔偿权利人向人民法院起诉请求继续给付护理费、辅助器具费或者残疾赔偿金的，人民法院应予受理。赔偿权利人确需继续护理、配制辅助器具，或者没有劳动能力和生活来源的，人民法院应当判令赔偿义务人继续给付相关费用五至十年。

第二十条 赔偿义务人请求以定期金方式给付残疾赔偿金、辅助器具费的，应当提供相应的担保。人民法院可以根据赔偿义务人的给付能力和提供担保的情况，确定以定期金方式给付相关费用。但是，一审法庭辩论终结前已经发生的费用、死亡赔偿金以及精神损害抚慰金，应当一次性给付。

第二十一条 人民法院应当在法律文书中明确定期金的给付时间、方式以及每期给付标准。执行期间有关统计数据发生变化的，给付金额应当适时进行相应调整。

定期金按照赔偿权利人的实际生存年限给付，不受本解释有关赔偿期限的限制。

第二十二条 本解释所称“城镇居民人均可支配收入”“城镇居民人均消费支出”“职工平均工资”，按照政府统计部门公布的各省、自治区、直辖市以及经济特区和计划单列市上一年度相关统计数据确定。

“上一年度”，是指一审法庭辩论终结时的上一统计年度。

第四条 【不完全民事行为能力人侵权的诉讼主体】

无民事行为能力人、限制民事行为能力人造成他人损害，被侵权人请求监护人承担侵权责任，或者合并请求监护人和受托履行监护职责的人承担侵权责任的，人民法院应当将无民事行为能力人、限制民事行为能力人列为共同被告。

◆ 条文要旨

本条是有关不完全民事行为能力人侵权时的诉讼主体如何确定的规定。

◆ 理解与适用

一、本条的规范意旨

无民事行为能力人或者限制民事行为能力人侵害他人民事权益造成损害的，属于监护人责任，依据《民法典》第1188条第1款的规定，由监护人承担侵权责任。在进行民事诉讼时，被侵权人当然是原告，而被告究竟是实际从事加害行为的不完全民事行为能力人还是监护人，抑或将二者作为共同被告，需要予以明确。此外，因为实践中还存在监护人由于外出务工等原因而将部分或者全部的监护职责委托给他人的情形，依据《民法典》第1189条的规定，如果被监护人造成他人损害，监护人应当承担侵权责任；受托人有过错的，承担相应的责任。此时，又该如何确定诉讼主体呢？是将具体实施加害行为的不完全民事行为能力人和监护人作为共同被告，还是将他们与受托人全部作为被告？这些问题很重要，故此，《民法典侵权责任编解释（一）》第4条作出了规定。

二、监护人与被监护人应当作为共同被告

当无民事行为能力人、限制民事行为能力人实施侵权行为造成他人

损害，被侵权人提起侵权诉讼时，究竟将被监护人列为被告，还是将监护人列为被告，抑或以二者为共同被告，一度存在很大的争议，主要有以下三种观点：

第一种观点认为，应将被监护人列为被告，而监护人作为法定代理人参加诉讼。尽管实体法的侵权责任由监护人承担，但实体法上侵权责任的主体不等于程序上的诉讼当事人。因为造成他人损害之人为被监护人，其属于侵权赔偿法律关系的一方当事人，是诉讼当事人。① 此外，《民事诉讼法》第 60 条第 1 句规定："无诉讼行为能力人由他的监护人作为法定代理人代为诉讼。"

第二种观点认为，应将监护人列为被告，判令监护人承担赔偿责任。因为依据法律规定，无民事行为能力人或限制民事行为能力人造成他人损害的，由监护人承担侵权责任。因此，在侵权诉讼中应将监护人列为被告。②

第三种观点认为，监护人与被监护人应列为共同被告，同时由监护人作为被监护人的法定诉讼代理人参与诉讼。③《民事诉讼法解释》采取了此种观点，其第 67 条规定："无民事行为能力人、限制民事行为能力人造成他人损害的，无民事行为能力人、限制民事行为能力人和其监护人为共同被告。"《民法典侵权责任编解释（一）》第 4 条也采取了这一观点，即"无民事行为能力人、限制民事行为能力人造成他人损害，被侵权人请求监护人承担侵权责任，或者合并请求监护人和受托履行监护职责的人承担侵权责任的，人民法院应当将无民事行为能力人、限制民事行为能力人列为共同被告"。

笔者赞同第三种观点，理由在于：首先，作为被监护人的无民事行

① 贾莉：《不应直接列监护人为被告》，载《人民法院报》2005 年 12 月 18 日。

② 孙明放：《未成年人侵权谁是被告》，载《人民法院报》2005 年 8 月 14 日；孟俊松：《被监护人侵权案件谁为被告》，载《人民法院报》2005 年 9 月 25 日。

③ 刘晓英：《对监护人民事诉讼地位的再探讨》，载《现代法学》1997 年第 1 期；最高人民法院民事审判第一庭本书编写组：《民事审判实务问答》，法律出版社 2005 年版，第 120 页。

为能力人或者限制民事行为能力人具体实施了侵害他人民事权益的加害行为，是侵权行为人，当然要作为被告。这样也有利于法院查明侵权事实，准确确定侵权责任。其次，依据《民法典》第1188条第2款前半句的规定，有财产的无民事行为能力人、限制民事行为能力人造成他人损害的，从本人财产中支付赔偿费用。故此，如果被监护人不是侵权诉讼的被告，则法院无法要求其承担责任，而在缺乏执行依据的情形下，法院也不能将被监护人列为被执行人。再次，由于我国民法上的监护人责任是无过错责任，即无论监护人对被监护人的侵权行为是否具有过错，都要承担侵权责任，并且即便在被监护人有自己的财产的情况下，如果被监护人的财产不足以支付全部赔偿费用，监护人还要承担赔偿责任。这种情形下，监护人始终难逃责任，在诉讼程序上也必须作为被告。最后，如果仅将被监护人列为被告，而被监护人在从事侵权行为时自己也因此而死亡的话，就容易出现没有被告的问题。针对这种情况，我国以往的司法实践认为，被监护人在从事造成他人损害的行为时，即便自身也因该行为而死亡，也不影响被侵权人针对监护人提起侵权诉讼，此时将监护人列为被告。① 综上所述，应将监护人与被监护人列为共同被告。

三、监护人将监护职责委托给他人时的诉讼主体

监护人将监护职责部分或者全部委托给他人，也被称为“委托监护”。此种情形中，仅仅是监护人委托他人代为履行监护职责，而非将监护权转移给他人，监护人并不因为委托监护而免除监护职责，依然是监护人。《民法典总则编解释》第13条规定：“监护人因患病、外出务工等原因在一定期限内不能完全履行监护职责，将全部或者部分监护职责委托给他人，当事人主张受托人因此成为监护人的，人民法院不予支

---

① 《最高人民法院关于未成年的侵权人死亡其父母作为监护人能否成为诉讼主体的复函》(〔1989〕民他字第41号) 指出：“未成年人阿拉腾乌拉携带其父额尔登巴图藏在家中的炸药到那木斯来家玩耍，将炸药引爆，炸毁那木斯来家房屋顶棚及部分家具。那木斯来以额尔登巴图为被告要求赔偿损失，人民法院应依法受理，并依据《民法通则》及《婚姻法》的有关规定妥善处理。”

持。”故此，在被监护人造成他人损害时，监护人并不能因为将监护职责委托给他人，就免于承担责任，其仍然必须承担《民法典》第1188条规定的监护人责任。然而，受托人毕竟是接受委托而履行全部或部分的监护职责，监护人与受托人之间存在委托合同关系，受托人应当按照与监护人之间的约定履行相应的监护职责。如果受托人不履行或不完全履行监护职责，使得被监护人造成他人损害的，那么依据《民法典》第1165条第1款的过错责任原则，受托人也应当承担相应的责任。在《民法典》颁布前，《民法通则意见》第22条规定，监护人可以将监护职责部分或者全部委托给他人。因被监护人的侵权行为需要承担民事责任的，应当由监护人承担，但另有约定的除外；被委托人确有过错的，负连带责任。这一规定明确了受托人在有过错的情形下要承担责任，是正确的，但是承担连带责任，则过于严苛。首先，监护人责任中监护人是第一位的责任人，即便其将监护职责委托给他人代为行使，也并不因此使得监护人不再是监护人，从而免除监护责任。其次，受托人受委托履行监护职责基本上都是无偿的，实践中大多是亲朋好友之间才可能这样做。比如，因出差、出国或生病、外出务工等让亲戚或朋友代为照看孩子。倘若让受托人与监护人承担连带责任，则过于苛刻。因此，除非可以认定受托人与监护人构成共同侵权行为（《民法典》第1168条），否则，还是应当由监护人承担责任，受托人只有存在过错的时候，才承担相应的责任。此外，《民法通则意见》第22条允许监护人和受托人之间通过约定来改变监护人需要承担的责任，也是不妥当的。这种约定只在当事人之间具有法律效力，不能对抗被侵权人。

有鉴于此，《民法典》对《民法通则意见》第22条进行了修改完善，《民法典》第1189条规定：“无民事行为能力人、限制民事行为能力人造成他人损害，监护人将监护职责委托给他人的，监护人应当承担侵权责任；受托人有过错的，承担相应的责任。”① 这就明确了监护人是首要的责任人，而受托人在有过错的时候，才需要承担相应的责任。所谓相应的责任，就是指根据受托人的过错、原因力等因素承担与之相适应的侵权赔偿责任。依据《民事诉讼法解释》第 67 条和《民法典侵权责任编解释（一）》第 4 条，在监护人将监护职责委托给他人时，遭受被监护人侵害的被侵权人在诉讼中可以将被监护人、监护人与受托人作为共同被告。

◆ 疑点与难点

一、委托监护与意定监护的关系

根据监护关系的产生是依据法律的规定还是依据当事人的意思表示，可以将监护分为法定监护与意定监护。凡是依据当事人的意思表示而产生的监护就是意定监护。《民法典》第 33 条规定的成年意定监护属于意定监护，这一点没有争议。② 但也有学者认为，意定监护有广义、狭义之分，其中，成年意定监护属于狭义的意定监护，除此之外，广义的意定监护还包括《民法典》第 29 条规定的遗嘱监护以及第 30 条规定的协议监护。③

所谓成年意定监护，是指按照具有完全民事行为能力的成年人与有关个人或组织之间的约定所形成的成年监护。《民法典》第 33 条规定：“具有完全民事行为能力的成年人，可以与其近亲属、其他愿意担任监

---

① 《民法典侵权责任编草案》的第二、三、四次审议稿都规定“监护人将监护职责部分或者全部”委托给他人的，在立法审议过程中，有观点认为，监护职责带有很强的身份性，能否全部委托很敏感，这种表述意味着监护人似乎可以将监护职责全部转让。故此，立法者最后删掉了“部分或者全部”的修饰语。参见《民法典立法背景与观点全集》编写组：《民法典立法背景与观点全集》，法律出版社 2020 年版，第 800 页。

② 王利明：《民法总则研究》（第三版），中国人民大学出版社 2018 年版，第 218 页；郭明瑞：《民法总则通义》（修订版），商务印书馆 2022 年版，第 65 页；崔建远等：《民法总论》（第三版），清华大学出版社 2019 年版，第 109 页。

③ 参见杨代雄：《民法总论》，北京大学出版社 2022 年版，第 128 页。

护人的个人或者组织事先协商，以书面形式确定自己的监护人，在自己丧失或者部分丧失民事行为能力时，由该监护人履行监护职责。”之所以规定成年意定监护，主要是考虑到我国已进入老龄化社会，一些老年人在意识清醒时可提前与他人协商确定将来的监护人，更好地维护自己利益。

委托监护与成年意定监护存在明显的区别。首先，性质不同。成年意定监护属于监护的一种类型，当事人之间通过协议创设了监护关系。但是，委托监护并没有创设或改变监护关系，监护人并无变化，只是监护职责被委托给他人。其次，目的不同。成年意定监护是成年人为将来做的一个安排，也就是说，其考虑到自己在可预见的将来因为阿尔茨海默病等疾病会丧失或部分丧失民事行为能力，提前为自己确定监护人，从而更好地维护自己的利益。委托监护往往是监护人因为患病、出国、外出务工等原因，在一定期间内不能完全履行监护职责，为了维护被监护人的利益而将监护职责部分或全部地委托给他人。再次，被监护人不同。成年意定监护的被监护人是成年人，并且在协商确定监护人之时，该成年人是具有完全民事行为能力的人，而委托监护中被监护人是无民事行为能力人或限制民事行为能力人。最后，侵权责任不同。成年意定监护中，虽然确定了监护人，但成年人还是完全民事行为能力人时，如果实施侵权行为造成他人损害的，当然要由其自负责任，与监护人无关。而委托监护中，被监护人造成他人损害的，监护人以及有过错的受托人都需要承担侵权责任。

二、监护人与代为履行监护职责的受托人之间的协议的效力

监护人要将监护职责委托给他人，其与受托人之间必然要达成合意，此种合意可能是口头的也可能是书面的，从性质上而言，监护人与受托人之间属于委托合同关系。所谓委托合同是委托人和受托人约定，由受托人处理委托人事务的合同（《民法典》第919条）。监护人与受托人在该委托合同中可以约定各方的责任，但是基于合同的相对性，这些约定仅约束监护人与受托人，不能发生对外效力，无法对抗第三人。故此，被侵权人起诉监护人和受托人时，他们不能以委托合同的约定来对抗被侵权人。

《民法典》第929条第1款规定，有偿的委托合同，因受托人的过错造成委托人损失的，委托人可以请求赔偿损失。无偿的委托合同，因受托人的故意或者重大过失造成委托人损失的，委托人可以请求赔偿损失。故此，如果监护人以有偿的方式将监护职责委托给受托人，由于受托人的过错导致被监护人侵害他人民事权益，进而使得监护人即委托人承担了赔偿责任的，委托人就可以依据该款规定要求受托人赔偿损失；反之，如果是无偿的委托，那么，只有当受托人存在故意或者重大过失时，作为委托人的监护人才能要求其赔偿损失。需要注意的是，《民法典》第929条第1款只是就委托人要求受托人承担赔偿责任作出的规定，至于受托人就被监护人造成他人损害的侵权行为承担责任，依据的是《民法典》第1189条，即只需要受托人具有过错即可，也就是说，无论监护人与受托人的委托合同是有偿的还是无偿的，只要受托人对于被监护人造成他人损害的侵权行为的发生存在过错，就需要承担相应的责任。

◆ 相关规定

1.《中华人民共和国民法典》

第十七条 十八周岁以上的自然人为成年人。不满十八周岁的自然人为未成年人。

第十八条 成年人为完全民事行为能力人，可以独立实施民事法律行为。

十六周岁以上的未成年人，以自己的劳动收入为主要生活来源的，视为完全民事行为能力人。

第十九条 八周岁以上的未成年人为限制民事行为能力人，实施民事法律行为由其法定代理人代理或者经其法定代理人同意、追认；但是，可以独立实施纯获利益的民事法律行为或者与其年龄、智力相适应的民事法律行为。

第二十条 不满八周岁的未成年人为无民事行为能力人，由其法定代理人代理实施民事法律行为。

第二十一条 不能辨认自己行为的成年人为无民事行为能力人，由其法定代理人代理实施民事法律行为。

八周岁以上的未成年人不能辨认自己行为的，适用前款规定。

第一千一百八十八条 无民事行为能力人、限制民事行为能力人造成他人损害的，由监护人承担侵权责任。监护人尽到监护职责的，可以减轻其侵权责任。

有财产的无民事行为能力人、限制民事行为能力人造成他人损害的，从本人财产中支付赔偿费用；不足部分，由监护人赔偿。

第一千一百八十九条 无民事行为能力人、限制民事行为能力人造成他人损害，监护人将监护职责委托给他人的，监护人应当承担侵权责任；受托人有过错的，承担相应的责任。

2. **《最高人民法院关于适用〈中华人民共和国民事诉讼法〉的解释》**（法释〔2022〕11号）

第六十七条 无民事行为能力人、限制民事行为能力人造成他人损害的，无民事行为能力人、限制民事行为能力人和其监护人为共同被告。

第五条 【监护人责任中赔偿费用的支付】

无民事行为能力人、限制民事行为能力人造成他人损害，被侵权人请求监护人承担侵权人应承担的全部责任的，人民法院应予支持，并在判决中明确，赔偿费用可以先从被监护人财产中支付，不足部分由监护人支付。

监护人抗辩主张承担补充责任，或者被侵权人、监护人主张人民法院判令有财产的无民事行为能力人、限制民事行为能力人承担赔偿责任的，人民法院不予支持。

从被监护人财产中支付赔偿费用的，应当保留被监护人所必需的生活费和完成义务教育所必需的费用。

◆ 条文要旨

本条是有关适用监护人责任时赔偿费用如何支付的规定。

◆ 理解与适用

一、本条的规范意旨

《民法典》第 1188 条共分两款，其中，第 1 款规定："无民事行为能力人、限制民事行为能力人造成他人损害的，由监护人承担侵权责任。监护人尽到监护职责的，可以减轻其侵权责任。"从该款的文义可知，这是对于监护人就被监护人的侵权行为承担责任的归责原则以及减责事由的规定。具体而言，依据本款，只要是无民事行为能力人、限制民事行为能力人造成他人损害的，无论监护人是否有过错，都要承担侵权责任，但是，在监护人能够举证证明自己已经尽到监护职责的时候，可以减轻监护人的侵权责任。该条第 2 款规定："有财产的无民事行为能力人、限制民事行为能力人造成他人损害的，从本人财产中支付赔偿费用；

不足部分，由监护人赔偿。”该款与第1款不同，其显然是在第1款已经确定了侵权责任的主体的前提下，进一步对于监护人责任中的赔偿费用如何支付的规定。

然而，关于《民法典》第1188条第2款却存在很大的争议。尤其是有人认为，既然依据该条第1款，监护人应当就被监护人给他人造成的损害承担侵权责任，为何第2款又规定赔偿费用要从有财产的无民事行为能力人、限制民事行为能力人本人的财产中支付，不足的部分才由监护人赔偿？如此一来，岂不是原本作为替代责任的监护人责任在被监护人有财产的情形下就成了被监护人的自己责任，这对于被监护人显然是不利的，故此，《民法典》第1188条第2款的规定不尽合理。当然，这种讨论是有益的，但总体上属于立法论层面的讨论，可以为将来修订《民法典》该条规定提供理论支持。但是，就《民法典》第1188条的适用而言，站在解释论的立场，法院在处理监护人责任案件时，究竟该怎样理解这两款的规定，是判决有财产的被监护人先行赔偿被侵权人而监护人承担补充责任，还是判决监护人先承担责任而有财产的被监护人后承担责任？监护人能否主张被监护人有自己的财产，故此行使先诉抗辩权即应当先执行被监护人的财产，在被监护人不能赔偿后监护人再承担赔偿责任？对于这些实践中的问题，《民法典侵权责任编解释（一）》第5条作出了规定。

二、过错能力的问题

（一）过错能力的涵义

过错能力的问题是侵权法上的一个重要问题，该问题无论是对《民法典》第1188条的理解适用还是改进完善，都非常重要。因为该条的根本问题就是：我国民法是否承认过错能力以及应否承认过错能力？

民法以意思自治为基本原则。《民法典》第5条规定：“民事主体从事民事活动，应当遵循自愿原则，按照自己的意思设立、变更、终止民事法律关系。”意思自治意味着一个具有意思决定自由的人既可以通过自由的意思形成自己期待的法律关系，也需要对自己行为的后果负责。只有在行为人能够认识其行为的后果时，其才真正地具有自由的意思决定（freie Willensbestimmung），才能在是否行为以及如何行为的问题上有所选择并加以控制。倘若行为人无法认识行为的后果，那么他（她）就欠缺意思决定的自由。此时，行为人的行为只是一种无意识的动作，不是法律意义上的行为。① 我国侵权法以过错责任作为最基本的归责原则，只要法律没有规定要适用过错推定责任、无过错责任或者公平责任（《民法典》第1165条、第1166条以及第1186条），就应当适用过错责任原则。过错责任原则是意思自治原则的体现。根据过错责任原则，一个具有意思决定自由的人，如果滥用意志自由而行为，从而侵害他人民事权益给他人造成损害，那么，该人具有过错，应承担侵权赔偿责任。倘若某人不能认识行为的危险，无法对行为进行选择或控制，即无过错能力时，他（她）就不具备真正的意思决定之自由，法律对其行为不能作出过错的评价，该行为亦无法归责于行为人。所以，无论故意还是过失皆以行为人有过错能力为前提。

所谓过错能力（Verschuldsfähigkeit），也称“责任能力”“归责能力”（Zurechnungsfähigkeit），是指自然人对自己从事的加害行为是否需要负责任的认识能力，它是过错责任对于主体可归责性的要求。② 过错能力主要适用于侵权法领域，并且仅适用于自然人（法人不存在过错能力的问题），所以过错能力也被称为“侵权责任能力”（Deliktsfähigkeit）。过错能力既是判断过错的前提条件，又是贯彻意思自治的重要技术工具，对于维持民法价值评价的一致性，具有重要作用。③

（二）过错能力不同于民事权利能力及民事行为能力

关于过错能力与民事权利能力、民事行为能力的关系，学界曾有不

① MuenchKommBGB/Ulmer, 4. Aufl., 2004, § 827, Rn1.

② Deutsch/Ahrens, Deliktsräht, 5. Aufl., 2009, S. 61.

③ 王利明：《自然人民事责任能力制度探讨》，载《法学家》2011年第2期。

同的看法。第一种观点认为，民事责任能力只是民事权利能力的一个方面。因为民事权利能力实际上包括享有民事权利的能力、负担民事义务的能力以及承担民事责任的能力。民事权利能力制度已经解决了民事主体有无承担民事责任的资格的问题，因此不应规定独立的民事责任能力制度。①

第二种观点认为，自然人的民事行为能力是指自然人能够通过自己的行为取得民事权利、承担民事义务的能力与资格，因此，它不仅包含自然人因合法行为而取得民事权利、承担民事义务的能力，也包括因从事违法行为而承担民事责任的能力。所以，民事责任能力或者说侵权责任能力已经被包含在民事行为能力当中。②

第三种观点认为，民事责任能力是指民事主体据以独立承担民事责任的法律地位或法律资格，它与民事行为能力虽有联系，有其一必有其二，但毕竟是两种不同的资格，存在如下区别：首先，目的不同。法律设立民事行为能力旨在使得民事主体可以按照自己的意思追求自己的利益，而设立民事责任能力在于对主体的违法行为追究民事责任，保护他人和社会利益。③ 其次，民事行为能力以意思能力为要件，而民事责任能力以识别能力为要件，二者主观要求程度不同。民事行为能力对行为人的主观能力要求比较高，它是行为人单独的、完全的能缔结如契约那样的法律行为的能力。民事责任能力则是为违法行为的责任负担而设，它是指行为人足以负担侵权行为法上之赔偿义务之识别能力，它对行为人仅有极低的识别能力的要求。④ 最后，性质不同。民事行为能力是具体的，而民事责任能力乃是抽象的，无一定范围。主体超出民事行为能力范围的行为不生效力，但是违法行为无论是否超出民事行为能力，均

---

① 任清：《民事责任能力本质反思》，载张新宝主编：《侵权法评论》（总第 3 辑），人民法院出版社 2004 年版，第 78 页以下。

② 佟柔主编：《中国民法》，法律出版社 1990 年版，第 70 页。

③ 刘保玉、秦伟：《论自然人的民事责任能力》，载《法学研究》2001 年第 2 期。

④ 李庆海：《论民事行为能力与民事责任能力》，载《法商研究》1999 年第 1 期。

应受到法律追究。①

笔者认为，过错能力既不同于民事权利能力，也不同于民事行为能力。首先，民事权利能力强调的是民事主体资格与法律地位。《民法典》第 13 条规定："自然人从出生时起到死亡时止，具有民事权利能力，依法享有民事权利，承担民事义务。"第 14 条规定："自然人的民事权利能力一律平等。"因此，对于自然人而言，在民事权利能力有无的评价上完全不考虑任何具体的因素，而是一概平等，即任何自然人不因性别、年龄、民族、出生、财产状况、精神健康状况等而平等地成为民事主体，具有享有民事权利、负担民事义务与承担民事责任的法律地位或抽象可能性。同时，民事权利能力始于出生，终于死亡，也确保了每一自然人在法律面前的平等地位，为其生存与发展确定了最基本的前提。

其次，从《民法典》第 18 条至第 20 条可知，民事行为能力就是能否独立实施民事法律行为的能力，如果是完全民事行为能力人，就可以独立实施民事法律行为；如果是限制民事行为能力人，实施民事法律行为就要由其法定代理人代理或者经其法定代理人同意、追认，但是可以独立实施纯获利益的民事法律行为或者与其年龄、智力相适应的民事法律行为；如果是无民事行为能力人，就只能由其法定代理人代理实施民事法律行为。由此可见，民事行为能力是法律为落实意思自治原则而设立的，据以保护不能理性、清晰地认识自己行为的性质及后果的自然人以及交易相对人而设立的法律制度。申言之，民事行为能力制度不仅保护不完全民事行为能力人，还保护与不完全民事行为能力人从事交易活动的相对人。凭借着统一的年龄标准以及法院的宣告，相对人能够以较低的成本判断与之从事交易的对方是否属于完全民事行为能力人。依据民事行为能力制度，凡是因年龄与健康状况而不能辨认自己行为的人都不能成为有效参与民事法律关系，继而享有权利与承担义务的主体。但

① 梁慧星：《民法总则》，法律出版社 2001 年版，第 74 页以下。

是，过错能力是指一个人对于自己行为的危害性是否能够认识，是否能够独自承担该侵权行为产生的法律责任的资格。该制度主要目的是保护无过错能力的人。如果说民事行为能力是自然人积极利用理性能力为自己设计法律生活，那么，责任能力就是行为人对于应当理性却未理性所为之行为负责的前提。①

对于一个自然人来说，过错能力的评价虽然是在有无民事行为能力的前提下加以认识的，但是，有无民事行为能力却不能简单地等同于有无过错能力。一方面，对于无民事行为能力之人，其并非就任何的侵权行为均无过错能力。例如，六周岁儿童虽然按照《民法典》第 20 条的规定，属于无民事行为能力人，但是，其也具有一定的辨别是非善恶的能力，对于有些行为的危害性和错误性也是可以认知的。另一方面，即便是完全民事行为能力人，在某些情况下也可能不具有过错能力。例如，三十周岁且精神状态完全健康的张某驾车过程中，突然发生心肌梗塞而致车辆失控，撞伤路人。此时，张某在法律上当然是完全民事行为能力人，可事发之时，其因为非因自己的过错而丧失意识，失去控制能力给他人造成损害，事发时显然缺乏过错能力，不能将其给他人造成损害的行为评价为有过错的行为。

（三）立法上对过错能力的态度

1. 比较法

就是否承认过错能力，比较法有两种不同的立场。法国民法对过错能力采取了否定的立场。在法国法上，重要的是行为人在实施侵权行为之时是否为未成年人，如果是未成年人，则应当由其父母承担侵权责任。《法国民法典》第 1242 条第 4 款规定："父与母，只要他们行使对子女的亲权，即应当对与其在一起居住的未成年子女造成的损害，承担连带

---

① 吴香香：《玻璃娃娃案——以未成年人的责任能力为考察重点》，载张双根等主编：《中德私法研究（总第 10 卷）》，北京大学出版社 2014 年版，第 259 页。

责任。”也就是说，父母要共同向被侵权人承担连带责任，并且，此种责任属于当然责任，无法以自己没有过错而免责，除非证明存在不可抗力或者他人的过错。[①] 法国法上并不存在一个规定，未成年人承担侵权责任的最小年龄，即不考虑未成年人是否具有合理行为或理解其行为的能力。[②]《法国民法典》第414—3条（原第489—2条）规定：“处于精神障碍状态的人给他人造成损失的，仍应负赔偿责任。”该条的立法说明曾指出：“关于过错的概念有两个因素要加以区分，第一是客观因素，即加害人的行为必须违反某种规范，第二是主观因素，即违反规范的行为可归责于行为人且行为人知道其所为并有意为之，该行为人才需要承担赔偿责任，这是判例所一直接受的。我们希望通过第489—2条加以排除的就是这一主观因素而非客观因素。因此，其结果为，某人欠缺了解其行为结果的能力而给他人造成损害，其行为只是在客观上及本质上无可非难时，才能不承担任何责任。”[③] 依据这一规定，即便行为人没有责任能力，只要其行为客观上具有违法性，即成立侵权责任。法国最高法院第一民事庭在1976年7月20日的一则判例中指出：“第489—2条规定的赔偿义务涉及所有精神紊乱状态下给他人造成损害的人，不论他是成年人还是未成年人；对因实施行为之当时出现精神错乱而获得刑事免诉利益的未成年人，仍然有正当理由认定其民事责任。”[④]

然而，德国、瑞士、奥地利、日本等国家的民法则肯定过错能力。这些国家的法律和学说认为，只有在行为人本人能够控制其意志的前提下，行为才具有主观上的可责难性。“责任能力是过错责任归责对个人

---

① 张民安：《法国民法》，清华大学出版社2015年版，第403—404页。

② Miquel Martín-Casals (ed.), Children in Tort Law Part Ⅰ: Children as Tortfeasors, Springer-Verlag, 2006, pp. 170—171.

③ Walter van Gerven, Jeremy Lever&Pierre Labrouche, Cases, Materials and Text on National, Supranational and International Tort Law, Hart Publishing, 2000, pp. 301—302.

④ 参见罗结珍译：《法国民法典》（上册），法律出版社2005年版，第405页。

的要求。”[①] 归责建立了侵害者的意志与损害之间的联系。在侵权行为发生时的可归责性是责任的基础前提。归责能力是过错责任中个人要求的必要条件。[②] 例如，《德国民法典》第 827 条规定：“于无意识状态，或于因疾病之精神障碍而排除自由意思决定之状态，加损害于他人者，就其损害不负责任。以醉酒或类似手段，自行陷于前述之暂时状态者，就其在此状态所不法造成之损害，负担如同因过失而应负之责任；非因过失而陷于该状态者，其责任不发生。”第 828 条规定：“未满七岁之人，就其所加于他人之损害，不负责任。满七岁但未满十岁之人，就其于动力车辆、轨道电车或空中缆车之事故所加于他人之损害，不负责任。但故意造成侵害者，不适用之。未满十八岁且其责任未经依第一款或第二款规定排除之人，在为加害行为时，未具识别其责任所必要之能力者，就其所加于他人之损害，不负责任。”这两条确定了侵害人不具有侵权法上的可归责性的例外情况，因此，也就缺乏过错责任所需的“可归责性”（Verantwortlichkeit）。证明侵害人不具备侵权能力、过错能力和归责能力的举证责任原则上由援引该例外的人承担。[③] 再如，《瑞士民法典》第 16 条规定：“任何人，凡不属于年幼，或者无精神障碍、心理错乱、精神恍惚或者类似情况，从而不欠缺实施理智行为之能力者，均为本法意义上有判断能力的人。”由此可见，瑞士民法上的过错能力即“认知能力”，即清醒行为之能力，具体到侵权行为人，认知能力一方面是指行为人对行为的致害后果的认识，另一方面是指行为人的意愿以及按此意愿行为的能力。[④]《奥地利普通民法典》第 1294 条界定过错时就明确规定，过错系“有意识地加害”，无意识的活动、无法控制的反射行为

---

① ［德］埃尔文·多伊奇、汉斯-于尔根·阿伦斯：《德国侵权法——侵权行为、损害赔偿及痛苦抚慰金》，叶名怡、温大军译，中国人民大学出版社 2016 年版，第 66 页。

② Ahrens/Spickhoff, Deliktsrecht, Beck, 2022, § 8, Rn. 44.

③ Ahrens/Spickhoff, Deliktsrecht, Beck, 2022, § 8, Rn. 44.

④ ［瑞］海因茨·雷伊：《瑞士侵权责任法》（第四版），贺栩栩译，中国政法大学出版社 2015 年版，第 223 页。

以及被暴力强迫的行为，都无法构成法律意义上的行为。①

在承认过错能力的立法例中，就如何判断过错能力，有两种不同的模式：其一，“一般标准+特别认定”模式。此种模式先确定一个绝对无过错能力的标准，然后就其他特殊情形设立具体之判断标准。德国采取了该模式。《德国民法典》第 827 条和第 828 条规定了加害人不具有过错能力的例外情形。其二，“个别认定”模式。此种模式不设一般性的判断标准，而是根据个案结合加害人的具体情况个别认定。瑞士、奥地利、日本采取这一方法。在瑞士，依据《瑞士民法典》第 16 条，推定行为人具有认知能力即过错能力，主张不具有认知能力的人负有举证责任。法院在认定行为人是否具有认知能力时，要结合个案中的视角情况加以判断，如考虑个案的特殊情况，行为的属性、重要性和危险性，以及行为发生时受害人的状态（精神状态、心智成熟程度、健康状况）等。②

在承认过错能力的国家或地区，如果行为人实施了加害行为，却不具有过错能力的话，则欠缺该过错能力之人的行为不存在过错，因而也不发生侵权赔偿责任。对于受害人因此遭受的损害，如果符合监护人责任的构成要件，则由监护人依法承担赔偿责任；如果不能适用监护人责任，如成年人临时缺乏过错能力或者监护人有免责事由的，就适用公平责任（衡平责任）。例如，《德国民法典》第 829 条规定：“在第八百二十三条至第八百二十六条所定情形的一种情形，对由自己引起之损害依第八百二十七条、第八百二十八条不负责任之人，在不能够向有监督义务之第三人取得损害赔偿时，以衡平事由依情形，特别是当事人的情况，要求赔偿损害，并且不剥夺其为适当的抚养以及为履行其法定抚养义务所需要的资金为限，仍然应当赔偿损害。”该条规定的公平责任（Bil-

① ［奥］海尔姆特·库齐奥：《侵权责任法的基本问题（第 1 卷）》，朱岩译，北京大学出版社 2017 年版，第 202 页。

② ［瑞］海因茨·雷伊：《瑞士侵权责任法》（第四版），贺栩栩译，中国政法大学出版社 2015 年版，第 225 页。

ligkeitshaftung）所考虑的当事人的情况主要是指当事人的经济状况和需求。此外，还必须考虑案件的所有情况，特别是引起损害赔偿责任的行为的特殊性。①

2. 我国法

就我国民法上是否应当承认过错能力，理论界一直存在争议。② 从《民法通则》的规定来看，立法者并未承认过错能力。这是因为，依据《民法通则》第 133 条第 2 款第 1 句，即便是无民事行为能力人或限制民事行为能力人从事侵权行为，造成他人损害的，只要该无民事行为能力人或限制民事行为能力人有自己独立的财产，就必须从自己的财产中支付赔偿费用。这就意味着，无论加害人有无过错能力，造成了损害，都要负责。在起草《侵权责任法》的过程中，一些学者力主规定责任能力，并认为应当依据责任能力的有无相应地确定无民事行为能力人或限制民事行为能力人从事加害行为时监护人的侵权责任。③ 但是，立法机关有关人士持否定观点，认为不应规定责任能力。在他们看来，如果“规定责任能力，就涉及没有责任能力的行为人造成他人损害的，监护人是否需要承担责任的问题。如果监护人不承担责任，被侵权人的损失得不到弥补，有悖于我国的国情和现实的做法。无民事行为能力人和限制行为能力人有独立财产的情形一般不多见，且他们与监护人共同生活，造成他人损害的，仍然是用父母等监护人的财产进行赔偿。此外，法律已明确规定被监护人有独立财产的，应当从其财产中支付。多年的司法实践也证明，虽然我国法律没有行为人责任能力的规定，但能够妥善解

---

① Fuchs/Pauker/Baumgürtner, Delikts- und Schadensersatzrecht, 9. Aufl., Springer, 2017, S. 211.

② 刘保玉、秦伟：《论自然人的民事责任能力》，载《法学研究》2001 年第 2 期；余延满、吴德桥：《自然人民事责任能力的若干问题——与刘保玉、秦伟同志商榷》，载《法学研究》2001 年第 6 期；尹田：《自然人的行为能力、意思能力、责任能力辨析》，载《河南省政法管理干部学院学报》2001 年第 6 期。

③ 全国人大常委会法制工作委员会民法室编：《侵权责任法立法背景与观点全集》，法律出版社 2010 年版，第 63 页。

决无民事行为能人和限制行为能力人引发的侵权纠纷”①。最终，《侵权责任法》一方面在第32条第2款延续了《民法通则》第133条第2款的规定，另一方面又在第9条第2款规定：“教唆、帮助无民事行为能力人、限制民事行为能力人实施侵权行为的，应当承担侵权责任；该无民事行为能力人、限制民事行为能力人的监护人未尽到监护责任的，应当承担相应的责任。”可是，令人奇怪的是，《侵权责任法》第33条第1款对“完全民事行为能力人对自己的行为暂时没有意识或者失去控制造成他人损害”没有过错但需要承担补偿责任的规定又似乎承认了过错能力。因为该条第1款中的“没有过错”显然是指完全民事行为能力人不存在原因自由行为的情形，即对于自己“暂时没有意识或者失去控制”并无过错。这说明立法机关认为，“暂时没有意识或者失去控制”的完全民事行为能力人造成他人损害，其行为是不能被评价为有过错的行为的，所以，无法适用作为基本归责原则的过错责任，需要适用的是公平责任。依据《侵权责任法》第24条的规定，只有在受害人和行为人对损害的发生都没有过错的时候，才可以根据实际情况，由双方分担损失，即适用公平责任。

在《侵权责任法》颁布后，就法律不承认过错能力的做法，有些学者持肯定的态度，认为《侵权责任法》未采纳责任能力制度是从侵权法的救济功能出发而作出的选择，也是对我国长期以来立法和司法实践经验的系统总结。因为过错能力侧重于保护无责任能力之人，忽视了对受害人的保护，其与现代侵权法的救济功能是相互冲突的，无法体现对受害人的充分保护，也有违社会一般的公平观念。我国《侵权责任法》更加关注的是如何对无辜受害人提供充分的救济。多年的司法实践也已经证明，法律即使不规定责任能力也能够妥善解决无行为能力人和限制行

① 王胜明主编：《中华人民共和国侵权责任法解读》，中国法制出版社2010年版，第152页。

为能力人致人损害的问题。[①] 有些学者则对《侵权责任法》不规定过错能力的做法进行了批评。他们认为,《侵权责任法》第32条第2款的规定是错误的,它使得行为人是否承担赔偿责任取决于其是否拥有财产,不论其是否具有行为的识别能力。这种立法不符合侵权责任的基本原理,无论在伦理上还是在比较法上都缺乏正当依据。[②] 此外,既然在积极理性能力上,《民法通则》和《合同法》区分完全民事行为能力人、限制民事行为能力人和无民事行为能力人,对他们所能从事的法律行为进行规定,而不等量齐观,为何在消极理性上却将那些没有识别能力的自然人与成年人等量齐观,显然是不合理的。[③]

我国《民法典》完全延续了《侵权责任法》的规定,《民法典》第1188条的规定和《侵权责任法》第32条基本相同,仅个别文字进行了调整,如将“监护责任”修改为“监护职责”。同时,《民法典》第1190条也继续维持了与《侵权责任法》第33条完全相同的规定。

虽然从《民法通则》到《民法典》,我国法律一直不承认过错能力。但是,司法实践中,最高人民法院的一些司法解释似乎又认可了过错能力。例如,《民法通则意见》第148条规定:“教唆、帮助他人实施侵权行为的人,为共同侵权人,应当承担连带民事责任。教唆、帮助无民事行为能力人实施侵权行为的人,为侵权人,应当承担民事责任。教唆、帮助限制民事行为能力人实施侵权行为的人,为共同侵权人,应当承担主要民事责任。”显然,该司法解释认为无民事行为能力人是没有过错能力的,不应当承担侵权责任,故此,在教唆、帮助无民事行为能力人实施侵权行为时,只有教唆人、帮助人才是侵权人,他们应当承担民事

---

① 王利明:《自然人民事责任能力制度探讨》,载《法学家》2011年第2期。

② 杨代雄:《重思民事责任能力与民事行为能力的关系——兼评我国〈侵权责任法〉第32条》,载《法学论坛》2012年第2期。

③ 吴香香:《玻璃娃娃案——以未成年人的责任能力为考察重点》,载张双根等主编:《中德私法研究(总第10卷)》,北京大学出版社2014年版,第209—210页。

责任。被教唆、被帮助的无民事行为能力人不是侵权人。再如，《铁路运输人身损害赔偿解释》第 7 条规定：“铁路运输造成无民事行为能力人人身损害的，铁路运输企业应当承担赔偿责任；监护人有过错的，按照过错程度减轻铁路运输企业的赔偿责任。铁路运输造成限制民事行为能力人人身损害的，铁路运输企业应当承担赔偿责任；监护人或者受害人自身有过错的，按照过错程度减轻铁路运输企业的赔偿责任。”① 这就是说，当受害人是无民事行为能力人时，不考虑其本身是否存在“过错”，而只考虑监护人是否有过错；如果受害人是限制民事行为能力人，则应当综合考虑监护人和受害人自身是否有过错。② 司法解释的这种规定实质上认可了无民事行为能力人本身不具有过错能力，其行为虽然客观上可能与损害的发生有因果关系，但因为受害人欠缺过错能力，故此不能被评价为受害人对于损害的发生具有过错。

（四）笔者的观点

笔者认为，我国法律应当承认过错能力。具体理由在于：首先，在侵权法上，过错能力有助于实现侵权法的控制功能。过错能力的基础在于对作为禁止或不作为禁止的判断。行为人应当能够判断哪些行为是法律禁止做的，哪些行为是法律要求必须做的。如果行为人有这种判断能力，仍违反法律规定，做了禁止做的事或者不做应当做的事，那么法律上就应当令此人就其行为之后果负责。这样可以有效地促使行为人今后遵守法律的规定，合理地选择行为，尤其是避免从事不为社会所期待的行为。倘若行为人根本无法进行作为禁止或不作为禁止的判断，不能自

① 该条文在《铁路运输人身损害赔偿解释》于 2020 年修正前的条文是第 8 条，原规定为：“铁路运输造成无民事行为能力人人身损害的，铁路运输企业应当承担赔偿责任；监护人有过错的，按照过错程度减轻铁路运输企业的赔偿责任，但铁路运输企业承担的赔偿责任应当不低于全部损失的百分之五十。铁路运输造成限制民事行为能力人人身损害的，铁路运输企业应当承担赔偿责任；监护人及受害人自身有过错的，按照过错程度减轻铁路运输企业的赔偿责任，但铁路运输企业承担的赔偿责任应当不低于全部损失的百分之四十。”

② 江必新主编：《最高人民法院〈关于审理铁路运输人身损害赔偿纠纷案件适用法律若干问题的解释〉理解与适用》，中国铁道出版社 2010 年版，第 105 页。

由地确定自己的意思，则行为人就没有可责备或可非难之处。此时，如果仍然强令他就行为的后果负责，亦无法有效地改变其今后的行为。所以，过错能力有助于实现侵权责任法对人们行为的控制，起到预防损害的作用。①

其次，承认过错能力有利于保护未成年人与精神障碍者。由于年龄幼小或存在心理健康问题等原因，未成年人与精神障碍者无法认识自己行为的危险性，进而控制或选择其行为，法律上对他们应给予特殊的保护和照顾。如不承认过错能力，一律要求未成年人与精神障碍者就其给他人造成之损害负责，将使他们长期负担债务，影响生计和未来的生涯规划，妨碍其人格的发展。② 另外，在未成年人与精神障碍者遭受他人损害时，如不承认过错能力，即便这些人不具有认识行为危险性的能力、无法自我保护，也会因自己的行为与损害的发生或扩大存在因果关系而被认定具有过失，进而适用过失相抵，减轻侵权人的赔偿责任。这显然是不公平的。

最后，不承认过错能力有可能导致不公正的结果。依据我国《民法典》第 1188 条第 2 款，在无民事行为能力人、限制民事行为能力人造成他人损害时，只要不完全民事行为能力人有自己的财产，那么就要从他们本人的财产中支付赔偿费用，不足的部分由监护人赔偿。这种做法有所不妥。立法机关的理由是：《民法典》第 1188 条第 2 款的一个重要意义，在于解决父母等亲属之外的人员或者单位担任监护人的情况下，被监护人造成他人损害的，如果要求监护人承担责任，那么实践中很多个人或者单位可能不愿意担任监护人的问题，这对被监护人的成长、生活会造成负面影响。为了打消这种顾虑，考虑到父母等亲属之外的人员或者单位担任监护人时，可能会给被监护人留有独立财产。在这种情况下，

---

① MuenchKommBGB/Ulmer, 4. Aufl., 2004, § 823 Rn 34f., 39ff.

② 王泽鉴：《侵权行为》，北京大学出版社 2009 年版，第 388 页。

先从被监护人的财产中支付赔偿费用更具有制度安排上的意义。然而，这种解释值得推敲。父母等亲属之外的人员是否担任监护人本来就是自愿的，为被监护人的侵权行为承担责任也是意料之中的事情，并不具有决定性意义；至于民政部门、居民委员会和村民委员会等单位来担任监护人本来就是法律规定的，不存在愿不愿意的问题，并且也仅适用于没有依法具有监护资格的人这一特定的情形。因此，以是否应当考虑亲属以外的人员或者单位担任监护人的意愿作为理由，不足以证明责令没有过错能力但有自己财产的被监护人来承担侵权责任的合理性。事实上，如果将《民法典》第 1188 条第 2 款与第 1190 条第 1 款加以比较就更能清楚地看出不合理性了。因为，在行为人是完全民事行为能力人的情况下，其都可能因缺乏过错能力而只需要承担适当补偿责任。但是，不完全民事行为能力人却仅仅因为自己有财产，就要在连过错能力都没有的情况下，承担全部的赔偿责任。这显然是不合理的。

三、监护人责任中赔偿费用支付顺序的性质

（一）理论界的不同观点

《民法典》第 1188 条第 2 款规定：“有财产的无民事行为能力人、限制民事行为能力人造成他人损害的，从本人财产中支付赔偿费用；不足部分，由监护人赔偿。”该款来自《侵权责任法》第 32 条第 2 款。在《民法典》颁布前，对于如何理解《侵权责任法》第 32 条第 2 款关于赔偿费用的支付顺序，有两种观点。一种观点认为，该款确立了监护人的补充责任，即在被监护人有自己的财产时，应当由被监护人承担首位的责任。只有被监护人的财产不足时，才由监护人承担适当的补充责任。[①] 另一种观点认为，《侵权责任法》第 32 条所确立的监护人责任是以第 1 款为基本条款的，而第 2 款并不具有一般性的意义。因为它没有确定一

① 王利明、周友军、高圣平：《中国侵权责任法教程》，人民法院出版社 2010 年版，第 446 页；最高人民法院侵权责任法研究小组：《〈中华人民共和国侵权责任法〉条文理解与适用》，人民法院出版社 2010 年版，第 237 页。

个所谓的监护人补充责任形态，它所试图处理的是特定情况下监护人与被监护人之间的利益平衡问题，以及克服监护人与被监护人的财产独立可能导致的对受害人救济落实不利的影响。此外，该款再无其他特殊的意义。① 有观点认为，分析《侵权责任法》第 32 条第 1 款可明显看出，当监护人以尽到监护责任为由请求减轻责任时，受害人权益很可能得不到周全保护。正是为了弥补此种救济漏洞，第 32 条才设置了第 2 款规定。基于此，第 32 条第 2 款绝非第 1 款的并行规定，而是第 1 款的必然的逻辑延伸。这就是说，之所以立法者要责令有财产的被监护人“支付赔偿费用”，目的是满足公平救济受害人的需要而向被监护人强加一种独立责任。当被监护人的财产仍不足以赔偿受害人的损失时，监护人必须对不足部分承担赔偿责任。由于监护人的后一种赔偿责任性质上属于公平责任，所以，其不能以尽到监护责任为由请求减轻责任。总之，《侵权责任法》第 32 条两款规定之间具有紧密的逻辑关联，它们之间不是一般与例外的关系，而是一般规定与补充规定的关系。以此而言，《侵权责任法》第 32 条第 2 款既非关于有财产的被监护人自己责任的规定，又非关于监护人责任之承担方式的特别规定，而是为弥补第 1 款在保护受害人权益上的缺漏，根据衡平思想而作出的补充规定。②

《民法典》第 1188 条第 2 款延续了《侵权责任法》第 32 条第 2 款的规定，在《民法典》颁布后，就如何理解该款的性质，也有不同的看法。第一种观点认为，该款表明，在我国法上，被监护人是否承担责任既不取决于其有无相应的责任能力，也不取决于相关的注意义务标准，而仅仅与财产相关。因此，如果被监护人有财产，就可以让被监护人承担首位责任，而由监护人承担补充责任甚至不承担责任。③ 第二种观点

---

① 薛军：《走出监护人“补充责任”的误区——论〈侵权责任法〉第 32 条第 2 款的理解与适用》，载《华东政法大学学报》2010 年第 3 期。

② 朱广新：《被监护人致人损害的侵权责任配置——〈侵权责任法〉第 32 条的体系解释》，载《苏州大学学报（哲学社会科学版）》2011 年第 6 期。

③ 张新宝：《中国民法典释评 · 侵权责任编》，中国人民大学出版社 2020 年版，第 91—92 页。

认为,《民法典》第1188条第1款是被侵权人请求赔偿的外部责任条款,而第2款是赔偿费用来源的内部关系条款,也就是说,由于支付赔偿费用是由监护人来执行的,故此,第2款是《民法典》第35条第1款第2句“监护人除为维护被监护人利益外,不得处分被监护人的财产”的例外规定,使得监护人避开了侵害被监护人利益的嫌疑,允许监护人从被监护人的财产中支付赔偿费用,但应当保留被监护人的基本生活费用。[①]

笔者认为,在我国民法并不承认过错能力的背景下,《民法典》第1188条第2款的规定以无民事行为能力人、限制民事行为能力人是否有自己的财产作为需要支付赔偿费用的唯一标准,表面上看把监护人作为第一责任,实际上却使得被监护人承担了“结果责任”,即无论被监护人有无过错能力,只要有自己的财产,就要为造成的损害承担赔偿责任。对此,前文已有论述。其次,在父母作为监护人的情形下,绝大多数无民事行为能力人、限制民事行为能力人没有自己的财产,因此,监护人责任中的赔偿费用肯定由父母来承担,基本上不会适用《民法典》第1188条第2款。而在民政部门、村民委员会和居民委员会担任监护人的场合,被监护人有自己财产的可能性也非常小。所谓无民事行为能力人、限制民事行为能力人有自己的财产的情形,往往是父母以外的自然人担任监护人的情形。此时,从无民事行为能力人、限制民事行为能力人自己的财产中支付赔偿费用,虽然减轻了监护人的负担,也使受害人得到了赔偿,但是,这样做一方面容易影响被监护人的未来生涯规划(包括结婚、就业)而妨碍其人格发展,[②] 有违《宪法》第49条第1款保护儿童的精神及《未成年人保护法》对未成年人给予特殊、优先保护的原则;另一方面也不利于督促监护人履行监护职责,因为反正可以从被监护人的财产中支付赔偿费用,所以监护人可能不充分履行监护职责,怠

---

① 邹海林、朱广新主编:《民法典评注·侵权责任编》,中国法制出版社2020年版,第285页;王利明主编:《中国民法典评注·侵权责任编》,人民法院出版社2021年版,第15页。

② 王泽鉴:《侵权行为法》(增订新版),台北作者印行2015年版,第516页。

于教育、保护被监护人。[①] 最后，诚如王泽鉴教授在评论《侵权责任法》第 32 条第 2 款时所指出的，“此种以财产的有无决定谁应承担侵权责任，创设了承担侵权责任之人与应支付赔偿费用之人的分离制度，比较法上尚属少见，理论是否允洽，是否足以保护未成年人，似值研究”[②]。换句话说，按照《民法典》第 1188 条第 1 款，监护人才是侵权责任的承担者，是责任人，而按照第 2 款，又把有财产的被监护人作为赔偿费用支付的义务人，那么究竟是监护人还是被监护人是责任主体，就很是让人模糊不清了。本来监护人责任是替代责任，是监护人替代被监护人来承担侵权责任，结果《民法典》第 1188 条第 2 款实际上将被监护人变为责任人，这样就使得我国法上的监护人责任在被监护人没有自己财产的时候是替代责任，在被监护人有自己财产的时候就成为自己责任。此种情形不仅与过错责任原则相悖，也有违替代责任的基本法理。

（二）《民法典侵权责任编解释（一）》采取的观点

《民法典侵权责任编解释（一）》第 5 条第 1 款规定：“无民事行为能力人、限制民事行为能力人造成他人损害，被侵权人请求监护人承担侵权人应承担的全部责任的，人民法院应予支持，并在判决中明确，赔偿费用可以先从被监护人财产中支付，不足部分由监护人支付。”第 2 款规定：“监护人抗辩主张承担补充责任，或者被侵权人、监护人主张人民法院判令有财产的无民事行为能力人、限制民事行为能力人承担赔偿责任的，人民法院不予支持。”从这两款规定可知，《民法典侵权责任编解释（一）》认为，《民法典》第 1188 条第 2 款只是对赔偿费用在执行中的支付顺序的规定，并非确立了监护人的补充赔偿责任。具体而言，首先，无民事行为能力人、限制民事行为能力人造成他人损害的，依据《民法典》第 1188 条第 1 款，监护人就应当承担侵权责任，监护人是第

① 杨代雄：《适用范围视角下民事责任能力之反思》，载《法商研究》2011 年第 6 期。
② 王泽鉴：《侵权行为法》（增订新版），台北作者印行 2015 年版，第 546—547 页。

一位的侵权责任主体。作为替代责任，只能是监护人承担侵权责任，而不是被监护人承担责任或者被监护人与监护人承担连带责任。

其次，《民法典》第1188条第2款的规定不是对侵权责任承担方式的规定，换言之，该款并未确定监护人承担的是补充赔偿责任，也没有确定有财产的被监护人的侵权责任，而只是对监护人被要求承担侵权赔偿责任后如何实现该赔偿责任的一个规定。故此，监护人不能依据《民法典》第1188条第2款，请求法院将自己的责任确定为补充赔偿责任，同样被侵权人和监护人不能请求法院直接判决有财产的被监护人承担赔偿责任。也就是说，虽然依据《民事诉讼法解释》第67条和《民法典侵权责任编解释（一）》第5条，被侵权人可以将监护人与被监护人作为共同被告，但无论是被侵权人还是监护人都不能请求法院直接判令有财产的无民事行为能力人、限制行为能力人承担赔偿责任。这是因为，监护人责任是替代责任，即由监护人替代被监护人承担责任，如果直接判令有财产的被监护人承担赔偿责任，那么被监护人就成为侵权责任人，不符合《民法典》的规定，也有违替代责任的法理。

最后，依据《民法典》第1188条第2款，在执行监护人的财产的过程中，如果发现被监护人有自己的财产，可以先从被监护人的财产中支付赔偿费用，不足的部分再由监护人来承担；也可以不先执行被监护人的财产，而是由监护人从其财产中支付赔偿费用。因此，被监护人并不享有如同一般保证那样的先诉抗辩权。但是，如果要先从被监护人的财产中支付赔偿费用，那么法院此种对并未被判决承担侵权责任的被监护人进行的执行，也必须有执行依据，否则无权执行被监护人的财产。为此，《民法典侵权责任编解释（一）》第5条第1款要求法院在判决中明确，赔偿费用可以先从被监护人财产中支付，不足部分由监护人支付。

四、为被监护人保留必需的费用

依据《民法典》第1188条第2款，在被监护人有自己的财产时，需要从被监护人的财产中支付赔偿费用。这样做当然对于保护被侵权人的利益，减轻监护人的赔偿责任是非常有利的，但是，对于被监护人可能是不利的。因为被监护人的财产对于维持被监护人未来的生活和教育等基本需求非常重要。如果这些财产因为被监护人一时不慎的侵权行为而被用来偿还了赔偿费用，势必影响被监护人今后正常的生活和学习，不符合我国《宪法》和《未成年人保护法》所确立的最有利于未成年人的原则。对此，一种观点认为，应当明确规定在用被监护人的财产来支付赔偿费用的时候，必须保留被监护人的基本生活费用等，从而避免被监护人的生计和未来的人生规划受到影响。① 另一种观点认为，被监护人并非被执行人，如果被监护人有扶养义务人（通常但不必然为监护人），那么保留被监护人基本生活费用就没有必要；如果被监护人没有扶养义务人或扶养义务人没有扶养能力，保留被监护人的基本生活费用就有必要。由于被监护人有财产而无扶养义务人的情形罕见，所以不作专门规定也没有问题。②

《民法典侵权责任编解释（一）》第5条第3款规定："从被监护人财产中支付赔偿费用的，应当保留被监护人所必需的生活费和完成义务教育所必需的费用。"笔者认为，作出这一规定是非常有必要的。因为，当被监护人有父母或者其他近亲属作为监护人时，大多数的被监护人是没有自己的财产的，故而也不存在从被监护人的财产中支付赔偿费用的可能。如果被监护人有自己的财产，那么从被监护人的财产中支出赔偿费用，就是将被监护人作为被执行人。此时，当然要平等地对待被监护人，为其保留必需的生活费用等。当监护人是近亲属以外的自然人或者单位时，还可能出现被监护人有自己的财产（如父母空难去世的孤儿，继承了父母的财产），而没有扶养义务人的情形。此时，用被监护人的

① 程啸：《侵权责任法》（第三版），法律出版社2021年版，第433页；黄薇主编：《中华人民共和国民法典侵权责任编解读》，中国法制出版社2020年版，第101页。

② 张家勇：《关于〈民法典〉侵权责任编的解释（一）（征求意见稿）的修改意见》，载微信公众号"中国民商法律网"2023年4月24日，https://mp.weixin.qq.com/s/eMIy1ieCPzGoXscdkp1eiA。

财产支付赔偿费用时，就更加有必要保留被监护人所必需的生活费用和完成义务教育所必需的费用。

对于在从被监护人的财产中支付赔偿费用时，究竟应当保留被监护人的哪些必要费用，存在不同的看法。有的学者认为，从被监护人的财产中支付赔偿费用的，应当保留被监护人正常生活、教育和医疗的合理开支。因为被监护人可能患有需要长期支出相应费用的疾病，所以必须加上医疗费用。① 有的学者认为，可以参考《最高人民法院关于人民法院民事执行中查封、扣押、冻结财产的规定》第5条规定，明确为保留被监护人生活所必需的房屋和生活用品。② 最后，《民法典侵权责任编解释（一）》第5条第3款规定，应当保留“被监护人所必需的生活费和完成义务教育所必需的费用”。③ 该款中的“被监护人所必需的生活费”，主要是指维持被监护人衣食住行等基本生活的所必需的费用，如果当地有最低生活保障标准，可以依照该标准确定。④《义务教育法》第2条和第4条规定，国家实行九年义务教育制度。义务教育是国家统一实施的所有适龄儿童、少年必须接受的教育，是国家必须予以保障的公益性事业。凡具有中华人民共和国国籍的适龄儿童、少年，不分性别、民族、种族、家庭财产状况、宗教信仰等，依法享有平等接受义务教育的权利，并履行接受义务教育的义务。因此，在从被监护人的财产中支付赔偿费用的时候，必须保留被监护人完成九年制义务教育所必需的费用，如课

---

① 程啸：《对〈民法典侵权责任编解释（一）〉（征求意见稿）的若干意见》，载微信公众号“中国法律评论”2023年3月31日，https://mp.weixin.qq.com/s/MemSxZjLOxzRfp4JYOVmCw。

② 在2023年5月13日下午中国人民大学法学院举办的“民法典侵权责任编解释研讨会”上，有的学者提出该观点。

③ 最高人民法院颁布的一些司法解释中也有相应的规定，如《最高人民法院关于人民法院民事执行中查封、扣押、冻结财产的规定》第3条第2项和第3项明确规定，对于被执行人及其所扶养家属所必需的生活费用、被执行人及其所扶养家属完成义务教育所必需的物品，不得查封、扣押、冻结。

④《最高人民法院关于人民法院民事执行中查封、扣押、冻结财产的规定》第3条第2项规定，“被执行人及其所扶养家属所必需的生活费用。当地有最低生活保障标准的，必需的生活费用依照该标准确定”。

本费、资料费、文具费等。

◆ 疑点与难点

一、有财产的被监护人的财产用于支付赔偿费用的具体问题

《民法典侵权责任编解释（一）》第5条第1款要求法院在审理监护人责任的案件时，如果判决监护人承担侵权责任，应当在判决中明确：赔偿费用可以先从被监护人财产中支付，不足部分由监护人支付。这就是说，赔偿费用可以从被监护人的财产中支付，也可以不从被监护人的财产中支付。对于被侵权人而言，即便被监护人有自己的财产，并且被侵权人也取得了法院依据《民法典侵权责任编解释（一）》第5条第1款作出的载有相应表述的判决，只要监护人主动向被侵权人支付赔偿费用的，被侵权人就不能强制从被监护人的财产中支付赔偿费用。即便被侵权人拿出证据证明了被监护人有自己的财产，亦是如此。当然，如果监护人证明了被监护人有自己的财产，其可以要求先从被监护人的财产中支付赔偿费用，但这并不等于监护人的责任就成为补充赔偿责任。也就是说，被侵权人在明知被监护人有自己的财产或者监护人证明了被监护人有自己的财产之时，仍然可以要求监护人承担侵权赔偿责任，而不从被监护人财产中支付赔偿费用。

二、被监护人是否应当承担绝对权请求权与赔礼道歉的侵权责任

我国《民法典》第179条第1款规定了十一种承担民事责任的方式，其中属于侵权责任的有八种，分别是：停止侵害，排除妨碍，消除危险，返还财产，恢复原状，赔偿损失，消除影响、恢复名誉，赔礼道歉。因此，在监护人责任中，监护人为被监护人的侵权行为承担的侵权责任不仅包括赔偿损失，还包括其他的侵权责任承担方式。例如，在一起案件中，小朋友在小区内自发组织赛跑游戏，游戏中A将B绊倒致其骨折。B的父母作为B的法定代理人起诉了A及其父母，除要求A的父母承担赔偿责任外，还要求A的父母赔礼道歉。法院认为，由于A并非故意对

B 造成损害，且 A 的父母在事发后也对 B 表达了关心和问候，故对于赔礼道歉的诉讼请求不予支持。[①] 然而，实践中还存在被侵权人并不要求监护人赔礼道歉，而要求监护人与被监护人一起向被侵权人赔礼道歉，或者仅要求被监护人向被侵权人赔礼道歉的情形，尤其在学生欺凌引发的监护人责任纠纷中。[②] 司法实践中就是否应当判令被监护人单独或与监护人共同承担停止侵害、排除妨碍、消除危险、消除影响、赔礼道歉等侵权责任，存在很大的争议。《民法典侵权责任编司法解释（一）（征求意见稿）》第 4 条曾经规定："被侵权人请求实施侵权行为的限制民事行为能力人在与其年龄、智力、精神健康状况相适应的范围内，与监护人共同承担停止侵害、排除妨碍、消除危险、消除影响、赔礼道歉等非财产责任的，人民法院可予支持。"但是，正式颁布的司法解释删除了这一规定。

虽然《民法典侵权责任编解释（一）》没有作出规定，但是，在理论上该问题仍然值得深入探讨。就《民法典侵权责任编司法解释（一）（征求意见稿）》第 4 条，持反对意见的学者认为应当删除，理由在于：首先，该条中的"共同承担"实际上就是连带，但是，停止侵害、排除妨碍、消除危险、赔礼道歉等非财产责任是不能连带的。例如，虽然侵害行为是被监护人实施的，但是，应当判决监护人承担停止侵害的义务，也就是说，监护人应当依法履行监护职责，对被监护人进行管教，从而制止其侵害行为。怎么能够判决监护人和被监护人共同停止侵害？如果承担替代责任，那么就应当是监护人承担停止侵害的责任；如果不承认替代责任，就应当是被监护人承担停止侵害的责任。其次，消除影响、赔礼道歉属于损害赔偿的特殊方式，多数情况下需要有过错方能承担，无法与停止侵害、排除妨碍、消除危险等绝对权请求权、预防性侵权责

① 易某 1 等与赵某 2 生命权、身体权、健康权纠纷案，北京市第二中级人民法院（2023）京 02 民终 5444 号民事判决书。

② 所谓学生欺凌，是指发生在学生之间，一方蓄意或者恶意通过肢体、语言及网络等手段实施欺压、侮辱，造成另一方人身伤害、财产损失或者精神损害的行为（《未成年人保护法》第 130 条）。

任承担方式并列。绝对权请求权的行使不以过错为要件。因此，不需要考虑“年龄、智力、精神健康状况”等因素。再次，要求监护人和被监护人共同承担赔礼道歉的责任，显然也超出了比例原则，因为赔礼道歉虽然不是以金钱的给付为内容，但是本质上也是损害赔偿的方式之一，并非绝对权请求权。最后，“共同承担”实际上将限制行为能力人作为责任主体对待，显然与《民法典》第 1188 条第 1 款的规范意旨不合。①

赞同的学者认为，《民法典侵权责任编解释（一）（征求意见稿）》第 4 条并不会给限制民事行为能力人带来过重负担。例如，在小学师友面前真诚道歉、检讨、保证不重犯错误等，既有利于收拾不良局面及预防继续侵权，又有利于行为人自身善恶观念及人格的培养。如果消除影响、赔礼道歉或排除妨碍等民事责任需要付出经济成本才能完成，则由于该条强调的是“非财产责任”，故可排除在外。与此同时，“与其年龄、智力、精神健康状况相适应的范围内”这一限定在解释论上，既可以与救济方式的具体选择关联起来，也可以向具体案情之下的责任能力暗度陈仓。②

笔者认为，应当删除《民法典侵权责任编解释（一）（征求意见稿）》第 4 条的规定，具体理由如下：

1. 停止侵害、排除妨碍、消除危险这三类侵权责任属于绝对权请求权。所谓绝对权请求权，是指据以排除对物权、人格权、知识产权等绝对权构成侵害、妨碍或具有侵害或妨碍的危险的行为，从而确保绝对权之圆满状态的请求权。性质上属于绝对权请求权的侵权责任承担方式有停止侵害、排除妨碍、消除危险、返还原物。绝对权请求权与损害赔偿请求权的重要区别在于适用的要件不同。归责原则只是损害赔偿的归责

---

① 程啸：《对〈民法典侵权责任编解释（一）〉（征求意见稿）的若干意见》，载微信公众号“中国法律评论”2023 年 3 月 31 日，https://mp.weixin.qq.com/s/MemSxZjLOxzRfp4JYOVmCw；张家勇：《关于〈民法典〉侵权责任编的解释（一）（征求意见稿）的修改意见》，载微信公众号“中国民商法律网”2023 年 4 月 24 日，https://mp.weixin.qq.com/s/eMIy1ieCPzGoXscdkp1eiA。

② 汤文平：《民法典侵权编解释稿完善建议》，载微信公众号“暨南大学法学院知识产权学院”2023 年 5 月 7 日，https://mp.weixin.qq.com/s/j9fR7YjKle_E6BzLn2Ihug。

原则，而非任何侵权责任的归责原则。侵权损害赔偿责任以过错责任为最基本之归责原则，无过错责任须有法律之明文规定方能适用。故此，适用作为损害赔偿请求权的侵权责任承担方式时，原则上要求侵权人存在过错（受害人证明或法律推定之），除非法律特别规定适用无过错责任。但是，适用作为绝对权请求权的侵权责任承担方式时，既无须考虑是否有损害，也无须考虑侵权人有无过错。即便侵权人没有过错，构成对绝对权的侵害、妨害或妨害之危险时，也要承担停止侵害、排除妨碍、消除危险等侵权责任。① 因为权利人之外的任何人，在未经权利人同意又无法定免责事由的情形下，对绝对权之妨害或侵害行为本身就是非法的。基于绝对权的排他性，权利人当然有权排除之。② 因此，当无民事行为能力人或者限制民事行为能力人实施侵权行为时，被侵权人可以直接针对无民事行为能力人或者限制民事行为能力人行使停止侵害、排除妨碍、消除危险、返还原物等绝对权请求权。故此，《民法典侵权责任编解释（一）（征求意见稿）》第 4 条规定，被侵权人可以请求实施侵权行为的限制民事行为能力人在与其年龄、智力、精神健康状况相适应的范围内，与监护人共同承担停止侵害、排除妨碍、消除危险，是不妥当的。

2. 对于被监护人不应当判令其承担赔礼道歉的侵权责任。第一，赔礼道歉本质上仍然属于损害赔偿，通过赔礼道歉实现的是对受害人精神损害的填补功能，③ 也就是说，赔礼道歉具有补偿功能而非如同绝对权请求权那样具有预防功能。从《民法典》第 1188 条第 1 款来看，该款第 1 句明确规定，“无民事行为能力人、限制民事行为能力人造成他人损害的，由监护人承担侵权责任”，也就是说，监护人代替被监护人承担的

---

① 程啸：《人格权研究》，中国人民大学出版社 2022 年版，第 645 页以下。

② 参见王洪亮：《论侵权法中的防御请求权》，载《北方法学》2010 年第 1 期。

③ 例如，2001 年《精神损害赔偿解释》第 8 条就曾规定：“因侵权致人精神损害，但未造成严重后果，受害人请求赔偿精神损害的，一般不予支持，人民法院可以根据情形判令侵权人停止侵害、恢复名誉、消除影响、赔礼道歉。因侵权致人精神损害，造成严重后果的，人民法院除判令侵权人承担停止侵害、恢复名誉、消除影响、赔礼道歉等民事责任外，可以根据受害人一方的请求判令其赔偿相应的精神损害抚慰金。”该条后被删除。

侵权责任就是侵权赔偿责任，否则该句中不会要求“造成他人损害”这一要件。既然如此，同属损害赔偿的赔礼道歉也应当由监护人承担。第二，赔礼道歉并非单纯的非财产责任，依据《民法典》第1000条第2款，如果侵权人不承担赔礼道歉的民事责任，法院可以采取在报刊、网络等媒体上发布公告或者公布生效裁判文书等方式执行，产生的费用由行为人负担。显然此时赔礼道歉还是财产责任，也就是说，如果被监护人没有自己的财产，那么发布公告或公布生效裁判文书的费用还是要由监护人支付，这与判决监护人赔礼道歉而监护人拒不履行时的效果是一样的。那么，判决被监护人承担赔礼道歉的民事责任又有何意义。第三，对实施侵权行为的无民事行为能力人、限制民事行为能力人施加赔礼道歉的民事责任，可能涉及难以实际执行的问题。因为，在他们不承担该民事责任时，必须发布公告或公布生效裁判文书，可是由于侵权人是未成年人，依据《未成年人保护法》第103条的规定，公安机关、人民检察院、人民法院、司法行政部门以及其他组织和个人不得披露有关案件中未成年人的姓名、影像、住所、就读学校以及其他可能识别出其身份的信息，但查找失踪、被拐卖未成年人等情形除外。也就是说即便通过发布公告或公布生效裁判文书的方式，未成年人的姓名等个人信息也不得公布，那么赔礼道歉基本上就没有意义了。第四，《民法典侵权责任编解释（一）（征求意见稿）》第4条要求在确定赔礼道歉的民事责任时，考虑实施侵权行为的限制民事行为能力人的年龄、智力、精神健康状况等因素，显然就等于实质上承认了过错能力，有违《民法典》的规定。第五，限制民事行为能力人实施侵权行为的受害人可能是自然人，也可能是法人或非法人单位，自然人中有未成年人，也有成年人。如果按照《民法典侵权责任编解释（一）（征求意见稿）》第4条的表述，难道只要被侵权人请求实施侵权行为的限制民事行为能力人在与其年龄、智力、精神健康状况相适应的范围内承担赔礼道歉民事责任的，人民法院都应给予支持吗？显然并非如此。

◆ 相关规定

《中华人民共和国民法典》

第一千一百八十八条 无民事行为能力人、限制民事行为能力人造成他人损害的，由监护人承担侵权责任。监护人尽到监护职责的，可以减轻其侵权责任。

有财产的无民事行为能力人、限制民事行为能力人造成他人损害的，从本人财产中支付赔偿费用；不足部分，由监护人赔偿。

第六条 【侵权行为发生时未成年而被诉时已成年的责任承担】

行为人在侵权行为发生时不满十八周岁，被诉时已满十八周岁的，被侵权人请求原监护人承担侵权人应承担的全部责任的，人民法院应予支持，并在判决中明确，赔偿费用可以先从被监护人财产中支付，不足部分由监护人支付。

前款规定情形，被侵权人仅起诉行为人的，人民法院应当向原告释明申请追加原监护人为共同被告。

◆ 条文要旨

本条是有关行为人实施侵权行为时未成年而被诉时已成年的责任承担的规定。

◆ 理解与适用

一、本条的规范意旨

从无民事行为能力人或者限制民事行为能力人实施侵害他人民事权

益造成损害的侵权行为，到被侵权人为维护合法权益而向人民法院提起诉讼，中间往往会经过一段时间，只要诉讼时效期间不届满，被侵权人就可以请求监护人承担侵权责任。不过，实践中可能出现的情形是：行为人在实施侵权行为时还是未成年人（如十六七岁），但是在被侵权人向法院提起诉讼时该行为人已经年满十八周岁，成了完全民事行为能力人。这种情况下，在民事诉讼中究竟应当将何人（原被监护人还是原监护人）作为侵权诉讼的被告以及判令何人承担侵权责任，需要加以明确。《民法典侵权责任编解释（一）》第6条对此作出了规定。

二、被监护人被诉时已为完全民事行为能力人的侵权责任承担

在被侵权人提起侵权诉讼时，具体实施侵权行为的加害人已经年满十八周岁，成为完全民事行为能力人的，原监护人是否仍要承担监护人责任？对此，司法实践中曾有观点认为，该问题取决该被监护人是否有经济能力。如果被监护人有经济能力，那么，就应当由其独自承担民事责任；如果没有经济能力，就应当由原监护人承担民事责任。《民法通则意见》采取了这一观点，该司法解释第161条第1款规定："侵权行为发生时行为人不满十八周岁，在诉讼时已满十八周岁，并有经济能力的，应当承担民事责任；行为人没有经济能力的，应当由原监护人承担民事责任。"这种观点并不妥当。因为被监护人的侵权行为一旦发生，依据法律规定，监护人就应当承担侵权责任。至于被侵权人（在诉讼时效期间内）何时起诉，进而由法院判令监护人承担侵权责任，只是侵权责任的具体落实的问题，不应当影响侵权责任承担的主体。同样，被监护人之后是否因为年满十八周岁或者精神健康状况等恢复正常而成为完全民事行为能力人，并不影响监护人责任的承担。不能因为被监护人在起诉时已经成年，就将作为替代责任的监护人责任变为被监护人的自己责任。当然，由于被监护人在起诉时已经成年，甚至可能已经有自己独立的收入来源和财产，此时，可以按照《民法典》第1188条第2款的规定先从该被监护人的财产中支付赔偿费用，不足部分由监护人支付。《民法典

侵权责任编解释（一）》第6条第1款采取了这一观点，规定："行为人在侵权行为发生时不满十八周岁，被诉时已满十八周岁的，被侵权人请求原监护人承担侵权人应承担的全部责任的，人民法院应予支持，并在判决中明确，赔偿费用可以先从被监护人财产中支付，不足部分由监护人支付。"

三、被监护人在侵权诉讼时已为完全民事行为能力人的诉讼主体

被侵权人提起诉讼时，被监护人已经成年，成为完全民事行为能力人的，那么该侵权诉讼的当事人应当如何确定呢？是将成年的侵权人列为被告，而将监护人列为共同被告抑或第三人吗？1990年5月4日《最高人民法院民事审判庭关于监护责任两个问题的电话答复》曾经认为："原监护人应列为本案第三人，承担民事责任。因原监护人对本案的诉讼标的无独立请求权，只是案件处理结果同本人有法律上的利害关系，因此，系无独立请求权的第三人。"该观点并不妥当。如前所述，在监护人责任纠纷中，依据《民事诉讼法解释》第67条和《民法典侵权责任编解释（一）》第4条的规定，应当将监护人和被监护人作为共同被告。故此，即便是被监护人在诉讼时已经成年，仍然应当将监护人与被监护人列为共同被告。如果被侵权人只是针对行为人即实施侵权行为的被监护人提起诉讼，那么，依据《民法典侵权责任编解释（一）》第6条第2款的规定，人民法院应当向原告释明申请追加原监护人为共同被告。

◆ 疑点与难点

一、被监护人在侵权诉讼时精神疾病治愈成为完全民事行为能力人

实践中还存在一种情形，即实施侵权行为的人是成年人，但患有精神疾病等而使得其不能完全辨认自己的行为，即属于限制民事行为能力人。该限制民事行为能力人实施侵权行为造成他人损害，但是，在被侵权人提起侵权诉讼时，该限制民事行为能力人已经治愈能够辨认自己的

行为，成为完全民事行为能力人。此时，应当如何处理？对此，《民法典侵权责任编解释（一）》没有规定，但是笔者认为，可以参照适用该解释第6条的规定。

二、十六周岁以上的未成年人侵权时的责任承担问题

在《民法典侵权责任编解释（一）》的起草论证过程中，曾有观点认为，行为人在侵权行为发生时已满十六周岁未满十八周岁，但以自己的劳动收入为主要生活来源的，此时应当由行为人承担侵权责任。该观点的理由在于：《民法典》第18条第2款规定："十六周岁以上的未成年人，以自己的劳动收入为主要生活来源的，视为完全民事行为能力人。"故此，十六周岁以上的未成年人以自己的劳动收入为主要生活来源的，就是完全民事行为能力人，不适用监护人责任，而应当由行为人承担侵权责任。

笔者不赞同该观点。笔者认为，即便是十六周岁以上的未成年人以自己的劳动收入为主要生活来源的，一旦其实施侵权行为造成他人损害的，仍然应当适用《民法典》第1188条第1款的监护人责任，即应当由监护人承担侵权责任。如果被监护人有自己财产的，则依据该条第2款，从本人财产中支付赔偿费用；不足部分，由监护人赔偿。具体理由在于：首先，从体系角度来看，《民法典》第18条第2款紧接着上一款即第18条第1款："成年人为完全民事行为能力人，可以独立实施民事法律行为。"因此，全面理解《民法典》第18条第2款的意思，十六周岁以上的未成年人，以自己的劳动收入为主要生活来源的，视为完全民事行为能力人，可以独立实施民事法律行为。也就是说，十六周岁以上的未成年人，以自己的劳动收入为主要生活来源的，视为完全民事行为能力人的规定，只适用于民事法律行为领域，不适用于侵权责任领域。

其次，《民法典》第18条第2款是为了保护以自己的劳动收入为主要生活来源的十六周岁以上的未成年人而作出的规定，如果令其承担侵权责任，这一规定就不利于这些人了。《民法典》第18条第2款来自

《民法通则》第11条第2款的规定，根据参与《民法通则》起草的学者的意见，之所以作此规定是因为“在年满十六周岁的公民当中那些参加了劳动，其劳动收入成为主要生活来源的人，他们实际在劳动和生活中已能够独立取得财产收入，能为正当需要处分个人财产，如果不把事实上已具有民事行为能力的这一部分人加以保护，不仅背离我国的历史和现实（我国自中华人民共和国成立以来的手工业生产、供销、信用和农业生产等合作社以及人民公社的社员资格均以年满十六周岁作为界限，近年来城镇和乡镇企业招工也以年满十六周岁作为合格条件），也将使他们参与的正常民事法律关系处于不稳定状态，给他们的工作和生活带来严重后果”①。

◆ 相关规定

《最高人民法院关于适用〈中华人民共和国民事诉讼法〉的解释》（法释〔2022〕11号）

第六十七条 无民事行为能力人、限制民事行为能力人造成他人损害的，无民事行为能力人、限制民事行为能力人和其监护人为共同被告。

第七条 【未成年了女侵权时父母的责任形态】

未成年子女造成他人损害，被侵权人请求父母共同承担侵权责任的，人民法院依照民法典第二十七条第一款、第一千零六十八条以及第一千一百八十八条的规定予以支持。

---

① 参见孙亚明主编：《民法通则要论》，法律出版社1991年版，第40页；穆生秦主编：《民法通则释义》，法律出版社1987年版，第13页。

◆ 条文要旨

本条是有关未成年子女侵权时作为监护人的父母应当共同承担责任的规定。

◆ 理解与适用

一、本条的规范意旨

父母是未成年人第一位的、当然的以及法定的监护人，只有当父母已经死亡或者没有监护能力的时候，才能由法律规定的有监护能力的人按照顺序担任未成年子女的监护人（《民法典》第27条）。如果未成年人的父母因为患病、外出务工等原因在一定期限内不能完全履行监护职责的，可以将全部或部分监护职责委托给他人，但是，父母依然是未成年人的法定监护人（《民法典总则编解释》第13条）；未成年人的父母不能与其他依法具有监护资格的人订立协议，约定免除具有监护能力的父母的监护职责。《民法典总则编解释》第8条第1款规定："未成年人的父母与其他依法具有监护资格的人订立协议，约定免除具有监护能力的父母的监护职责的，人民法院不予支持。协议约定在未成年人的父母丧失监护能力时由该具有监护资格的人担任监护人的，人民法院依法予以支持。"这就是说，未成年人的父母对于未成年人的监护职责是不能通过监护协议的方式放弃的，只要未成年人的父母具有监护能力，就必须履行监护职责，不能与其他人签订协议免除自己的监护职责。对于未成年人而言，协议监护只限于父母死亡或者没有监护能力的情形。显然，在未成年人实施侵权行为造成他人损害时，该未成年人的父母作为监护人，依据《民法典》第1188条第1款第1句，当然要承担侵权责任。司法实践中，父母承担监护人责任也是最为常见的情形。由此产生的问题是，父母在承担监护人责任时究竟是按份责任还是连带责任？离异的父母是否都要对未成年子女的侵权行为承担责任？他们内部如何追偿？

《民法典侵权责任编解释（一）》第 7 条对这些问题作出了规定。

二、父母就未成年子女的侵权行为应当承担的是连带责任

未成年子女造成他人损害的，父母作为监护人应当承担侵权责任，并且由于父母作为未成年人的法定监护人的地位是完全相同的，也就是说，都应当履行监护职责，不存在谁先谁后的问题。故此，《民法典》第 1068 条规定："父母有教育、保护未成年子女的权利和义务。未成年子女造成他人损害的，父母应当依法承担民事责任。"《民法典》之所以在第 34 条和第 1188 条已经规定了监护人责任的情况下，仍然在第 1068 条规定未成年子女造成他人损害的，父母应当依法承担民事责任，主要目的就是"充分保护受害人的合法权益，同时增强父母对未成年子女教育的责任感"。[①] 不过，第 1068 条没有就父母具体如何承担民事责任作出规定，而是规定"应当依法承担民事责任"。也就是说，要依据《民法典》等法律关于民事责任（合同责任与侵权责任等）的具体规定来确定。

父母就未成年子女侵害他人民事权益造成的损害，是否需要承担连带责任，我国《民法典》没有直接的规定。从比较法来看，一些国家的法律有明确的规定。例如，《法国民法典》第 1242 条第 4 款规定："父与母，只要他们行使对子女的亲权，即应当对于其在一起居住的未成年子女造成的损害，承担连带责任。"再如，1988 年生效的《瑞士婚姻法修正案》确认了家庭的管理权力可以由多人共同行使，因此在未成年人造成他人损害而发生责任时，由配偶双方承担连带责任。[②] 笔者认为，未成年子女侵害他人民事权益造成损害的，父母应当承担连带赔偿责任。理由在于：一方面，《民法典》第 1058 条规定："夫妻双方平等享有对未成年子女抚养、教育和保护的权利，共同承担对未成年子女抚养、教

① 黄薇主编：《中华人民共和国民法典婚姻家庭编解读》，中国法制出版社 2020 年版，第 143 页。

② ［瑞］海因茨·雷伊：《瑞士侵权责任法》（第四版），贺栩栩译，中国政法大学出版社 2015 年版，第 310 页。

育和保护的义务。”由于夫妻共同行使对未成年子女的监护权，共同履行监护职责，故此，当然需要共同承担责任。另一方面，《民法典》第27条第1款规定：“父母是未成年子女的监护人。”既然父母都是未成年子女的监护人，那么，父母都应当依法履行监护职责，当未成年子女造成他人损害时，依据《民法典》第1188条，除非未成年人的父母能够证明自己尽到了监护职责从而减轻责任，否则，被侵权人既有权要求该未成年人的父亲就全部的损害承担赔偿责任，也有权要求该未成年人的母亲就全部的损害承担赔偿责任，因此，未成年人的父母要向被侵权人承担连带赔偿责任。这种赔偿责任是两个侵权人因为对同一侵权行为向同一被侵权人承担范围相同的赔偿责任，而在客观上形成的连带责任，是不言自明的，其既不是当事人约定的连带责任，也不是由某一个法律条文直接规定的连带责任。因此，不能以《民法典》第178条第3款“连带责任，由法律规定或者当事人约定”的规定为由，而否定此种连带责任。

《民法典侵权责任编解释（一）》第7条规定：“未成年子女造成他人损害，被侵权人请求父母共同承担侵权责任的，人民法院依照民法典第二十七条第一款、第一千零六十八条以及第一千一百八十八条的规定予以支持。”该条中的“共同承担侵权责任”，实际上就是指父母向被侵权人承担连带赔偿责任，而指明《民法典》第27条第1款、第1068条和第1188条，意在指出连带赔偿责任是存在法律依据的，并不违反《民法典》第178条第3款的规定。在该司法解释起草论证过程中，有观点认为，父母之所以要对未成年子女造成的损害承担连带赔偿责任，依据在于《民法典》第1168条，即父母的行为构成共同侵权行为。对此，笔者难以苟同。一则，未成年子女的侵权行为不是父母的侵权行为，父母只是作为未成年子女的监护人而依法承担侵权责任。二则，未成年子女造成他人损害并不意味着父母具有共同故意或者共同过错。虽然在很多情况下，未成年人造成他人损害主要是作为监护人的父母没有尽到监护职责所致，但也可能与此毫无关系。事实上，依据《民法典》第1188条第1款，即便监护人尽到了监护职责，也只是减轻监护人的侵权责任而已，并不能免除侵权责任。因此，以《民法典》第1168条的共同侵权作为父母承担连带责任的法律依据是不妥当的。三则，父母是未成年子女首位的、当然的和法定的监护人，他们不能通过合意来改变自己的监护人地位。只有在父母死亡或者丧失监护能力的情形下，父母才不是未成年子女的法定监护人。因此，父母为未成年子女的侵权行为承担连带责任性质上当然属于法律规定的连带责任。

◆ 疑点与难点

未成年子女的父母可否约定监护人责任的承担份额

未成年子女造成他人损害的，其父母要依法共同承担责任，即承担连带赔偿责任。被侵权人有权请求未成年子女的父亲或者母亲，或者未成年子女的父母承担全部或部分的责任。未成年子女的父母内部可以对于责任的份额进行约定，父母一方承担的责任超过约定的份额的，可以向另一方进行追偿。当然，这种约定仅在当事人之间具有拘束力，不能对抗被侵权人。

◆ 相关规定

1.《中华人民共和国民法典》

第二十七条 父母是未成年子女的监护人。

未成年人的父母已经死亡或者没有监护能力的，由下列有监护能力的人按顺序担任监护人：

（一）祖父母、外祖父母；

（二）兄、姐；

（三）其他愿意担任监护人的个人或者组织，但是须经未成年人住所地的居民委员会、村民委员会或者民政部门同意。

第一百七十八条　二人以上依法承担连带责任的，权利人有权请求部分或者全部连带责任人承担责任。

连带责任人的责任份额根据各自责任大小确定；难以确定责任大小的，平均承担责任。实际承担责任超过自己责任份额的连带责任人，有权向其他连带责任人追偿。

连带责任，由法律规定或者当事人约定。

第一千零六十八条　父母有教育、保护未成年子女的权利和义务。未成年子女造成他人损害的，父母应当依法承担民事责任。

第一千一百八十八条　无民事行为能力人、限制民事行为能力人造成他人损害的，由监护人承担侵权责任。监护人尽到监护职责的，可以减轻其侵权责任。

有财产的无民事行为能力人、限制民事行为能力人造成他人损害的，从本人财产中支付赔偿费用；不足部分，由监护人赔偿。

2. **《最高人民法院关于适用〈中华人民共和国民法典〉总则编若干问题的解释》**（法释〔2022〕6号）

第八条　未成年人的父母与其他依法具有监护资格的人订立协议，约定免除具有监护能力的父母的监护职责的，人民法院不予支持。协议约定在未成年人的父母丧失监护能力时由该具有监护资格的人担任监护人的，人民法院依法予以支持。

依法具有监护资格的人之间依据民法典第三十条的规定，约定由民法典第二十七条第二款、第二十八条规定的不同顺序的人共同担任监护人，或者由顺序在后的人担任监护人的，人民法院依法予以支持。

第八条 【夫妻离婚后未成年子女侵权的责任承担】

夫妻离婚后，未成年子女造成他人损害，被侵权人请求离异夫妻共同承担侵权责任的，人民法院依照民法典第一千零六十八条、第一千零八十四条以及第一千一百八十八条的规定予以支持。一方以未与该子女共同生活为由主张不承担或者少承担责任的，人民法院不予支持。

离异夫妻之间的责任份额，可以由双方协议确定；协议不成的，人民法院可以根据双方履行监护职责的约定和实际履行情况等确定。实际承担责任超过自己责任份额的一方向另一方追偿的，人民法院应予支持。

◆ 条文要旨

本条是有关夫妻离婚后未成年子女侵权的责任承担及离异父母内部责任份额的规定。

◆ 理解与适用

一、本条的规范意旨

未成年子女侵害他人民事权益造成损害的，父母作为监护人应当依据《民法典》第 1188 条第 1 款的规定承担侵权责任，并且依据《民法典侵权责任编解释（一）》第 7 条的规定，父母应当承担的是连带赔偿责任。但是，实践中存在未成年子女的父母离异，该子女跟随父母中的一方共同生活的情况。当该未成年子女侵害他人民事权益造成他人损害时，离异父母究竟应当如何承担侵权责任？是与该子女共同生活的一方承担侵权责任，还是离异父母都应当承担侵权责任？对此，理论上有很大的争议，实践中的做法也不一致。为此，《民法典侵权责任编解释

（一）》第8条对于夫妻离婚后未成年子女侵权的责任承担及离异夫妻内部责任份额的确定等问题作出了规定。

二、离异夫妻就未成年子女的侵权行为共同承担侵权责任

在《民法典》颁布之前，就夫妻离婚后如何承担监护人责任的问题，《民法通则意见》第158条曾规定，夫妻离婚后，未成年子女侵害他人权益的，同该子女共同生活的一方应当承担民事责任；如果独立承担民事责任确有困难的，可以责令未与该子女共同生活的一方共同承担民事责任。这就是说，只要同子女共同生活的一方能够独立承担民事责任的，那么未与子女共同生活的一方就无须承担民事责任。

笔者认为，这样的规定是不妥当的。首先，我国《民法典》第1188条第1款并未以监护人与被监护人共同生活或实际履行监护职责为确定监护人责任主体的必备要件。只要被监护人有多个监护人，即便某个监护人并没有与被监护人共同生活，客观上也未实际履行监护职责，仍然应当就被监护人的侵权行为承担责任。父母离异并不改变父母子女关系，也不改变父母的监护人的法律地位。我国《民法典》第1084条第1款、第2款明确规定，父母与子女间的关系，不因父母离婚而消除。离婚后，子女无论由父或者母直接抚养，仍是父母双方的子女。离婚后，父母对于子女仍有抚养、教育、保护的权利和义务。《民法典》第1068条明确规定："父母有教育、保护未成年子女的权利和义务。未成年子女造成他人损害的，父母应当依法承担民事责任。"也就是说，父母无论是否离异，都有教育未成年子女的权利和义务，未成年子女造成他人损害的，父母都应当依法承担民事责任。因此，离异的父母仍然是未成年子女的监护人，无论是否与子女共同生活，都应当履行监护职责，并且承担监护责任。

其次，被侵权人并不知道实施侵权行为的无民事行为能力人、限制民事行为能力人的父母已经离异，如果允许离异父母中的一方以未和实施侵权行为的子女共同生活为由主张减轻甚至免除责任，对于保护被侵

权人的合法权益是不利的。

再次，从未成年人保护的角度上来看，如果认为不与子女共同生活的一方就可以不承担监护人责任，而与子女生活的一方要单独承担监护人责任，就等于变相鼓励父母离婚后不要孩子，不愿意与孩子共同生活。反之，通过要求离异父母都承担监护人责任，有利于形成激励机制，使不与子女共同生活的一方也要加强对子女的教育、保护，履行监护职责。

最后，从比较法上来看，德国联邦最高法院的判例认为，即便在父母长期分居或离婚的情况下，共同的亲权（Die gemeinsame Sorge）仍然存在，因此，父母要对未成年人给他人造成的损害承担责任。当然，父母中的任何一方都可以向家事法院申请将亲权的全部或一部分加以转移，而由其单独行使（《德国民法典》第1671条）。然而，即便在这种情况下，没有亲权的一方父母仍然保留着与子女进行交往的权利即交往权（Umgangsrecht），因此在行使交往权的过程中，监护人责任仍然存在。①

故此，《民法典侵权责任编解释（一）》没有采取《民法通则意见》的观点，其第8条第1款规定："夫妻离婚后，未成年子女造成他人损害，被侵权人请求离异夫妻共同承担侵权责任的，人民法院依照民法典第一千零六十八条、第一千零八十四条以及第一千一百八十八条的规定予以支持。一方以未与该子女共同生活为由主张不承担或者少承担责任的，人民法院不予支持。"这就是说，一方面，夫妻离异后，他们作为未成年子女的监护人仍应当对未成年子女造成他人损害承担连带赔偿责任；另一方面，没有与造成他人损害的子女共同生活的离异夫妻一方不能以此为由而主张减轻或免除侵权责任。

三、离异夫妻内部的责任份额的确定与追偿权

《民法典侵权责任编解释（一）》第8条第2款规定："离异夫妻之间的责任份额，可以由双方协议确定；协议不成的，人民法院可以根据

① Münchener Kommentar zum BGB-Wagner, 8. Auflage, Beck, 2020, § 832, Rn. 12.

双方履行监护职责的约定和实际履行情况等确定。实际承担责任超过自己责任份额的一方向另一方追偿的，人民法院应予支持。”这就是说，虽然未成年子女的父母在离异后仍然要向被侵权人承担连带赔偿责任，但是，在离异夫妻的内部关系中，仍然需要考虑各自过错、原因力的大小进行责任份额的分配。离异夫妻可以事先约定就未成年子女侵权行为承担赔偿责任后内部如何分摊，当然这种约定不能对抗被侵权人，也可以在未成年子女的侵权行为发生并且承担了连带赔偿责任之后协商确定各自如何承担赔偿责任。如果协议不成，法院可以确定离异夫妻的内部责任份额。司法解释之所以如此规定是考虑到：虽然父母与子女间的关系，不因父母离婚而消除，因为这是自然血亲关系。但是，就未成年子女的父母而言，他们只是基于婚姻关系这一法律关系的建立而形成相互之间的近亲属关系，在因离婚而导致婚姻关系消灭后，他们之间就不存在近亲属关系，也不存在婚姻关系存续期间的共有财产和共同债务等问题。因此，即便在承担连带赔偿责任后，其内部也需要进行责任份额的确定。

依据《民法典侵权责任编解释（一）》第8条第2款的规定，法官在确定责任份额时要根据离异夫妻双方履行监护职责的约定和实际履行情况等确定。这就是说，如果离异夫妻在履行监护职责时约定了与孩子共同生活的一方、没有与孩子共同生活的一方各自需要履行的监护职责，那么没有按照这个约定来履行的一方应当承担更多的责任。此外，在确定责任份额时，也需要考虑到离异夫妻各自的财产状况，对于与孩子共同生活的一方，在责任份额的确定上要给予更多的照顾，不能简单地平均分摊。

◆ 疑点与难点

夫妻离婚协议中对于监护人责任份额的约定

在《民法典侵权责任编解释（一）》颁布后，父母离婚时可能就需要考虑将来内部份额的分担问题，此时，双方能否在离婚协议中对离婚后一旦出现未成年子女侵权造成他人损害的情况，父母之间承担责任的份额进行约定？笔者认为，此种对于将来承担侵权赔偿责任的内部份额的约定并不违反法律、行政法规的强制性规定和公序良俗，只要不存在欺诈、胁迫等影响效力的其他因素，该约定则有效。因此，在父母离异后，一旦发生未成年人造成他人损害的情形，离异父母承担连带赔偿责任后，内部可以依据离婚协议中确定的责任份额进行分摊。实际承担责任超过自己责任份额的父母一方，可以向另一方追偿。

◆ 相关规定

《中华人民共和国民法典》

第一百七十八条 二人以上依法承担连带责任的，权利人有权请求部分或者全部连带责任人承担责任。

连带责任人的责任份额根据各自责任大小确定；难以确定责任大小的，平均承担责任。实际承担责任超过自己责任份额的连带责任人，有权向其他连带责任人追偿。

连带责任，由法律规定或者当事人约定。

第一千零六十八条 父母有教育、保护未成年子女的权利和义务。未成年子女造成他人损害的，父母应当依法承担民事责任。

第一千零八十四条 父母与子女间的关系，不因父母离婚而消除。离婚后，子女无论由父或者母直接抚养，仍是父母双方的子女。

离婚后，父母对于子女仍有抚养、教育、保护的权利和义务。

离婚后，不满两周岁的子女，以由母亲直接抚养为原则。已满两周岁的子女，父母双方对抚养问题协议不成的，由人民法院根据双方的具体情况，按照最有利于未成年子女的原则判决。子女已满八周岁的，应当尊重其真实意愿。

第一千一百八十八条 无民事行为能力人、限制民事行为能力人造成他人损害的，由监护人承担侵权责任。监护人尽到监护职责的，可以减轻其侵权责任。

有财产的无民事行为能力人、限制民事行为能力人造成他人损害的，从本人财产中支付赔偿费用；不足部分，由监护人赔偿。

第九条　【未成年子女侵权时继父母的侵权责任】

未成年子女造成他人损害的，依照民法典第一千零七十二条第二款的规定，未与该子女形成抚养教育关系的继父或者继母不承担监护人的侵权责任，由该子女的生父母依照本解释第八条的规定承担侵权责任。

◆ 条文要旨

本条是有关未成年子女侵权时继父母是否承担监护人责任的规定。

◆ 理解与适用

一、本条的规范意旨

《民法典侵权责任编解释（一）》第7条与第8条分别规定了未成年子女侵权造成他人损害时，其父母以及离异的父母需要承担连带责任的问题。但是，实践中还存在一种情形，即父母离异后一方或双方都再婚，成为其他未成年子女的继父或继母，如果未成年子女造成他人损害，继父或继母是否需要按照《民法典》第1188条第1款的规定，承担监护人责任呢？为明确该问题，《民法典侵权责任编解释（一）》第9条作出了规定。

二、没有与继子女形成抚养教育关系的继父母不承担监护人责任

亲生父母子女属于自然的直系血亲，而继父母与继子女之间并没有

自然的血缘关系，他们之间只可能形成法律上拟制的血亲关系。现实中继父母与继子女的关系可以分为三种类型：（1）名义型，即生父或者生母与继母或者继父再婚时，继子女已经独立生活，或者继子女虽未成年但是由其生父母抚养，继父母没有尽抚养的义务，继子女也没有对继父母尽到赡养的义务。这种情况下，继父母与继子女之间是纯粹的直系姻亲关系，没有父母子女间的权利义务关系。（2）收养型，即继父或者继母经继子女的生父母同意，正式办理了收养手续，将继子女收养为养子女。随着收养关系的确立，继父母与继子女之间的关系为养父母子女关系，该子女与和其共同生活的生父或者生母之间的关系仍为直系血亲，而与不在一起共同生活的生父或者生母一方的父母子女关系随之消灭。（3）共同生活型，即生父或生母与继母或继父再婚时，继子女尚未成年，该未成年子女随生父母的一方与继父或继母共同生活时，继父或继母对其承担了部分或全部的抚养教育义务；或者成年的继子女事实上对继父母长期承担了赡养义务，形成了赡养关系。于是，在这些继子女和生父母、继父母之间实际上形成了双重权利义务关系，即继子女和生父母、继父母之间的权利义务都适用父母子女关系的规定。①

《民法典》第 1072 条第 2 款规定："继父或者继母和受其抚养教育的继子女间的权利义务关系，适用本法关于父母子女关系的规定。"这种相互之间形成抚养教育关系的继父母与继子女之间具有法律上的拟制血亲关系，该关系因继父母与继子女形成抚养关系而发生，也因继父母子女关系依法解除而终止。《民法典》第 1072 条第 2 款中的"适用本法关于父母子女关系的规定"意味着：首先，继父母对继子女有抚养和教育的义务。其次，继子女对继父母有赡养和扶助的义务。再次，继父母和继子女之间有相互继承财产的权利。最后，继父母有教育、保护未成年继子女的权利和义务。未成年继子女造成他人损害的，继父母应当承

① 黄薇主编：《中华人民共和国民法典继承编解读》，中国法制出版社 2020 年版，第 155—156 页。

担监护人责任。①

故此，《民法典侵权责任编解释（一）》第9条规定："未成年子女造成他人损害的，依照民法典第一千零七十二条第二款的规定，未与该子女形成抚养教育关系的继父或者继母不承担监护人的侵权责任，由该子女的生父母依照本解释第八条的规定承担侵权责任。"这一规定有两层涵义：一方面，未成年子女造成他人损害的，该未成年子女的离异的生父母当然要依据《民法典侵权责任编解释（一）》第8条的规定，共同承担责任即承担连带赔偿责任；另一方面，没有与该子女形成抚养教育关系的继父或者继母不需要承担监护人责任。反之，如果继父或者继母与该实施侵权行为的子女形成了抚养教育关系，则继父或继母就需要承担监护人责任。

◆ 疑点与难点

继父母收养继子女后的生父母的监护人责任

虽然未成年子女侵害他人民事权益造成损害的，与该子女形成抚养教育关系的继父或者继母要承担监护人的侵权责任。但是，这并不意味着未成年子女的亲生父母中没有与该未成年子女共同生活的生父或生母就不需要承担侵权责任，他（她）仍然需要依据《民法典侵权责任编解释（一）》第8条的规定承担监护人的侵权责任。例如，七周岁男孩A的亲生父亲是甲、亲生母亲是乙，甲乙二人离婚，孩子随父亲甲共同生活。一年后，甲再婚，第二任妻子是丙，丙是A的继母，双方形成了抚

① 在德国法上，继父母在侵权法上的地位存在争议，特别是在离婚或死亡后，生父或生母仍然独自担负监护责任时新婚伴侣的地位。过去的判例倾向于否定继父母根据《德国民法典》第832条的责任，但如果继父母未能尽可能和合理地阻止生活在其家中的孩子对第三方造成伤害，可以使其就违反一般侵权责任中的谨慎义务的行为而依据《德国民法典》第823条第1款承担责任。然而，最近有观点认为，对于被收养的孩子，养父母在默示合同中默许承担监护责任的情况下，适用《德国民法典》第832条第2款。Münchener Kommentar zum BGB- Wagner, 8. Auflage, Beck, 2020, § 832, Rn. 13.

养教育关系。如果A在学校打架，将同学B打伤，那么对于A给B造成的损害，A的亲生父母甲、乙仍然必须依据《民法典侵权责任编解释（一）》第8条共同承担侵权责任，同时，由于丙是与A形成了抚养教育关系的继母，丙也要承担监护人责任。所以，甲、乙、丙三人都要承担监护人的侵权责任。

之所以如此，是因为虽然继父母与继子女之间形成了抚养教育关系，他们之间的权利义务适用《民法典》关于父母子女关系的规定，但是继父母与继子女形成的抚养教育关系，不同于继父母收养继子女，不以解除继子女与其生父母间的权利和义务关系为前提。如果是继父母收养继子女，那么依据《民法典》第1111条的规定："自收养关系成立之日起，养父母与养子女间的权利义务关系，适用本法关于父母子女关系的规定；养子女与养父母的近亲属间的权利义务关系，适用本法关于子女与父母的近亲属关系的规定。养子女与生父母以及其他近亲属间的权利义务关系，因收养关系的成立而消除。"以前述A的例子而言，如果A的继母丙经过A的生父母甲与乙的同意而收养了A（《民法典》第1103条），则自收养关系成立之日起，A与其生母乙的权利义务关系就消除了，如果A实施侵权行为造成他人损害，需要承担监护人侵权责任的就是A的生父甲和养母丙。A的生母乙已经与A没有父母子女关系了，故此，无须承担监护人的侵权责任。

◆ 相关规定

《中华人民共和国民法典》

第一千零七十二条 继父母与继子女间，不得虐待或者歧视。

继父或者继母和受其抚养教育的继子女间的权利义务关系，适用本法关于父母子女关系的规定。

第十条 【委托监护中监护人与受托人的侵权责任】

无民事行为能力人、限制民事行为能力人造成他人损害，被侵权人合并请求监护人和受托履行监护职责的人承担侵权责任的，依照民法典第一千一百八十九条的规定，监护人承担侵权人应承担的全部责任；受托人在过错范围内与监护人共同承担责任，但责任主体实际支付的赔偿费用总和不应超出被侵权人应受偿的损失数额。

监护人承担责任后向受托人追偿的，人民法院可以参照民法典第九百二十九条的规定处理。

仅有一般过失的无偿受托人承担责任后向监护人追偿的，人民法院应予支持。

◆ 条文要旨

本条是关于委托监护时监护人与受托人的侵权责任的规定。

◆ 理解与适用

一、本条的规范意旨

监护人应当按照最有利于被监护人的原则履行代理被监护人实施民事法律行为，保护被监护人的人身权利、财产权利以及其他合法权益等监护职责。这是我国《民法典》所明确规定的。原则上，监护职责应当由监护人亲自履行，但现实中在某些情形下，监护人因种种客观原因如生病、出国、外出务工等，确实短暂的或在一定期限内无法亲自履行监护职责，此时监护人可以将其监护职责部分或者全部委托给他人代为履行，这就是所谓的委托监护即委托他人代为履行监护职责，其并非监护人基于委托合同而重新确定监护人。如果监护人明明不能履行监护职责却拒绝将监护职责部分或者全部委托给他人，导致被监护人处于危困状态的，人民法院可以根据有关个人或者组织的申请，撤销该人的监护人资格，安排必要的临时监护措施，并按照最有利于被监护人的原则依法指定监护人。在监护人将监护职责委托给他人代为履行的情形下，如果被监护人侵害他人民事权益造成损害的，应当由何人来承担侵权责任呢？对此，《民法典》第1189条作出了明确的规定："无民事行为能力人、限制民事行为能力人造成他人损害，监护人将监护职责委托给他人的，监护人应当承担侵权责任；受托人有过错的，承担相应的责任。"从民事诉讼主体的角度而言，被侵权人可以将被监护人、监护人作为被告，在有委托监护的情形下，还可以将代为履行监护职责的受托人也一并作为被告，也就是说，在委托监护的情形下，被侵权人可以将被监护人、监护人与受托人三者作为共同被告。对此，《民法典侵权责任编解释（一）》第4条作出了明确的规定。但是，以下实体法问题仍有待解决，即当被监护人、监护人与受托人作为共同被告时，法院应当如何判决监护人、受托人应当承担的侵权责任？受托人与监护人是向被侵权人承担连带赔偿责任还是按份责任？此外，由于监护人与受托人之间存在委托合同，那么作为委托人的监护人可否向受托人追偿？受托人又能否向委托人追偿？对于这些问题，《民法典侵权责任编解释（一）》第10条作出了具体的规定。

二、有过错的受托人承担的相应的责任的性质问题

（一）学说上的争议

在《民法典》颁布后，就如何理解第1189条所规定的受托人有过错时承担"相应的责任"，理论界存在不同的看法，主要的争议在于该责任究竟是向被侵权人承担的对外责任，还是向作为委托人的监护人承担的对内责任。一种观点认为，在委托监护的情形下，监护人并不因为其将监护职责委托给他人代为履行而改变其监护人的地位，受托人不是监护人。故此，被监护人造成他人损害时，仍然实行的是监护人责任首

负原则。除了监护人外，如果受托人有过错的，也要承担相应的责任。具体承担责任的范围，由司法机关结合具体案件情况依法裁量。① 换言之，即便已经证明了受托人有过错，监护人也不能据此要求减轻其侵权赔偿责任，因为将监护职责委托给他人不能认为是监护人尽到了监护职责。②

另一种观点认为，被监护人在委托监护期间造成他人损害的，监护人应当承担侵权责任，至于受托人，即便存在过错，也无须直接向被侵权人承担责任。受托人只需要依据委托合同向监护人承担责任即可。这是因为，首先，委托监护并没有改变监护的地位，监护人仍然应当承担替代责任。其次，委托监护的情形下受害人的损害不是由于受托人处理委托事务的劳务给付直接造成的，而是由于被监护人的行为所致。委托监护只是使受托人负担一种辅助监护人按照委托合同约定或者监护人的指示照料、教育或保护被监护人的合同义务，因此，在被监护人实施损害行为的意义上，受托人并不存在任何义务的违反，不存在未尽到管理、教育等监护职责的问题，而只是违反了向监护人所负担的合同义务。③

（二）笔者的观点

在委托监护的情形中，无民事行为能力人、限制民事行为能力人造成他人损害时，监护人毫无疑问是需要依据《民法典》第1188条第1款承担侵权责任的，对此不存在争议。因为监护人无论是将部分的还是全部的监护职责委托给他人，受托人都只是在一定期间内代为履行监护职责而已，监护人在委托监护时需要正当理由，不能通过委托监护逃避监护职责，也不能通过委托合同变更监护人。对此，我国法律和司法解释有明确的规定。《未成年人保护法》第22条第1款规定："未成年人的父母或者其他监护人因外出务工等原因在一定期限内不能完全履行监护

---

① 黄薇主编：《中华人民共和国民法典侵权责任编解读》，中国法制出版社2020年版，第104页。
② 邹海林、朱广新主编：《民法典评注：侵权责任编》，中国法制出版社2020年版，第290页。
③ 朱广新：《论监护委托下被监护人致人损害的责任承担》，载《法律适用》2023年第6期。

职责的，应当委托具有照护能力的完全民事行为能力人代为照护；无正当理由的，不得委托他人代为照护。”《民法典总则编解释》第13条规定：“监护人因患病、外出务工等原因在一定期限内不能完全履行监护职责，将全部或者部分监护职责委托给他人，当事人主张受托人因此成为监护人的，人民法院不予支持。”现在所争议的问题是：当受托人有过错时，其究竟是只需要依据委托合同向监护人（即委托人）承担相应的责任，还是也应当和监护人一样向被侵权人承担侵权赔偿责任？换言之，受托人就其过错而承担的责任究竟是指向委托人还是指向被监护人？笔者认为，《民法典》第1189条所规定的受托人就其过错而承担的相应的责任，是指受托人依过错责任原则而向被侵权人承担的侵权赔偿责任，并非向委托人承担的违约责任，理由如下：

首先，监护人与受托人之间存在的委托合同虽然并未改变监护人的法律地位，受托人代为履行监护职责的义务也来自委托合同的约定义务而非法定义务，这些都没有争议。然而，不能因此就认为被监护人实施侵权行为与受托人无关，甚至认为受托人与被监护人之间没有任何法律关系而只是发生所谓的社会关系。① 受托人基于委托合同而代为履行部分或全部的监护职责已经使其获得了一种新的法律地位，从而使得受托人不仅应当按照委托合同的约定履行义务，还必须按照法律规定履行义务。例如，《未成年人保护法》第23条规定，未成年人的父母或者其他监护人应当及时将委托照护情况书面告知未成年人所在学校、幼儿园和实际居住地的居民委员会、村民委员会，加强和未成年人所在学校、幼儿园的沟通；与未成年人、被委托人至少每周联系和交流一次，了解未成年人的生活、学习、心理等情况，并给予未成年人亲情关爱。未成年人的父母或者其他监护人接到被委托人、居民委员会、村民委员会、学校、幼儿园等关于未成年人心理、行为异常的通知后，应当及时采取干

① 朱广新：《论监护委托下被监护人致人损害的责任承担》，载《法律适用》2023年第6期。

预措施。虽然受托人与监护人之间的合同性质是委托合同，但是这种委托合同具有独特之处，并非一般的处理商业事务的委托合同，受托人对其与监护人的委托合同的履行，即依据委托合同所负有的对被监护人进行照料、教育和保护，一方面有利于保护被监护人的合法权益，另一方面也有利于通过预防和制止被监护人的侵权行为而保护他人的合法权益。如果受托人没有认真履行教育、管理被监护人的义务，导致被监护人实施侵权行为给他人造成损害，受托人不仅违反委托合同的约定，要向委托人承担责任；同时，也违反了其负有的预防和制止被监护人的侵权行为，以免侵害他人合法权益的注意义务，该注意义务是受托人在接受委托时就应当认识到并自愿承受的。依据《民法典》第1165条第1款，受托人应当就其过错行为侵害他人民事权益而造成的损害承担侵权责任。

其次，要求有过错的受托人直接向被侵权人承担侵权责任不仅可以有效地保护被侵权人的合法权益，还可以起到防止监护人通过委托监护的方式逃避监护职责的情形。从保护被侵权人的角度来说，受托人向被侵权人直接承担责任可以避免出现监护人赔偿能力不足时被侵权人面临的无法获得全部赔偿的风险；从限制委托监护的角度来说，受托人对外承担责任意味着其应当慎重接受委托或者在接受委托后认真积极地履行监护职责从而避免产生过错。事实上，从我国法律的规定来看，总体上是严格限制监护人将监护职责委托给他人的。一方面，监护人只有在有正当理由时才能将监护职责委托给他人，如因疾病、外出务工等原因在一定期限内不能完全履行监护职责；另一方面，对于受托人，也提出了严格的要求。《未成年人保护法》第22条第2款、第3款要求，未成年人的父母或者其他监护人在确定被委托人时，应当综合考虑其道德品质、家庭状况、身心健康状况、与未成年人生活情感上的联系等情况，并听取有表达意愿能力未成年人的意见。具有下列情形之一的，不得作为被委托人：（1）曾实施性侵害、虐待、遗弃、拐卖、暴力伤害等违法犯罪行为；（2）有吸毒、酗酒、赌博等恶习；（3）曾拒不履行或者长期怠于履行监护、照护职责；（4）其他不适宜担任被委托人的情形。

再次，《民法典》第1189条是在以往的司法解释即《民法通则意见》第22条的基础上修改完善而成的。依据《民法通则意见》第22条，在委托监护的情形下，如果受托人有过错的，需要与监护人承担连带责任。立法机关在肯定该规定取得较好效果的同时也认为，连带责任可能过重，特别是考虑到委托监护存在于亲朋好友之间并且是无偿的，过分强调对被侵权人的保护而没有平衡好受托人与委托人的利益。因此，2019年12月的《民法典（草案）》规定"监护人将监护职责委托给他人的，由监护人承担侵权责任；受托人有过错的，承担相应的责任"。对此，有意见认为，该条在语言逻辑上有瑕疵，既然"由监护人承担侵权责任"了，受托人有过错的情况下，为何要承担相应的责任。因此，立法机关将"由监护人承担侵权责任"修改为"监护人应当承担侵权责任"，从而表明有可能由监护人承担，也有可能由其他人承担。[①] 显然，这一立法演变过程充分说明了立法机关将监护人与受托人向被侵权人承担连带责任，修改为监护人向被侵权人承担全部的责任，而受托人向被侵权人承担相应的责任。

最后，如果认为受托人即便有过错，也只能由监护人依据委托合同向其追偿，而无须向被侵权人承担赔偿责任，那么，就会出现被监护人实施侵权行为造成他人损害后，监护人承担侵权责任，但由于被监护人有自己的财产，所以从被监护人的财产中支付赔偿费用，不足的部分才由监护人赔偿的情形。这种情形下，由于监护人并未支付赔偿费用，故其没有遭受损失，即便受托人有过错，亦不能依据委托合同要求受托人承担违约责任；实际遭受损失的被监护人因为和受托人没有委托合同关系，也无法依据委托合同要求受托人承担违约责任。反之，如果有过错

---

① 黄薇主编：《中华人民共和国民法典侵权责任编解读》，中国法制出版社2020年版，第101—102页。

的受托人需要直接向被侵权人承担相应的责任，那么受托人在赔偿后不能向监护人追偿，即便剩下的赔偿责任所需费用是从被监护人自己的财产中支付的，也不会出现被监护人无法向受托人追究违约责任的问题。

综上所述，在委托监护的情形下，监护人与受托人（如果有过错）都需要向被侵权人承担侵权责任，故此，被侵权人在民事诉讼中也可以将监护人与受托人（以及被监护人）作为共同被告。所谓受托人的过错就是指其未尽到管理、教育等职责。这是因为监护人委托给受托人代为行使的就是监护职责，依据《民法典》第34条第1款，监护人的职责是代理被监护人实施民事法律行为，保护被监护人的人身权利、财产权利以及其他合法权益等。依据《民法典》第26条、第1058条、第1068条等，父母有教育、保护未成年子女的权利和义务。但是，委托监护并未改变监护人，受托人不是无民事行为能力人、限制民事行为能力人的监护人，更不是他们的父母。因此，不能认为受托人可以代理被监护人实施民事法律行为，保护被监护人的人身权利、财产权利以及其他合法权益等。在委托监护的场合，代为行使监护职责的受托人与无民事行为能力人、限制民事行为能力人的关系，最可以比较的就是学校、幼儿园等教育机构与在校学习生活期间的无民事行为能力人、限制民事行为能力人的关系，即教育、管理等关系。当然，这二者的内容存在一定的区别。

三、监护人与受托人向被侵权人承担的责任形态

（一）监护人与有过错的受托人承担部分的连带责任

既然监护人和有过错的受托人都要向被侵权人承担侵权责任，那么他们之间究竟是按份责任还是连带责任，抑或其他责任形态，有不同的观点。

第一种观点认为，二者之间承担的是按份责任。该观点认为，委托监护虽然不能免除监护人的监护责任，但是在受托人有过错的情形下，监护人可以在一定程度上减轻其责任，因此《民法典》第1189条属于

抗辩规范而非请求权基础规范。[①] 既然受托人的过错可以减轻监护人的责任，那么监护人和受托人应当向被侵权人承担按份责任。

第二种观点认为，委托监护的情形下，监护人毫无疑问要承担全部赔偿责任，不能以将监护职责委托给他人为由而主张减轻责任，至于受托人的“相应的责任”则应当区分监护职责委托的情况不同而做不同的理解，具体来说：如果监护职责完全委托给了受托人，那么受托人承担的与其过错相应的责任是最终责任，与监护人对外承担的全部赔偿责任之间是部分连带责任的关系；如果监护人和受托人约定共同行使监护职责，那么受托人承担的相应的责任也是最终责任，对外与监护人承担的全部赔偿责任是连带责任关系；如果存在多个共同行使监护职责的受托人，那么共同受托人之间就共同的相应的责任份额承担连带责任。[②]

第三种观点认为，依据《民法典》第 1189 条，被侵权人享有两个请求权，即对监护人的无过错责任（替代责任）请求权和对受托人的过错责任请求权，二者之间构成不真正连带关系，假设被侵权人的损失是 1 万元，如果受托人按照过错应当赔偿 4000 元，那么当被侵权人要求监护人赔偿全部损害即 1 万元后，就不能再要求受托人赔偿 4000 元。但是，向受托人要求赔偿 4000 元后，可以就未填补的损害 6000 元请求监护人赔偿。[③]

笔者认为，上述三种观点都存在将内部关系和外部关系加以混淆的缺陷。第一种观点认为，监护人可以以受托人有过错应当承担相应的责任为由减轻部分责任，则监护人与受托人之间就属于按份责任的关系，这种理解显然不符合《民法典》第 1188 条第 1 款第 2 句规定的“监护人尽到监护职责的”，才可减轻责任的立法本意。至少监护人将监护职责

---

① 徐涤宇、张家勇主编：《〈中华人民共和国民法典〉评注（精要版）》，中国人民大学出版社 2022 年版，第 1246 页。

② 邹海林、朱广新：《民法典评注：侵权责任编》，中国法制出版社 2020 年版，第 290 页。

③ 张新宝：《中国民法典释评·侵权责任编》，中国人民大学出版社 2020 年版，第 93 页。

部分或全部委托给他人不能认为是监护人尽到监护职责的情形。并且，该观点对于被侵权人的保护也不利，使得受托人赔偿不能的风险被转嫁给被侵权人。第二种观点将监护人与受托人向被侵权人承担的究竟是部分的连带责任还是连带责任的问题，完全取决于监护人与受托人的约定，也是不合理的。监护人和受托人对于共同行使监护职责的约定只是内部责任，不能影响《民法典》第1189条关于受托人仅就其过错向被侵权人承担相应的责任的规定。至于第三种观点认为监护人的责任和受托人的责任是不真正连带关系，那么就意味着要么监护人，要么受托人是最终的责任人。然而，实际上究竟谁应当最终承担责任只是取决于监护人与受托人之间的委托合同的性质以及受托人的过错类型而已，需要具体分析，很难固定地认为监护人或受托人谁是最终的责任人。但是，就监护人和受托人对被侵权人的责任而言，他们之间只是在客观上形成了所谓的“部分连带责任”。

在笔者看来，一旦被监护人侵害他人民事权益造成损害，那么，监护人依据《民法典》第1188条就需要向被侵权人承担侵权责任，除非有法定的减责事由，否则应当就被侵权人的全部损害承担全部的赔偿责任；如果受托人对于被监护人的侵权行为的发生有过错的，那么依据《民法典》第1189条，受托人应当按照其过错和原因力向被侵权人承担相应的赔偿责任即部分的赔偿责任。同时，由于损害赔偿法中存在所谓的禁止得利原则（Bereicherungsverbot），即指受害人不能因损害赔偿而获得超过其损害的利益。倘若赔偿带给受害人的利益超过了应予赔偿的损害之范围，就意味着受害人因侵害行为而获利，这是法律所不允许的。[①] 故此，在监护人的赔偿责任与受托人的赔偿责任相互重叠的部分，二者向被侵权人承担连带赔偿责任，也就是所谓的“部分连带责任”。

---

① 古罗马法上就有“无人得凭他人之损害而不法得利（neminem cum alterius detrimento et iniuria fieri locopletiorem）”的法律规则。

以被侵权人C遭受损害1万元为例，假设监护人A应当承担的是全部损害即1万元，受托人B应当承担的相应责任是4000元，在该例中，A与C在4000元这一范围内是连带责任，即C可以请求A赔偿4000元，也可以请求B赔偿4000元。但是超出的6000元只能请求A赔偿。如果监护人A已经实际承担了全部赔偿责任即1万元，那么，被侵权人C不能要求受托人B承担相应的赔偿责任即4000元，否则C就会获得14000元，违反了禁止得利原则；如果被侵权人C只是起诉了监护人A，但是A最终只能赔偿5000元，那么，C还可以起诉B要求其赔偿4000元。问题是，监护人实际承担了全部的1万元赔偿责任后，能否要求受托人分担呢？或者受托人承担了相应的责任，其能否要求监护人分摊呢？对此，取决于监护人与受托人之间的委托合同关系的性质和约定。

《民法典侵权责任编解释（一）》第10条第1款采取了部分的连带责任的观点，依据该款，无民事行为能力人、限制民事行为能力人造成他人损害，被侵权人可以合并请求监护人和受托履行监护职责的受托人承担侵权责任，就监护人而言，其应当依照《民法典》第1189条的规定，承担侵权人应承担的全部责任；[①] 就受托人而言，首先要认定其是否具有过错，关于受托人的过错认定问题，应当“综合被侵权人的人身财产权益，被监护人的年龄、性格和过往表现等自身特点，健康自由发展空间，教育义务履行情况，受托人的履行成本等因素”加以判断。[②] 如果认定了受托人具有过错，那么，有过错的受托人就应当在过错范围内与监护人共同承担责任。[③] 所谓共同承担责任实质上就是一种特殊形态的连带责任。一方面，监护人并不是就被侵权人全部的损害与监护人

---

① 所谓“侵权人应当承担的全部责任”是指依据《民法典》等法律的规定，在适用过失相抵、损益相抵等规则减轻赔偿责任后，侵权人依法应当承担的全部赔偿责任。

② 《最高法民一庭负责人就民法典侵权责任编司法解释（一）答记者问》，载微信公众号“最高人民法院”2024年9月26日，https：//mp. weixin. qq. com/s/9nfJw0RQnkg6p9hlbGC8dQ。

③ 即便委托监护中受托人是无偿地受托履行监护职责，也不能以此为由而主张免除其有过错时的侵权责任。

向被侵权人承担连带责任，而只是在与受托人应当赔偿的部分相重叠的那部分范围内发生连带债务，被侵权人有权要求受托人或监护人就该部分的损害承担连带责任。换言之，监护人不是与有过错的受托人向被侵权人承担按份责任。但是，超出重叠范围之外的被侵权人应受赔偿的损失部分只能由监护人独立承担责任。这并不违反我国《民法典》关于连带责任必须由法律规定或者当事人约定的规定，因为这是由于损害部分重叠而客观发生的。① 另一方面，为了符合完全赔偿原则与禁止得利原则，确保被侵权人获得的赔偿不超出应受偿范围，《民法典侵权责任编解释（一）》第 10 条第 1 款又规定“责任主体实际支付的赔偿费用总和不应超出被侵权人应受偿的损失数额”。这里的“责任主体”就是监护人和有过错的受托人。

（二）按份责任、连带责任与部分的连带责任

按份责任，是指二个以上责任人各自按照一定的份额向权利人承担的民事责任，各个责任人之间不存在连带的关系。换言之，权利人只能在各个责任人应当承担的责任份额内向责任人请求承担对应的责任，不能超出责任份额提出请求，否则按份责任人有权拒绝。即便按份责任人中的某一个或几个没有能力承担自己的那部分责任，权利人也无权要求其他责任人承担。《民法典》第 177 条规定：“二人以上依法承担按份责任，能够确定责任大小的，各自承担相应的责任；难以确定责任大小的，平均承担责任。”

连带责任即连带赔偿责任，是指两个以上的赔偿义务人向赔偿权利人各负全部的赔偿责任，赔偿权利人有权要求一名或数名赔偿义务人承担全部或者部分的赔偿责任。连带责任依据法律规定而产生或者由当事人约定而产生。《民法典》总则编第八章“民事责任”规定了连带责任，

---

① 笔者认为，对于《民法典》第 178 条第 3 款的规定应当正确理解，该款只是禁止法律之外的法规、司法解释、规章等创设连带责任，并非禁止由于损害赔偿范围客观上重叠而自然产生连带责任。

同时合同编第四章“合同的履行”又规定了连带债务。《民法典》第 178 条规定：“二人以上依法承担连带责任的，权利人有权请求部分或者全部连带责任人承担责任。连带责任人的责任份额根据各自责任大小确定；难以确定责任大小的，平均承担责任。实际承担责任超过自己责任份额的连带责任人，有权向其他连带责任人追偿。连带责任，由法律规定或者当事人约定。”《民法典》第 518 条规定：“债权人为二人以上，部分或者全部债权人均可以请求债务人履行债务的，为连带债权；债务人为二人以上，债权人可以请求部分或者全部债务人履行全部债务的，为连带债务。连带债权或者连带债务，由法律规定或者当事人约定。”此外，《民法典》第 519—521 条还对连带债务效力方面的其他问题作出了规定。

部分连带责任，是指两个赔偿义务人均向赔偿权利人负有赔偿义务，其中一个赔偿义务负有全部的赔偿义务，另一个赔偿义务负有部分的赔偿义务，在该两个赔偿义务人的赔偿范围重叠的部分上，赔偿权利人有权要求他们中的一人或全部承担该部分的全部或者部分的赔偿责任。基于损害赔偿法中的禁止得利原则，无论如何赔偿，权利人所获得的总的赔偿数额都不能超出法律上认为应当填补的损害的范围。例如，A 是被侵权人，所受损害为 10 万元，B 是负有全部赔偿义务的侵权人即应当赔偿 10 万元，C 负有部分的赔偿义务即 3 万元。这种情形下，B 和 C 就构成了部分的连带，即在重叠的赔偿范围——3 万元内，A 有权要求 B 或 C 赔偿 3 万元，但是就超出的 7 万元，只能要求 B 承担赔偿责任。C 赔偿了 3 万元后，就不再向 A 负担赔偿义务。但是，B 不能主张自己仅需要承担 7 万元的赔偿责任。

部分连带责任可以由当事人的约定产生，也可以由法律的规定产生，还可能是客观上自然产生的。我国法律规定的部分连带责任，如《民法典》第 1195 条第 2 款规定：“网络服务提供者接到通知后，应当及时将该通知转送相关网络用户，并根据构成侵权的初步证据和服务类型采取必要措施；未及时采取必要措施的，对损害的扩大部分与该网络用户承担连带责任。”此处网络服务提供者只是就部分的损害与实施侵权行为的网络用户承担连带责任，即部分的连带责任。[①] 而因为赔偿范围重叠在客观上产生的部分连带责任，如《最高人民法院关于审理生态环境侵权责任纠纷案件适用法律若干问题的解释》第 7 条规定：“两个以上侵权人分别污染环境、破坏生态，部分侵权人的行为足以造成全部损害，部分侵权人的行为只造成部分损害，被侵权人请求足以造成全部损害的侵权人对全部损害承担责任，并与其他侵权人就共同造成的损害部分承担连带责任的，人民法院应予支持。被侵权人依照前款规定请求足以造成全部损害的侵权人与其他侵权人承担责任的，受偿范围应以侵权行为造成的全部损害为限。”[②] 该条所规定的就是这种因果关系形态。从该规定可以看出，在一个侵权人的行为足以造成全部损害，另一个侵权人的行为只能造成部分损害时，他们承担的就是部分的连带责任，即“就共同造成的损害部分”承担连带责任，而此范围之外的其他损害由足以造成全部损害的侵权人承担。

值得注意的是，近年来在我国法院审理的证券市场虚假陈述侵权责任案件中，一些法院也倾向于将证券公司、会计师事务所、律师事务所、信用评级机构等中介机构与发行人的责任之间的关系确定为所谓的“比例连带责任”（也就是部分的连带责任），即判决这些中介机构在一定的比例范围内与证券发行人向虚假陈述的受害投资者承担连带责任。例如，在被称为比例连带责任第一案的“中安科案”中，法院判决被诉的发行人中安科股份有限公司向受害投资者承担全部的赔偿责任，同时判决招商证券公司对中安科股份有限公司的付款义务在 25% 的范围内承担连带

① 杨立新：《网络平台提供者的附条件不真正连带责任与部分连带责任》，载《法律科学》2015 年第 1 期。

② 该规定来自 2015 年《最高人民法院关于审理环境侵权责任纠纷案件适用法律若干问题的解释》（已废止）第 3 条第 3 款的规定：“两个以上污染者分别实施污染行为造成同一损害，部分污染者的污染行为足以造成全部损害，部分污染者的污染行为只造成部分损害，被侵权人根据侵权责任法第十一条规定请求足以造成全部损害的污染者与其他污染者就共同造成的损害部分承担连带责任，并对全部损害承担责任的，人民法院应予支持。”

责任，瑞华事务所对中安科公司的付款义务在15%的范围内承担连带责任。① 在“五洋债券案”中，法院认为：在公司债券募集说明书中，承销机构与中介机构均确认募集说明书不会因所引用内容而出现虚假记载、误导性陈述或重大遗漏，并对其真实性、准确性和完整性承担相应的法律责任，但经具体审查承销机构与中介机构的工作内容，各机构均存在不同程度未尽责履职的情形，故此判令陈某樟、德邦证券股份有限公司就五洋建设对原告的债务本息承担连带赔偿责任；大信会计师事务所、上海市锦天城律师事务所就五洋建设应负债务本息分别在5%和10%范围内承担连带赔偿责任。②

四、监护人与受托人之间的追偿权

监护人与有过错的受托人向被侵权人承担的是部分连带责任，至于他们之间是否有追偿权，不能一概而论，需要考虑不同的情形加以分析。

首先，监护人在承担全部侵权赔偿责任后能否向受托人追偿，取决于双方的委托合同的约定。《民法典侵权责任编解释（一）》第10条第2款规定：“监护人承担责任后向受托人追偿的，人民法院可以参照民法典第九百二十九条的规定处理。”《民法典》第929条第1款规定：“有偿的委托合同，因受托人的过错造成委托人损失的，委托人可以请求赔偿损失。无偿的委托合同，因受托人的故意或者重大过失造成委托人损失的，委托人可以请求赔偿损失。”这就是说，如果监护人与受托人之间订立的是有偿的委托合同，监护人向代为履行监护职责的受托人支付了费用的，那么，在监护人承担了责任后，就可以向有过错的受托人进行追偿。这个过错可以是故意，也可以是过失。至于追偿多少，需要考虑过错、原因力等因素确定。如果委托人与受托人之间订立的是无偿的

① 李某某、周某某诉中安科股份有限公司等证券虚假陈述责任案，上海市高级人民法院（2020）沪民终666号民事判决书。

② 487名自然人投资者诉五洋建设集团股份有限公司等被告证券虚假陈述责任纠纷案，杭州市中院（2020）浙01民初1691号民事判决书。

委托合同，这在委托监护时很常见，因为监护人往往委托自己的亲朋好友暂时代为履行全部或部分的监护职责。在这种情形下，应当依据《民法典》第929条第1款的规定处理，即无偿的委托合同，只有因受托人的故意或者重大过失造成委托人损失的，委托人才能请求赔偿损失。

其次，如果受托人因为过错而被法院判令向被侵权人承担了相应的赔偿责任，那么其也可以依据与委托人之间的合同进行追偿。尤其在无偿委托的受托人只具有一般过失，而没有故意或重大过失的情形下，本来委托人就没有权利要求受托人承担赔偿责任，故此受托人虽然不能以其仅具有一般过失来对抗被侵权人，但是可以在承担赔偿责任后向作为委托人的监护人追偿。对此，《民法典侵权责任编解释（一）》第10条第3款有明确的规定："仅有一般过失的无偿受托人承担责任后向监护人追偿的，人民法院应予支持。"

◆ 疑点与难点

一、多个受托人的侵权责任问题

监护人将部分或全部的监护职责委托给两个以上受托人代为履行的，在被监护人造成他人损害时，该多个受托人如果存在过错，都应当向被侵权人承担相应的侵权责任。如果这些受托人具有共同故意，那么他们在相应的责任范围内承担的是连带责任。这样一来就产生了两个层次的连带责任。第一个层次是监护人与多个受托人向被侵权人承担的部分连带责任；第二个层次是多个受托人在相应的责任范围内向被侵权人承担的连带责任。

二、受托人造成被监护人损害的侵权责任

监护人委托受托人代为履行监护职责的，受托人应当尽心尽力地代为履行监护职责，尽到对被监护人的教育、管理和保护的义务，既要保护好被监护人的人身财产权益免受损害，也要预防和制止被监护人对他人的侵权行为。从实践来看，因委托监护产生的纠纷较多的是受托人因

为没有尽到对被监护人的教育、管理和保护的义务而导致被监护人的人身损害。此时，受托人的行为对被监护人构成侵权行为，应当依法承担侵权责任。例如，在一个案件中，死者是两周岁的儿童钱某，其父母钱某伦、龙某平（原告）因为要管理修理厂，将钱某交由钱某的外婆即被告刘某分照管，而被告刘某分与被告刘某芳系亲戚，受刘某芳相邀，刘某分带着钱某到其家中帮忙摘茧壳。在帮忙过程中，钱某误食药物死亡。法院认为，刘某分受钱某伦、龙某平的委托代为照顾钱某，代为履行监护职责，作为钱某的委托监护人，刘某分应履行好监护职责保护钱某的人身权利，而刘某分受刘某芳邀请，到刘某芳家帮忙时，让作为无民事行为能力人的钱某脱离监管自行玩耍，导致钱某误服药物中毒，刘某分未尽到监护职责，具有重大过错，应当承担侵权责任。① 至于监护人能否依据委托合同要求受托人承担赔偿责任，应当适用《民法典》第 929 条第 1 款。受托人不能以自己是无偿委托合同受托人且仅具有一般过失为由，免除对被监护人的侵权赔偿责任。

◆ 相关规定

1. **《中华人民共和国民法典》**

第九百二十九条 有偿的委托合同，因受托人的过错造成委托人损失的，委托人可以请求赔偿损失。无偿的委托合同，因受托人的故意或者重大过失造成委托人损失的，委托人可以请求赔偿损失。

受托人超越权限造成委托人损失的，应当赔偿损失。

第一千一百八十九条 无民事行为能力人、限制民事行为能力人造成他人损害，监护人将监护职责委托给他人的，监护人应当承担侵权责任；受托人有过错的，承担相应的责任。

---

① 钱某伦、龙某平等生命权、健康权、身体权纠纷案，四川省凉山彝族自治州中级人民法院（2018）川 34 民终 1150 号民事判决书。

2.《最高人民法院关于适用〈中华人民共和国民法典〉总则编若干问题的解释》（法释〔2022〕6号）

第十三条　监护人因患病、外出务工等原因在一定期限内不能完全履行监护职责，将全部或者部分监护职责委托给他人，当事人主张受托人因此成为监护人的，人民法院不予支持。

第十一条　【教唆帮助人的侵权责任不以明知为要件】

教唆、帮助无民事行为能力人、限制民事行为能力人实施侵权行为，教唆人、帮助人以其不知道且不应当知道行为人为无民事行为能力人、限制民事行为能力人为由，主张不承担侵权责任或者与行为人的监护人承担连带责任的，人民法院不予支持。

◆ 条文要旨

本条是有关教唆帮助侵权不以明知对象是不完全民事行为能力人为要件的规定。

◆ 理解与适用

一、本条的规范意旨

《民法典》第1169条第1款对教唆、帮助他人实施侵权行为的连带责任作出了规定，第2款则专门就教唆、帮助不完全民事行为能力人的侵权责任作出了规定，即教唆、帮助无民事行为能力人、限制民事行为能力人实施侵权行为的，应当承担侵权责任；该无民事行为能力人、限制民事行为能力人的监护人未尽到监护职责的，应当承担相应的责任。司法实践中，有些教唆、帮助他人实施侵权行为的被告提出，自己在实施教唆行为或帮助行为时不知道也不应当知道行为人是不完全民事行为能力人，故此不应当承担侵权责任。有些甚至以此为由主张要与被教唆、帮助的不完全民事行为能力人的监护人承担连带责任。为了明确该问题，《民法典侵权责任编解释（一）》第11条作出了规定。

二、教唆行为与帮助行为的构成要件与法律后果

（一）教唆行为的构成要件

1. 存在教唆人与行为人。在教唆的侵权责任中，至少要有两个独立的行为人：一个是实施教唆行为之人即教唆人（Anstifter），另一个是实施侵害他人权益行为之人即行为人（Täter）。

2. 教唆人实施了教唆行为。所谓教唆行为，是指利用言词对他人进行开导、说服或通过刺激、利诱、怂恿等方法使该他人从事侵害他人权益之行为。例如，网络服务提供者以言语、推介技术支持、奖励积分等方式诱导、鼓励网络用户实施侵害信息网络传播权行为的，则该网络服务提供者实施了教唆行为（《最高人民法院关于审理侵害信息网络传播权民事纠纷案件适用法律若干问题的规定》第7条第2款）。

3. 教唆行为与被教唆人的加害行为存在因果关系。所谓加害行为，是指被教唆人实施的侵害他人民事权益的行为，即"主行为"（Haupttat）。它是由被教唆人即行为人所实施的侵权行为。教唆行为与加害行为存在因果关系意味着：一方面，教唆行为通常都只能是发生在加害行为之前的，如果加害行为已经实施完毕了，则教唆行为与加害行为并无因果关系。也就是说，不存在事后的教唆。另一方面，被教唆人所实施的加害行为正是教唆的内容，即教唆行为影响了被教唆人，从而引起了加害行为，前者是后者的原因。[①] 倘若教唆行为并未对被教唆人发生影响，没有惹起加害行为，则不发生侵权责任的问题。这是侵权法中的教唆行为与刑法中教唆犯的一个重要区别。在刑法中，即便被教唆的人没

---

① Jauernig/Teichmann, 13. Aufl. 2009, § 830 Rn 6.

有犯被教唆的罪，教唆之人也会构成犯罪，无非可以从轻或者减轻处罚（《刑法》第 29 条第 2 款）。因为刑法以惩罚为主要功能之一，而侵权法则以补偿作为基本功能。没有造成损害，则不存在赔偿责任，自然也无须令教唆人与行为人承担连带赔偿责任。

即便被教唆人从事了某种加害行为，但该行为并非教唆的内容或超出了教唆的内容。此时，行为人应单独承担侵权责任，教唆人不承担侵权责任，更无须承担连带责任。例如，甲教唆乙入室窃取丙的笔记本电脑。乙入室后除窃取电脑外，还将丙的妻子丁奸污。就丙的电脑被盗这一损害而言，甲应与乙被视为共同侵权行为人，承担连带责任。然而，丁被奸污这一损害超出了教唆的范围，应由乙单独承担侵权责任。

4. 教唆人与被教唆人存在共同故意。一方面，教唆人具有教唆的故意。所谓教唆的故意，是指教唆人明知或者应知其教唆他人实施之行为是侵权行为仍然教唆的主观心理状态，不要求教唆人对被教唆人实施的行为属于哪一类侵权行为或者承担何种侵权责任有所认识。教唆人的故意表现为所谓的“双重故意”（Doppelvorsatzes），即教唆者不仅对教唆行为本身具有故意，而且对主行为（直至侵害他人权益这一结果的发生，不包括损害本身）也具有故意。[①] 过失的行为不构成教唆行为。另一方面，被教唆人既然受到教唆而实施了加害行为，其行为是教唆行为的结果，因此，被教唆人主观上也是故意的。倘若行为人真的是过失侵害了他人权益，这就说明其并未受到教唆行为的影响，甚至不知道教唆行为的存在，不构成教唆行为，行为人应单独承担过失的侵权责任。[②]

（二）帮助行为的构成要件

1. 存在帮助人与行为人。帮助行为，是指给予他人以帮助（如提供

---

① Ahrens/Spickhoff, Deliktsrecht, Beck, 2022, §9, Rn. 10.

② Larenz 教授认为，在民法上也存在对过失侵权行为的故意教唆。Larenz/Canaris, Lehrbuch des Schuldrechts, Band II/2, Beck, 1994, S. 569. 但是，反对者认为，这种情形可以通过《德国民法典》第 823 条、第 826 条来确定教唆者的侵权责任，故此，教唆的侵权行为中仍然应当保留教唆人和被教唆人的双重故意。Ahrens/Spickhoff, Deliktsrecht, Beck, 2022, DeliktsrechtS. 132.

工具或者指导方法)，以使该人易于实行侵权行为。因此，在帮助行为中，存在帮助人（Beihilfer）与被帮助人，前者实施了帮助行为，后者实施了加害行为，也是加害行为人。

2. 帮助人实施了帮助行为。帮助人的帮助行为可以是精神上的帮助也可以是物质上的帮助，可以是积极的作为也可以是消极的不作为。前者如为他人的侵权提供经费支持和信息情报，后者如网络服务提供者明知或者应知网络用户利用网络服务侵害信息网络传播权，却不依法采取删除、屏蔽、断开链接等必要措施。需要注意的是，帮助行为并不要求帮助人的行为是加害人实施加害行为的原因，即只要该帮助行为客观上使加害行为易于实施即可。[①] 至于行为人是否就是因为帮助行为而实施的加害行为，无关紧要。[②] 例如，A 公司成立时，因无资金从而借用 B 公司的注册资金登记注册。后 A 公司被撤销，因该公司没有实际资本，给债权人造成损害。由于 B 公司将注册资金借给 A 公司使用的行为，客观上使 A 公司“得以成立，并从事与之实际履行能力不相适应的交易活动，给他人造成不应有的损害后果”,[③] 因此，B 公司的行为就是帮助行为，应承担侵权责任。在认定是否存在帮助行为时，关键是要看某人是否在身体上或精神上支持了犯罪者（通过行为或建议的帮助）。实践中，帮助人仅仅在心理上起促进作用的帮助行为（所谓心理帮助）可能难以认定，如提供指导、提供信息或望风等。对此，只需具备可能的因果关系即可。[④]

帮助行为并不要求帮助人的行为是加害人实施加害行为的原因也意味着，帮助行为无须如教唆行为那样必须发生在加害行为实施之前，而可以

---

① 这一点在网络侵权中体现最为明显。网络服务技术提供者之所以成立帮助侵权，并不是因为其就是要帮助他人实施侵害他人著作权或人身权的行为，而是因为其提供的网络技术服务使得这种侵权变得更容易，又没有采取相应的措施防止此种侵权行为的发生。

② Jauernig/Teichmann, 13. Aufl. 2009, § 830 Rn 6.

③ 参见《最高人民法院关于对帮助他人设立注册资金虚假的公司应当如何承担民事责任的请示的答复》(2001 年 9 月 13 日，〔2001〕民二他字第 4 号)。

④ Larenz/Canaris, Lehrbuch des Schuldrechts, Band II/2, Beck, 1994, S. 566. Ahrens/Spickhoff, Deliktsrecht, Beck, 2022, § 9, Rn. 13.

发生在加害行为实施过程中或者加害行为实施完毕后。[①] 例如，李某租用张某的院子，在订立租赁合同时李某向张某谎称是自家居住用。实际上李某是在院里将病死鸡禽加工为熟食出售牟利。半年后，张某发现了该事，但是想着反正李某及时缴纳租金，也就睁一只闭一眼，不闻不问。后李某出售的熟食导致消费者中毒。在这个案件中，张某的行为仍然构成帮助行为。因为，其在发现李某从事违反《食品安全法》第123条第1款所列违法行为之后，没有及时报告有关部门并解除租赁合同，仍然将院子出租给李某，其行为就构成了帮助行为，李某和张某应当对消费者的损害承担连带赔偿责任。帮助行为发生在加害行为已经实施完毕，典型的情形就是刑法上的窝赃和销赃行为。例如，乙明知甲从A公司盗窃了汽油，却帮助其销售并从中分得利润。需要注意的是，事后帮助行为人只需要对其帮助行为实施后被侵害的他人权益承担侵权责任，而对此前的损害无须承担责任。

3. 存在意思联络。一方面，帮助人主观上必须是故意的，这种故意可以是明知也可以是应知其行为在帮助他人实施侵权行为。[②] 和教唆人一样，帮助人也需要具有双重故意，即必须同时针对被帮助人实施的主行为及其自身的帮助行为都具有故意。[③] 例如，《民法典》第1197条规定："网络服务提供者知道或者应当知道网络用户利用其网络服务侵害他人民事权益，未采取必要措施的，与该网络用户承担连带责任。"再如，《商标法》第57条第6项规定："故意为侵犯他人商标专用权行为提供便利条件，帮助他人实施侵犯商标专用权行为的"，属于侵犯注册商标专用权的行为。另一方面，被帮助人也是故意实施侵权行为的，其

---

① 刑法理论也认为，帮助行为可以在实行行为之前实施（即预备的帮助犯），也可以与实行行为同时实施（即伴随的帮助犯），还可以在正犯者实行了一部分犯罪后实施（承继的帮助犯）。参见张明楷：《刑法学（上）》（第五版），法律出版社2016年版，第419页。

② 德国主流学说认为，只有故意才能构成帮助侵权，但是也有观点认为，如果存在不得提供帮助的义务，那么过失违反该义务的，也构成帮助侵权。Ahrens/Spickhoff，Deliktsrecht，Beck，2022，DeliktsrechtS. 133.

③ Ahrens/Spickhoff，Deliktsrecht，Beck，2022，Rn. 12.

与帮助人之间存在意思联络，具有共同故意，否则不构成帮助行为，帮助人与被帮助人也不承担连带责任。

（三）法律后果

教唆、帮助的侵权行为，也称“视为的共同侵权行为”，即教唆、帮助他人实施侵权行为的情形。在教唆、帮助他人实施侵权行为的案件中，教唆人和帮助人并非直接的、具体的实施加害行为的人。受害人要证明直接实施侵害行为者的行为与损害之间的因果关系，并不太困难。但是，其要证明并未直接实施加害行为的教唆人、帮助人的行为与损害之间的原因力和原因力的大小，则比较困难。毕竟，教唆人或帮助人并未直接参与实施侵权行为。为消除受害人证明因果关系上的困难，侵权法上将教唆人、帮助人等同于共同侵权人，让他们与直接加害人一起就受害人的全部损害承担赔偿责任。受害人无须证明教唆人、帮助人的行为与损害的因果关系，而只要证明存在教唆行为或帮助行为，即可使得教唆人或帮助人与直接侵权人一起承担连带责任，有利于保护受害人的合法权益。我国《民法典》第1169条第1款规定：“教唆、帮助他人实施侵权行为的，应当与行为人承担连带责任。”总之，“责任法以一个扩大的行为人概念为出发点，希望借助于教唆人和帮助人负全部责任这个规则的设计，来消除对因果关系可能的怀疑”。①

三、教唆帮助不完全民事行为能力人实施侵权行为

教唆、帮助不完全民事行为能力人实施侵权行为，教唆人、帮助人如何承担侵权责任，在我国的法律规范上有一个发展演变的过程。最初，《民法通则意见》第148条曾规定：“教唆、帮助他人实施侵权行为的人，为共同侵权人，应当承担连带民事责任。教唆、帮助无民事行为能力人实施侵权行为的人，为侵权人，应当承担民事责任。教唆、帮助限制民事行

① ［德］埃尔温·多伊奇、汉斯-于尔根·阿伦斯：《德国侵权法：侵权行为、损害赔偿及痛苦抚慰金》，叶名怡、温大军译，中国人民大学出版社2016年版，第73页。

为能力人实施侵权行为的人，为共同侵权人，应当承担主要民事责任。”这一规定意味着，教唆、帮助无民事行为能力人的，只有教唆人、帮助人是侵权人，应当承担民事责任，而没有涉及监护人是否应当承担侵权责任的问题；但是，在教唆、帮助限制民事行为能力人实施侵权行为时，教唆人、帮助人与限制民事行为能力人属于共同侵权人，因此，就涉及监护人责任问题了，不过仍然是由教唆人、帮助人承担主要民事责任。

《侵权责任法》第9条第1款规定：“教唆、帮助他人实施侵权行为的，应当与行为人承担连带责任。”第2款规定：“教唆、帮助无民事行为能力人、限制民事行为能力人实施侵权行为的，应当承担侵权责任；该无民事行为能力人、限制民事行为能力人的监护人未尽到监护责任的，应当承担相应的责任。”这一规定与以往规定最大的不同就在于对教唆、帮助无民事行为能力人、限制民事行为能力人实施侵权行为的规定之上，即第9条第2款后半句。《侵权责任法》之所以改变《民法通则意见》的规定，其理由在于：首先，无论教唆、帮助无民事行为能力人，还是教唆、帮助限制民事行为能力人实施侵权行为，教唆人或帮助人都应当视为共同侵权行为人，需要承担侵权责任，对此没有争议。至于被教唆或被帮助的不完全民事行为能力人，其具体实施了侵害他人民事权益的行为而给他人造成了损害，依据《侵权责任法》第32条第1款之规定，其监护人应当承担侵权责任。其次，考虑到无民事行为能力人或限制民事行为能力人是在他人的教唆、帮助之下才实施侵害他人民事权益的行为的，如果一律按照《侵权责任法》第32条要求监护人与教唆人、帮助人承担连带责任，显然过于苛刻。① 故此，立法者规定，教唆帮助不

① 梁慧星教授认为，《侵权责任法》第9条第2款后半句应理解为“如果教唆人、帮助人有赔偿能力，就判决其承担全部责任、主要责任或相应的责任。反之，如果教唆人、帮助人不具有赔偿能力，则可以判决教唆人、帮助人与行为人承担连带责任，保障受害人能够获得完全的赔偿”。参见梁慧星：《中国民事立法评说：民法典、物权法、侵权责任法》，法律出版社2010年版，第354页。笔者不赞同这一观点。如果法院仅仅依据有无赔偿能力来确定是否承担连带责任，明显违反了连带责任应由法律规定或者当事人约定的原则，过于随意，并不妥当。

完全民事行为能力人从事侵权行为的，原则上是教唆人或帮助人承担侵权责任，而监护人无须与教唆人、帮助人一起承担连带责任。但是，在监护人“未尽到监护责任”时，应承担相应的责任。所谓“相应的责任”包括两层含义：其一，监护人不是与教唆人、帮助人承担连带责任，而是在没有尽到监护责任时，承担相应的责任即按份责任。其二，监护人承担的责任的大小应依据其未尽到监护责任的程度即过错的程度加以确定。越没有尽到监护责任的，过错程度越大的，承担的责任就越多。例如，乙是十二周岁的孩子，甲是其叔叔，也是监护人。甲除了给乙提供衣食和住宿外，对于乙完全不予教育，任其整日与街头流氓地痞混在一起。后乙在流氓丙的教唆之下，盗窃了丁的机动车。此时，监护人甲就要对丙的损害承担较多的责任。

在我国编纂民法典时，对于是否延续《侵权责任法》第 9 条的规定，有不同的看法。有的观点认为，在教唆帮助不完全民事行为能力人实施侵权行为的情况下，应当由教唆人、帮助人与监护人承担连带责任，因为监护人责任本来就不考虑监护人对被监护人的侵权行为是否存在过错，只要被监护人实施了侵权行为，监护人就要承担责任；有的观点认为，应当按照《民法通则意见》第 148 条的做法，区分教唆帮助无民事行为能力人和限制民事行为能力人实施侵权而分别作出规定，前者仅由教唆人、帮助人承担侵权责任，后者可以考虑监护人的责任。立法机关有关人士认为，就教唆人、帮助人而言，无论是教唆帮助无民事行为能力人还是限制民事行为能力人，都应当承担侵权责任，从侵权人与被侵权人的角度而言，不应有所区分。至于要求监护人与教唆人、帮助人承担连带责任的做法，过于严厉。[①]

最终，《民法典》第 1169 条延续了《侵权责任法》第 9 条的规定，仅调整了个别文字表述，将“监护责任”修改为“监护职责”，从而与

① 黄薇主编：《中华人民共和国民法典侵权责任编解读》，中国法制出版社 2020 年版，第 26 页。

总则编关于监护职责的规定保持一致。《民法典》第1169条分两款对教唆帮助行为作出了规定，第1款规定："教唆、帮助他人实施侵权行为的，应当与行为人承担连带责任。"该款规范了被教唆或受到帮助的侵权行为是由完全民事行为能力人实施的。第2款规定："教唆、帮助无民事行为能力人、限制民事行为能力人实施侵权行为的，应当承担侵权责任；该无民事行为能力人、限制民事行为能力人的监护人未尽到监护职责的，应当承担相应的责任。"该款对于教唆、帮助不完全民事行为能力人时教唆人、帮助人以及监护人的侵权责任作出了规定。

四、不以明知被教唆帮助的人是不完全民事行为能力人为要件

教唆、帮助他人实施侵权行为的人可能知道或者应当知道被教唆、被帮助的人是不完全民事行为能力人，也可能确实是既不知道也不应当知道被教唆、帮助之人属于不完全民事行为能力人。但是，这些都不重要。因为无论教唆、帮助完全民事行为能力人，还是不完全民事行为能力人实施侵权行为，都是法律所禁止的，是不法行为。为了体现法律对于教唆帮助行为的否定性评价，更好地预防和制止此等行为，《民法典》第1169条第2款不应当以教唆人、帮助人"知道或者应当知道"被教唆、帮助的人是不完全民事行为能力人为要件。《民法典侵权责任编解释（一）》第11条明确了此点，该条规定："教唆、帮助无民事行为能力人、限制民事行为能力人实施侵权行为，教唆人、帮助人以其不知道且不应当知道行为人为无民事行为能力人、限制民事行为能力人为由，主张不承担侵权责任或者与行为人的监护人承担连带责任的，人民法院不予支持。"这就是说，即便教唆人、帮助人不知道且不应当知道其教唆、帮助的人是无民事行为能力人、限制民事行为能力人，教唆人或者帮助人都不得以此为由来主张免除侵权责任。同时，也不能以其不知道且不应当知道为由来要求监护人承担连带责任。这是因为，《民法典》第1169条第2款后半句已经非常明确地将监护人责任限定为相应的责任，并且该责任的成立以监护人未尽到监护职责为要件。换句话说，

《民法典》第1169条第2款后半句实际上排除了《民法典》第1188条第1款的规定，属于特别规定。本来按照《民法典》第1188条第1款，监护人就被监护人的侵权行为承担的是无过错责任，即便尽到了监护职责，也只能减轻责任而不能免除责任。但是，依据第1169条第2款后半句，在他人教唆、帮助被监护人实施侵权行为的情形下，监护人承担的是过错责任，即只有其没有尽到监护职责，才需要承担相应的责任。

◆ 疑点与难点

一、如何理解未尽到监护职责的监护人承担的相应责任

依据《民法典》第1169条第2款后半句，监护人在没有尽到监护职责时承担的是相应的责任。所谓相应的责任，是指与监护人没有尽到的监护职责的程度以及对于损害发生的原因力相适应的责任。例如，父母在发现未成年子女存在不良行为，如吸烟、饮酒，多次旷课、逃学，无故夜不归宿、离家出走，沉迷网络等不利于未成年人身心健康成长的不良行为时，没有尽到对未成年子女的教育、管教的义务，未及时加以制止并加强管教。后来，未成年子女被他人教唆实施了侵权行为。那么，父母就是没有尽到监护职责，应当承担相应的责任。

二、不完全民事行为能力人教唆帮助不完全民事行为能力人实施侵权行为的责任

教唆人、帮助人可以是完全民事行为能力人，也可以是不完全民事行为能力人。如果是完全民事行为能力人，则教唆人、帮助人属于侵权人，依《民法典》第1169条第1款与行为人承担连带责任；如果无民事行为能力人、限制民事行为能力人教唆、帮助无民事行为能力人、限制民事行为能力人实施侵权行为，那么，应当由教唆人、帮助人的监护人承担侵权责任，同时被教唆、帮助的无民事行为能力人或限制民事行为能力人的监护人在没有尽到监护职责的时候，应当承担相应的责任。例如，十一周岁的张某教唆十周岁的刘某对同班同学李某（十周岁）实施

校园欺凌行为，导致李某受伤。此时，教唆人是张某，其父母作为监护人应当对张某的教唆侵权行为承担侵权责任。同时，被教唆人刘某的父母在没有尽到监护职责的情形下，要承担相应的责任。李某的父母在提起民事诉讼时，可以将张某及其父母、刘某及其父母等作为共同被告（《民法典侵权责任编解释（一）》第4条、《民事诉讼法解释》第67条）。

◆ 相关规定

《中华人民共和国民法典》

第一千一百六十九条 教唆、帮助他人实施侵权行为的，应当与行为人承担连带责任。

教唆、帮助无民事行为能力人、限制民事行为能力人实施侵权行为的，应当承担侵权责任；该无民事行为能力人、限制民事行为能力人的监护人未尽到监护职责的，应当承担相应的责任。

第十二条 【教唆人、帮助人与监护人的责任形态】

教唆、帮助无民事行为能力人、限制民事行为能力人实施侵权行为，被侵权人合并请求教唆人、帮助人以及监护人承担侵权责任的，依照民法典第一千一百六十九条第二款的规定，教唆人、帮助人承担侵权人应承担的全部责任；监护人在未尽到监护职责的范围内与教唆人、帮助人共同承担责任，但责任主体实际支付的赔偿费用总和不应超出被侵权人应受偿的损失数额。

监护人先行支付赔偿费用后，就超过自己相应责任的部分向教唆人、帮助人追偿的，人民法院应予支持。

◆ 条文要旨

本条是有关教唆人、帮助人与监护人之间的侵权责任承担的规定。

◆ 理解与适用

一、本条的规范意旨

教唆人、帮助人教唆或者帮助无民事行为能力人、限制民事行为能力人实施侵权行为造成他人损害的，依据《民法典》第1169条第2款规定，教唆人、帮助人应当承担侵权责任，同时，倘若该被教唆、被帮助的无民事行为能力人、限制民事行为能力人的监护人未尽到监护职责的，也应当承担相应的责任。司法实践中就如何理解适用该款，存在以下问题：未尽到监护职责的监护人所承担的“相应的责任”是什么意思？当被侵权人将教唆人、帮助人与监护人一起作为共同被告提起诉讼时，他们之间是连带责任还是按份责任？如果是连带责任，他们之间能否追偿？《民法典侵权责任编解释（一）》第12条对这些问题作出了规定。

二、未尽到监护职责的监护人向被侵权人承担相应的责任

《民法典》第1169条第2款将不完全民事行为能力人被他人教唆、帮助而实施侵权行为时，监护人的责任规定为“相应的责任”，并且以“监护人未尽到监护职责”作为监护人承担相应的责任的必备要件。该规定明显有别于《民法典》第1188条第1款，主要体现在以下两点：其一，归责原则不同。依据《民法典》第1188条第1款的规定，监护人责任适用的是无过错责任，即不以监护人对被监护人的侵权行为存在过错为要件，即便监护人尽到了监护职责（没有过错）也必须承担侵权责任（但可以减轻责任）。然而，《民法典》第1169条第2款中的监护人责任则属于过错责任，即只有监护人没有尽到监护职责的，才需要承担责任。其二，责任的范围不同。依据《民法典》第1188条第1款，监护人要就被监护人的侵权行为承担全部责任，除非证明自己尽到了监护职责或者

存在其他减责事由（如受害人过错等）；而依据《民法典》第1169条第2款，监护人承担的是相应的责任，这种相应的责任是直接向被侵权人承担的责任。换言之，第1169条第2款是“从侵权人与被侵权人相互关系的角度上作出规定的，即侧重外部关系”。①

三、教唆人或帮助人与未尽监护职责的监护人共同向被侵权人承担部分连带责任

在司法实践中，被侵权人往往会将教唆人或帮助人与被教唆、被帮助的不完全民事行为能力人及其监护人作为共同被告提起诉讼。此时，这些被告之间如何承担责任，有不同的看法。有的观点认为，教唆人、帮助人与监护人向被侵权人承担的是按份责任。也就是说，如果监护人不存在未尽到监护职责的情形，那么，就应当由教唆人、帮助人承担全部的侵权责任。由于监护人没有尽到监护职责，其具有过错且该过错行为与损害的发生具有因果关系，所以监护人应当承担部分的责任。笔者认为，这种观点不妥当，其既不利于保护被侵权人，也不符合《民法典》第1169条第2款的立法本意。首先，当某人教唆、帮助不完全民事行为能力人实施侵权行为时，假设该不完全民事行为能力人的监护人不存在过错，即尽到了监护职责，那么显然教唆人、帮助人依据第1169条第2款第1分句，应当承担侵权责任。这句话中的“应当承担侵权责任”意思就是承担作为侵权人应当承担的全部责任，除非存在法律规定的减轻责任的情形，如受害人过错等。倘若不完全民事行为能力人的监护人没有尽到监护职责，那么依据第1169条第2款第2分句，其应当承担相应的责任。如前所述，此种相应的责任是向被侵权人承担的侵权责任，监护人是为自己的过错行为而承担责任。此种责任的承担不能减少教唆人、帮助人的侵权责任。如果因为监护人承担了相应的责任，教唆人或帮助人的责任就可以相应减少，就变相鼓励了教唆、帮助行为，也不利

① 黄薇主编：《中华人民共和国民法典侵权责任编解读》，中国法制出版社2020年版，第26页。

于保护被侵权人。因此，不能认为监护人承担的相应的责任可以减轻教唆人、帮助人的侵权责任，后者仍然要向被侵权人承担全部的侵权责任。例如，甲教唆十三岁的乙将丙打伤，丙的损害为10万元，甲作为教唆人需要就该10万元损害承担全部的赔偿责任。乙的监护人丁未尽到监护职责，需要承担相应的责任即3万元。此种情形下，并不是甲只需要向丙赔偿7万元，而是甲依然要承担10万元的赔偿责任。但是，基于禁止得利原则，被侵权人丙获得的赔偿不能超出损害的范围，即其不能获得13万元的赔偿。这就是说，丙可以要求甲支付全部的10万元，如果甲承担了全部的赔偿责任，丙就不能再要求丁赔偿3万元，否则就违反了禁止得利原则。丙也可以要求丁赔偿全部的3万元，然后就剩余的7万元要求甲承担赔偿责任。这就是说，由于教唆人、帮助人向被侵权人承担的是全部的侵权责任，未尽到监护职责的监护人向被侵权人承担的是部分的侵权责任，在赔偿范围的重叠部分，教唆人或帮助人与监护人实际上是连带责任人，被侵权人在该重叠的部分有权要求他们中的任何一人承担全部的责任。故此，他们向被侵权人构成了部分的连带责任。这与委托监护中监护人责任和有过错的受托人的责任之间的关系是相同的（《民法典侵权责任编解释（一）》第10条第1款）。为了明确这一点，《民法典侵权责任编解释（一）》第12条第1款规定："教唆、帮助无民事行为能力人、限制民事行为能力人实施侵权行为，被侵权人合并请求教唆人、帮助人以及监护人承担侵权责任的，依照民法典第一千一百六十九条第二款的规定，教唆人、帮助人承担侵权人应承担的全部责任；监护人在未尽到监护职责的范围内与教唆人、帮助人共同承担责任，但责任主体实际支付的赔偿费用总和不应超出被侵权人应受偿的损失数额。"该款中"未尽到监护职责的范围"就是监护人的赔偿责任与教唆人、帮助人的赔偿责任之间互相重叠的部分。

四、教唆人或帮助人与未尽到监护职责的监护人之间追偿问题

《民法典侵权责任编解释（一）》第10条第2款和第3款允许委托

监护中监护人和受托人之间的追偿，即监护人承担责任后向受托人追偿的，可以参照《民法典》第929条的规定处理，而仅有一般过失的无偿受托人承担责任后有权向监护人追偿。那么，在教唆、帮助不完全民事行为能力人实施侵权行为的情形下，教唆人或帮助人承担了全部的侵权责任后能否向没有尽到监护职责的监护人追偿呢？反之，未尽到监护职责的监护人在承担相应的责任后，能否向教唆人、帮助人追偿呢？《民法典侵权责任编解释（一）》第12条第2款规定："监护人先行支付赔偿费用后，就超过自己相应责任的部分向教唆人、帮助人追偿的，人民法院应予支持。"

理论界对于教唆人、帮助人与监护人之间能否追偿，存在争议。一些学者认为不能追偿，另外一些学者认为，监护人没有尽到监护职责只是有过失而已，而教唆人、帮助人是故意，因此监护人可以向故意的教唆人、帮助人追偿。① 况且，在允许对外连带时，如果不允许对内追偿，投机选择最终责任承担者的情形就无可避免。② 至于如何追偿，有的学者认为，应当以教唆人、帮助人的"全部责任"+监护人的"相应的责任"的总额作为内部分担总额，然后将各自对受害人负担的责任数额除以内部分担总额，分别折算出内部分担比例。③

《民法典侵权责任编解释（一）》第12条第2款允许监护人就超过自己相应责任的部分向教唆人或帮助人追偿，但没有规定承担了全部的侵权责任的教唆人或者帮助人向监护人追偿。笔者认为，从该解释第12条第1款的规定来看，监护人只是在未尽到监护职责的范围内与教唆人、帮助人共同承担责任。因此，如果监护人只是承担了未尽到监护职责范

---

① 在2023年5月13日下午中国人民大学法学院举办的"民法典侵权责任编解释研讨会"上，有的学者提出该观点。

② 参见汤文平：《民法典侵权编解释稿完善建议》，载微信公众号"暨南大学法学院知识产权学院"2023年5月7日，https://mp.weixin.qq.com/s/j9fR7YjKle_E6BzLn2Ihug。

③ 参见曹险峰：《对〈侵权编解释意见稿〉的意见与建议》，载微信公众号"中国民商法律网"2024年3月10日，https://mp.weixin.qq.com/s/tjCHle2hokNbRkzJ4CRzkw。

围内的侵权赔偿责任，显然不存在向教唆人、帮助人追偿的问题。但是，不排除实践中监护人可能先行支付了全部赔偿费用的情形，此时，监护人就超出自己相应责任的部分当然是可以向教唆人、帮助人追偿的。但是，教唆人、帮助人承担侵权人应承担的全部责任后，不得向监护人追偿。这是因为，教唆人、帮助人承担侵权责任与监护人承担侵权责任之间的法律依据和基础是不同的。教唆、帮助他人实施侵权行为的人是因为其实施了法律予以否定性评价的教唆帮助行为，他们是在为自己的行为负责。在教唆、帮助不完全民事行为能力人侵权时，监护人原则上是不需要承担责任的，例外的情形是未尽到监护职责而要承担相应的责任，这属于监护人为被监护人的侵权行为承担的替代责任，也是监护人为自己过错承担的责任。如果允许教唆人、帮助人向监护人追偿，显然不符合《民法典》第1169条第2款的规定，违反公序良俗，既不利于预防和制止教唆、帮助行为，也不利于监护人更好地履行监护职责。

◆ 相关规定

《中华人民共和国民法典》

第一千一百六十九条 教唆、帮助他人实施侵权行为的，应当与行为人承担连带责任。

教唆、帮助无民事行为能力人、限制民事行为能力人实施侵权行为的，应当承担侵权责任；该无民事行为能力人、限制民事行为能力人的监护人未尽到监护职责的，应当承担相应的责任。

第十三条 【合并请求教唆人、帮助人与监护人、受托人承担责任】

教唆、帮助无民事行为能力人、限制民事行为能力人实施侵权行为，被侵权人合并请求教唆人、帮助人与监护人以及受托履行监护职责的人承担侵权责任的，依照本解释第十条、第十二条的规定认定民事责任。

◆ 条文要旨

本条是有关被侵权人合并请求教唆人、帮助人与监护人、受托人承担侵权责任的规定。

◆ 理解与适用

一、本条的规范意旨

《民法典侵权责任编解释（一）》第10条规定了无民事行为能力人、限制民事行为能力人造成他人损害，被侵权人合并请求监护人和代为履行监护职责的受托人承担侵权责任的问题；第12条则规定了教唆、帮助无民事行为能力人、限制民事行为能力人实施侵权行为，被侵权人合并请求教唆人、帮助人以及监护人承担侵权责任的问题。但是，实践中可能存在上述两种情形同时发生的问题，即被侵权人合并请求教唆人、帮助人与监护人、受托人承担侵权责任。《民法典侵权责任编解释（一）》第13条对此作出了规定。

二、被侵权人合并请求教唆人、帮助人与监护人及受托人承担侵权责任

所谓被侵权人合并请求教唆人、帮助人与监护人及受托人承担侵权责任，是指在教唆人、帮助人对无民事行为能力人、限制民事行为能力人实施教唆行为的情形中，被教唆、帮助的不完全民事行为能力人的监

护人又将部分或者全部监护职责委托给他人。此时，就存在五方主体，即被侵权人，教唆人或帮助人，实施侵权行为的被监护人、监护人、受托人。例如，A 教唆未成年人 B 殴打 C，B 的监护人是 D，但是 D 因为常年在外务工，将其监护职责委托给 E。这种情形下，被侵权人 C 在提起民事侵权之诉时，可以将教唆人 A、被监护人 B、监护人 D、受托人 E 作为共同被告。在这个案例中，A 作为教唆人，依据《民法典》第 1169 条第 2 款第 1 分句的规定应当承担侵权责任。至于监护人 D，虽然存在委托监护的情形，但由于被监护人是被他人教唆才实施的侵权行为，故此，对于监护人 D 的责任应当适用《民法典》第 1169 条第 2 款后半句，不适用《民法典》第 1189 条前半句。对于受托人 E，应当依据《民法典》第 1189 条后半句，即受托人 E 只有在有过错时，才需要承担相应的责任。所谓受托人的过错主要就是指其未尽到管理、教育等职责。此外，依据《民法典侵权责任编解释（一）》第 10 条第 2 款、第 3 款和第 12 条第 2 款的规定，监护人与受托人之间的追偿可以参照《民法典》关于委托合同的规定处理，但是，教唆人、帮助人不得向监护人追偿，监护人只能就超过自己相应责任的部分向教唆人、帮助人追偿。

◆ 相关规定

《中华人民共和国民法典》

第一千一百六十九条 教唆、帮助他人实施侵权行为的，应当与行为人承担连带责任。

教唆、帮助无民事行为能力人、限制民事行为能力人实施侵权行为的，应当承担侵权责任；该无民事行为能力人、限制民事行为能力人的监护人未尽到监护职责的，应当承担相应的责任。

第一千一百八十九条 无民事行为能力人、限制民事行为能力人造成他人损害，监护人将监护职责委托给他人的，监护人应当承担侵权责任；受托人有过错的，承担相应的责任。

第十四条 【第三人侵权时教育机构的补充责任】

无民事行为能力人或者限制民事行为能力人在幼儿园、学校或者其他教育机构学习、生活期间，受到教育机构以外的第三人人身损害，第三人、教育机构作为共同被告且依法应承担侵权责任的，人民法院应当在判决中明确，教育机构在人民法院就第三人的财产依法强制执行后仍不能履行的范围内，承担与其过错相应的补充责任。

被侵权人仅起诉教育机构的，人民法院应当向原告释明申请追加实施侵权行为的第三人为共同被告。

第三人不确定的，未尽到管理职责的教育机构先行承担与其过错相应的责任；教育机构承担责任后向已经确定的第三人追偿的，人民法院依照民法典第一千二百零一条的规定予以支持。

◆ 条文要旨

本条是有关第三人侵权时教育机构补充责任的承担以及向第三人追偿的规定。

◆ 理解与适用

一、本条的规范意旨

由于无民事行为能力人、限制民事行为能力人缺乏认识能力或认识能力不完全，因此，民法上建立了监护制度，由监护人对无民事行为能力人、限制民事行为能力人进行照顾、保护与管教。但是，当被监护人在幼儿园、学校或其他教育机构学习、生活期间，监护人就无法尽到照顾、保护和管教被监护人的职责。此时，教育机构虽然不是作为无民事行为能力人、限制民事行为能力人的学生的监护人，仍然依法负有保护学生的人身安全并对学生进行教育、管理的职责。倘若教育机构未尽到教育、管理职责，导致无民事行为能力人或限制民事行为能力人遭受人身损害的，教育机构依法应当承担侵权责任。这就是所谓的教育机构侵权责任，也称校园事故责任。我国《民法典》第 1199 条至第 1201 条对教育机构的侵权责任作出了规定，其中，第 1199 条与第 1200 条规定的是教育机构的直接侵权责任，而第 1201 条规定的是第三人侵权时教育机构的侵权责任。

所谓教育机构的直接侵权责任，是指由于教育机构没有尽到教育、管理职责而造成在校、在园学习生活的无民事行为能力人或限制民事行为能力人遭受人身损害时，教育机构应承担的侵权责任。例如，因学校采取的预防措施不足，使得小学生在参加学校组织的劳动技术课时被烫伤；再如，小学生在课堂上打架而教师未及时制止，以致一名学生受伤等。所谓第三人侵权时教育机构的侵权责任，是指幼儿园、学校或者其他教育机构以外的人员造成在校、在园学习生活的无民事行为能力人、限制民事行为能力人遭受人身损害时，教育机构因未尽到管理职责而承担的相应的补充责任。例如，A 小学组织学生外出春游，学生张某被李某驾驶的机动车撞伤，第三人李某属于幼儿园、学校或者其他教育机构以外的人员。依据《民法典》第 1201 条的规定，第三人侵权的，未尽到管理职责的教育机构承担的是相应的补充责任，并且在承担补充责任后，可以向第三人追偿。也就是说，张某可以要求李某承担侵权责任，同时如果 A 小学没有尽到管理职责，应当承担相应的补充责任。A 小学承担后可以向第三人李某追偿。司法实践中就教育机构在第三人侵权时承担的“相应的补充责任”应当如何理解、教育机构如何向第三人追偿、诉讼时能否仅起诉教育机构而不起诉第三人等问题，存在不同的看法。

《民法典侵权责任编解释（一）》第14条对这些问题作出了规定。

二、第三人侵权时教育机构侵权责任的构成要件

（一）不完全民事行为能力人在教育机构学习生活期间遭受了人身损害

首先，我国《民法典》第1199—1201条规定的教育机构侵权责任中的“受害人”仅限于无民事行为能力人、限制民事行为能力人，不包括完全民事行为能力人。如果是完全民事行为能力人在教育机构学习生活期间遭受损害，依据相应的侵权规则处理即可，不适用《民法典》第1199—1201条。例如，A大学的博士研究生李某早晨去学校上课，经过教学楼的大厅时，因地面湿滑摔倒受伤，李某可以依据《民法典》第1198条第1款的规定要求作为该公共场所管理人的A大学承担违反安全保障义务的侵权责任。

其次，不完全民事行为能力人在教育机构学习生活期间遭受的损害是人身损害，即因生命权、身体权或健康权被侵害而遭受的损害，如死亡、残疾或受伤。只有人身损害才能适用《民法典》第1199—1201条的规定。曾有观点认为，将教育机构的侵权责任限制在人身损害的情形是法律的漏洞，应通过类推适用的方法将这些规定适用于学生的财产损害。① 实际上这是对法律规范目的的误解。因为，《民法典》之所以单独规定教育机构侵权责任，就是为了更好地保护无民事行为能力人、限制民事行为能力人的人身安全。至于无民事行为能力人、限制民事行为能力人在学习生活期间的财产遭受损害，一则发生的相对较少，二则即便有，也完全可以通过相应的侵权法律规范加以解决，无须特别规定。例如，C小学三年级学生张某带了一部手机到学校。课间休息时，张某与同学李某因玩手机游戏发生争执，李某一怒之下将张某的手机摔坏。对张某的财产损失，依据《民法典》第1188条的规定，应由李某的监护

---

① 王利明、周友军、高圣平：《中国侵权责任法教程》，人民法院出版社2010年版，第447页。

人承担侵权责任。

（二）侵权人是幼儿园、学校或者其他教育机构以外的第三人

所谓幼儿园、学校或者其他教育机构以外的第三人，是指幼儿园、学校或者其他教育机构的教师、学生和其他工作人员以外的人员。[①] 也就是说，要排除以下人员：第一，教育机构自身的工作人员，如教师、职工等以及因劳务派遣而由教育机构进行管理的工作人员（如保安、保洁人员等）；第二，在教育机构学习、生活的无民事行为能力人、限制民事行为能力人，即学生。第一类人员在工作中对在校学习、生活的不完全民事行为能力人实施了侵权行为，构成用人者责任的，适用《民法典》第1191条的规定；不构成用人者责任的，应当由这些人员承担侵权责任。第二类人员实施侵权行为的，如课间玩耍时小学生张某将小学生李某撞伤，则应当适用监护人责任（《民法典》第1188条第1款）；如果教育机构没有尽到教育、管理职责，则适用《民法典》第1199条或第1200条，这属于教育机构的直接侵权责任。实践中，幼儿园、学校或者其他教育机构以外的第三人实施侵权行为造成不完全民事行为能力人人身损害的情形，有学校组织学生外出游玩发生交通事故、犯罪分子为报复社会而进入教育机构行凶等。

（三）教育机构没有尽到管理职责

第三人实施侵权，造成无民事行为能力人、限制民事行为能力人的人身损害的，该第三人作为侵权人，是第一位的责任人，其当然要承担侵权责任。教育机构只有在没有尽到管理职责时，才需要承担相应的补充责任。教育机构所承担的此种管理职责，在性质上与《民法典》第1198条第2款规定的经营者、管理者或组织者预防或制止第三人侵权的安全保障义务相似，但要更重。因为该管理职责旨在保护无民事行为能力人、限制民事行为能力人的人身安全，而不是如同第1198条第2款那

① 黄薇主编：《中华人民共和国民法典侵权责任编解读》，中国法制出版社2020年版，第151页。

样适用于全部的自然人（无论是否为不完全民事行为能力人）的人身安全和财产安全的保护。实践中，各地区经济社会发展不平衡，各级各类学校、幼儿园的条件也存在很大差别。法院应根据案件的具体情况，依据受害人的年龄、损害发生的时间、实施侵权行为的第三人、教育机构的种类与管理模式、此前是否发生过类似事件等因素，对教育机构是否尽到管理职责进行综合考量。

三、未尽到管理职责的教育机构应当承担相应的补充责任

依据《民法典》第 1201 条的规定，第三人侵权造成在教育机构学习生活的不完全民事行为能力人的人身损害的，由第三人承担侵权责任，教育机构承担相应的补充责任。首先，由第三人承担侵权责任中的“由”字就表明了，第三人是首要的、第一位的侵权责任人，其需要承担全部的侵权责任。

其次，教育机构承担的是相应的补充责任。教育机构承担的是“补充责任”，而非连带责任或按份责任。补充责任就意味着教育机构实际上享有类似一般保证人的先诉抗辩权，即应当由实施侵权行为的第三人就受害人的损害承担侵权责任。如果该人已经全部承担了侵权责任，则教育机构就不需要再承担侵权责任。只有第三人下落不明或者没有赔偿能力而无力承担全部侵权责任时，教育机构才负补充责任，即第二位的赔偿责任。之所以如此规定，一方面，是考虑到毕竟对不完全民事行为能力人实施侵权行为的是第三人，而非教育机构，即便教育机构未尽到管理责任，也只是造成损害发生的条件或间接原因，不能将其与第三人的侵权行为加以混淆。另一方面，即便第三人下落不明或者没有赔偿能力而无法承担全部的侵权责任，教育机构要承担的也不是全部的补充责任，而仅承担“相应”的补充责任。这是因为，如果一旦实施侵权行为的第三人下落不明、无法确认或没有赔偿能力，没有尽到管理职责的教育机构就必须承担兜底性的、全部的补充责任，实际上就等于教育机构替代了第三人承担了全部的赔偿责任。这对于教育机构来说是不合理的，法律规定的“补充责任”也就没有任何意义了。所谓相应的补充责任究竟是多少，主要是考虑教育机构的过错程度，即没有尽到管理职责的程度。此外，还可以适当考虑原因力、教育机构的经济状况、被侵权人的经济状况等多种因素，公平合理地加以确定。

尽管上述理论对教育机构的“相应的补充责任”的分析很清楚，但是司法实践中如何操作，尤其是法院在判决后如何执行，是一个需要解决的现实问题。有鉴于此，《民法典侵权责任编解释（一）》第 14 条第 1 款作出了规定，即“无民事行为能力人或者限制民事行为能力人在幼儿园、学校或者其他教育机构学习、生活期间，受到教育机构以外的第三人人身损害，第三人、教育机构作为共同被告且依法应承担侵权责任的，人民法院应当在判决中明确，教育机构在人民法院就第三人的财产依法强制执行后仍不能履行的范围内，承担与其过错相应的补充责任”。从这一规定可知，司法解释实际上赋予了没有尽到管理职责的教育机构类似一般保证人的先诉抗辩权，即教育机构只有在法院就第三人的财产依法强制执行后仍不能履行的范围内才承担与其过错相应的补充责任。所谓“与其过错相应”就是指要考虑教育机构没有尽到管理职责的程度。

四、诉讼主体问题

不完全民事行为能力人在教育机构学习生活期间被第三人侵权而遭受人身损害的，其可以仅起诉第三人，而不起诉教育机构，法院也不能追加教育机构为共同被告；但是，被侵权人是有可能仅起诉教育机构，而没有将第三人作为共同被告的。如果允许被侵权人这样做，一则不利于查明案件事实，解决侵权纠纷；二则有违法律的规定，因为《民法典》第 1201 条规定的是教育机构即便没有尽到管理职责，也只是承担相应的补充责任。被侵权人通过自己对被告的选择，实际上将教育机构的责任变为第一位责任，这显然是不可以的。因此，《民法典侵权责任编解释（一）》第 14 条第 2 款规定：“被侵权人仅起诉教育机构的，人民法院应当向原告释明申请追加实施侵权行为的第三人为共同被告。”考虑到实践中还存在第三人不明确的情形，《民法典侵权责任编解释（一）》第14条第3款还规定：“第三人不确定的，未尽到管理职责的教育机构先行承担与其过错相应的责任；教育机构承担责任后向已经确定的第三人追偿的，人民法院依照民法典第一千二百零一条的规定予以支持。”也就是说，在无法确定实际实施侵权行为的教育机构以外的第三人时，法院无法先行判令第三人承担侵权责任并对其强制执行，并在强制执行后仍不能履行的部分要求教育机构承担与其过错相应的补充责任。这是因为，在无法确定实施侵权行为的第三人时，相应的补充责任中的“补充性”就自然消失，转而成为“相应的责任”。这一点类似于《民法典》第687条第2款所规定的先诉抗辩权消失的情形中的第1项“债务人下落不明，且无财产可供执行”。当出现这种情形时，一般保证人也会丧失先诉抗辩权，从而使得一般保证转为连带责任保证。就侵权法中的相应的补充责任也是一样。因此，只能由未尽到管理职责的教育机构先行承担与其过错相应的责任。但是，在教育机构承担责任后，确定了第三人的，教育机构可以起诉该第三人进行追偿，此时依据的是《民法典》第1201条的规定。

◆ 疑点与难点

一、教育机构对第三人的追偿权

《民法典》第1201条改变了《侵权责任法》的规定，允许承担补充责任的教育机构可以向实施侵权人的第三人进行追偿。在《民法典》编纂中，就是否应当允许教育机构向第三人追偿，曾经存在争论。一种观点认为，教育机构既然是在没有尽到管理职责的情形下，才需要承担相应的补充责任，那么他们就是为自己的过错承担责任，而且承担的也是与自己的过错相应的责任，因此，不存在向第三人追偿的问题。另一种观点认为，第三人作为侵权人向被侵权人承担的赔偿责任与教育机构就自己没有尽到管理职责的过错承担的赔偿责任不是处于同一层次的，故而构成的是不真正连带责任，承认教育机构对第三人的追偿权符合不真正连带责任的法理。同时，也有利于避免司法中的争议，更好地保障不完全民事行为能力人的健康成长。立法机关最终采取了第二种观点。①

二、《民法典侵权责任编解释（一）》第 14 条第 1 款与第 5 条第 1 款的区别

《民法典侵权责任编解释（一）》第 5 条第 1 款规定，无民事行为能力人、限制民事行为能力人造成他人损害，被侵权人请求监护人承担侵权人应承担的全部责任的，人民法院应予支持，并在判决中明确，赔偿费用可以先从被监护人财产中支付，不足部分由监护人支付。这一规定与该司法解释第 14 条第 1 款有所不同。因为按照第 14 条第 1 款的规定，法院在判决中必须明确的是"教育机构在人民法院就第三人的财产依法强制执行后仍不能履行的范围内，承担与其过错相应的补充责任"。这实际上是赋予了教育机构类似一般保证人的先诉抗辩权一样的权利。然而，《民法典侵权责任编解释（一）》第 5 条第 1 款并未规定必须对有财产的被监护人的财产依法强制执行后仍不能履行的部分才由监护人承担责任，而只是规定赔偿费用可以先从有财产的被监护人财产中支付。之所以如此规定，是因为《民法典》第 1188 条并未确定监护人的补充赔偿责任，而只是规定了赔偿费用的支付顺序。但是，《民法典》第 1201 条确定了教育机构的相应的补充责任。

◆ 相关规定

《中华人民共和国民法典》

第一千二百零一条 无民事行为能力人或者限制民事行为能力人在幼儿园、学校或者其他教育机构学习、生活期间，受到幼儿园、学校或

---

① 黄薇主编：《中华人民共和国民法典侵权责任编解读》，中国法制出版社 2020 年版，第 153 页。

者其他教育机构以外的第三人人身损害的，由第三人承担侵权责任；幼儿园、学校或者其他教育机构未尽到管理职责的，承担相应的补充责任。幼儿园、学校或者其他教育机构承担补充责任后，可以向第三人追偿。

第十五条 【用人单位责任的适用范围】

与用人单位形成劳动关系的工作人员、执行用人单位工作任务的其他人员，因执行工作任务造成他人损害，被侵权人依照民法典第一千一百九十一条第一款的规定，请求用人单位承担侵权责任的，人民法院应予支持。

个体工商户的从业人员因执行工作任务造成他人损害的，适用民法典第一千一百九十一条第一款的规定认定民事责任。

◆ 条文要旨

本条是有关用人单位责任的适用范围的规定。

◆ 理解与适用

一、本条的规范意旨

用人者责任，也称“雇主责任（Employer's Liability）”“辅助人责任（Gehilfenhaftung）”“使用人责任”“使用者责任”或“用人单位责任”，是指基于雇佣、劳务等法律关系而使用他人且对该他人享有管理控制力的民事主体（即用人者）就被使用的民事主体（被使用者）在从事雇佣活动或者提供劳务活动中给他人造成的损害或被使用者自身遭受的损害依法承担的侵权责任。用人者责任有广义、狭义之分（参见图1）。狭义的用人者责任，仅指被使用者因执行工作任务或提供劳务而给他人造成损害时，用人者依法应当承担的侵权责任。此种用人者责任属于替代责任（Vicarious Liability），即为他人的行为承担的侵权责任，既包括私法上的用人者责任，也包括公法上的用人者责任。前者如甲在为A公司运货物时将行人乙撞死，A公司为甲的侵权行为所承担用人者责任；后者如C市公安局警察张某为报复情敌李某，故意诬陷李某嫖娼，将之行政拘留。在我国，《民法典》第1191条、第1192条第1款第1句、第2句是对私法上的用人者责任的规定，而《国家赔偿法》则对公法上的用人者责任即国家赔偿责任作出了专门的规定。除狭义的用人者责任外，广义的用人者责任还包括被使用者因执行工作任务或提供劳务而自身遭受损害时，用人者依法应当承担的责任。例如，D公司的工作人员赵某去外地出差途中发生车祸受伤。再如，张某受王某雇佣，为其开出租车，每月报酬为400元。某晚，张某驾车时遭犯罪分子抢劫杀害。由于受害人张某是在从事受雇工作过程中受害的。因此，就涉及作为雇主的王某是否应当承担赔偿责任的问题。① 我国《民法典》第1192条第1款第3句和第2款规定了提供劳务一方因劳务遭受损害时，接受劳务一方的责任。至于用人单位工作人员因执行工作任务而遭受损害，构成工伤的，应当适用《社会保险法》《工伤保险条例》所建立的工伤保险赔偿制度。《民法典》第1191条对此未作规定。

① 张某甜等诉王某因张某甜之父张某明在受雇开车过程中被害请求损害赔偿案，载最高人民法院中国应用法学研究所编：《人民法院案例选》（总第51辑），人民法院出版社2005年版，第246页以下。

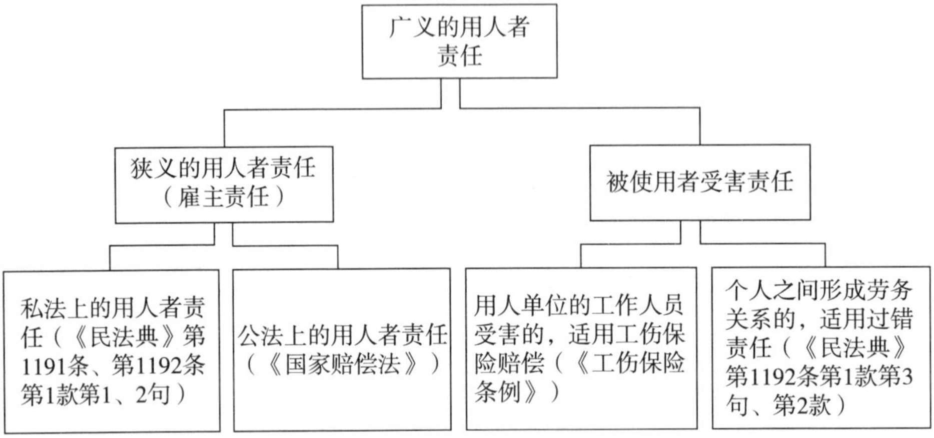

图1 用人者责任的类型

我国《民法典》采取了两个条文，即第1191条和第1192条对于狭义的用人者责任作了规定。其中，第1191条规定的是用人单位责任，即用人单位对其工作人员因执行工作任务造成他人损害所承担的侵权责任。该条第1款规定的是普通的用人单位责任，第2款则是对劳务派遣时用工单位与劳务派遣单位的侵权责任的规定。第1192条第1款第1句和第2句是对接受劳务一方的侵权责任的规定，即个人之间形成劳务关系的，提供劳务一方因劳务而给他人造成损害时，接受劳务一方应当承担侵权责任。从归责原则的角度来看，用人单位就其工作人员因执行工作任务给他人造成的损害承担的是无过错责任，而接受劳务的一方就提供劳务的一方因劳务给他人造成的损害承担的也是无过错责任，二者并无区别，立法上本无须分别规定，完全可以统一规定。例如《德国民法典》第831条第1款第1句规定："使用他人执行事务者，就该他人于执行事务所不法加于第三人之损害，负赔偿义务。"《瑞士债务法》第55条第1款规定："营业主，对于受雇人或其他辅助人因执行职务所致之损害，应负赔偿责任，但能证明依其情事，为避免发生损害，已为相当之注意，或者纵为相当之注意仍不免发生损害者，不在此限。"

我国《民法典》之所以将狭义的用人者责任区分为用人单位责任与

接受劳务一方的侵权责任，主要的原因就在于用人单位依法应当为工作人员投保工伤保险。因此，在工作人员因执行工作任务而遭受损害时，应当通过工伤保险赔偿制度得到补偿，而非针对用人单位提起侵权诉讼。但是，个人之间形成的劳务关系，不属于依法应当参加工伤保险统筹的情形，因此，接受劳务一方无须为提供劳务一方投保工伤保险。这样一来，倘若提供劳务的一方因劳务遭受损害，就只能请求接受劳务的一方承担侵权赔偿责任。因此，法律上就需要区分用人单位责任与接受劳务一方的责任。尤其是随着近年来我国经济的发展，个人之间形成劳务关系的情形越来越多，如保姆、家庭教师、钟点工等。有必要对于个人之间形成劳务关系，提供劳务一方因劳务遭受损害时，接受劳务一方的侵权责任作出规定。因此，早在起草《侵权责任法》时立法机关就明确区分了用人单位责任与个人之间形成劳务关系时的侵权责任，分别用两条作出了规定（第 34 条与第 35 条）。我国在编纂《民法典》时，延续并完善了《侵权责任法》的规定，在《民法典》第 1191 条和第 1192 条分别作出了规定。

在司法实践中，就《民法典》第 1191 条所规定的用人单位责任，存在的疑问是：用人单位的工作人员与用人单位之间可能是劳动关系或者劳务关系，是否都能适用《民法典》第 1191 条规定的用人单位责任？个体工商户的工作人员因执行工作任务造成他人损害的，是否能够适用《民法典》第 1191 条第 1 款规定的用人单位责任？《民法典侵权责任编解释（一）》第 15 条对这些问题作出了规定。

二、用人单位与工作人员的界定

《民法典》第 1191 条第 1 款规定：“用人单位的工作人员因执行工作任务造成他人损害的，由用人单位承担侵权责任。用人单位承担侵权责任后，可以向有故意或者重大过失的工作人员追偿。”要正确理解与适用这一条款，就必须准确地界定“用人单位”及其“工作人员”。

（一）用人单位的概念

“用人单位”是中国法上的独特概念，不少法律中都出现了这个概念，但是它们各自的范围却存在差异。例如，《工会法》第3条第1款规定的“用人单位”是对“在中国境内的企业、事业单位、机关、社会组织”的统称；《劳动法》第2条第1款中的“用人单位”是指“在中华人民共和国境内的企业、个体经济组织”；《劳动合同法》第2条第1款中的“用人单位”，是指我国境内的企业、个体经济组织、民办非企业单位等组织。我国《民法典》第1191条第1款也使用了“用人单位”一词，对于该词所指的范围，有不同的看法。一种观点认为，《民法典》该款的用人单位既包括企业、事业单位、国家机关、社会团体等，也包括个体经济组织等。① 另一种观点认为，用人单位是我国劳动法上特有的概念，也是劳动法律关系的主体，具有独特的内涵与外延。在劳动法领域中，用人单位是指法律允许招用和使用劳动力的单位和组织，包括我国境内的企业、个体经济组织、民办非企业单位，还包括国家机关、事业单位、社会团体以及各种合伙组织和基金会。但是，国家机关、事业单位和社会团体只有在与劳动者订立、履行、变更、解除或者终止劳动合同时，才被称为“用人单位”。对于正式在编的公务员和参照《公务员法》管理的工作人员来讲，因他们不属于《劳动合同法》的调整范围，所以就他们而言，其所在的国家机关、事业单位就不能被称为用人单位。②

笔者认为，《民法典》第1191条中的“用人单位”的涵义很广，它是与《民法典》第1192条中的“个人”即自然人相对应的概念，也就是说，除了自然人之外的一切组织，都是该条意义上的用人单位。至于有无法人资格，是营利法人、非营利法人还是特别法人，是国有单位还

① 黄薇主编：《中华人民共和国民法典侵权责任编解读》，中国法制出版社2020年版，第110页。

② 最高人民法院侵权责任法研究小组：《〈中华人民共和国侵权责任法〉条文理解与适用》，人民法院出版社2010年版，第245页。

是私营企业等，均在所不问。具体而言，《民法典》第1191条中的用人单位包括两类：其一，具有法人资格的用人单位，包括营利法人（有限责任公司、股份有限公司等）、非营利法人（事业单位法人、社会团体法人、基金会、社会服务机构、捐助法人等）、特别法人（机关法人、农村集体经济组织法人、城镇农村的合作经济组织法人、基层群众性自治组织法人）。其二，不具有法人资格的用人单位，包括非法人组织（个人独资企业、合伙企业、不具有法人资格的专业服务机构）、法人的分支机构（分公司）、个体工商户等。

我国《民法典》在总则编的第二章“自然人”中对个体工商户进行了规定，这就表明，无论是个人经营还是家庭经营的个体工商户，它们都既不是法人组织，也不是非法人组织。国务院颁布的《市场主体登记管理条例》第2条规定，市场主体是指在中华人民共和国境内以营利为目的从事经营活动的下列自然人、法人及非法人组织：（1）公司、非公司企业法人及其分支机构；（2）个人独资企业、合伙企业及其分支机构；（3）农民专业合作社（联合社）及其分支机构；（4）个体工商户；（5）外国公司分支机构；（6）法律、行政法规规定的其他市场主体。显然，依据该条例的界定，作为市场主体（即商事主体）的个体工商户，是指以营利为目的从事经营活动的自然人。

既然个体工商户在主体性质上属于自然人，而非法人或非法人组织，那么个体工商户的雇工与个体工商户之间不就是“个人之间形成劳务关系”吗？如果雇工给他人造成损害，是否就应当适用《民法典》第1192条第1款第1句？对此的回答是否定的，因为依据我国《劳动法》和《劳动合同法》的规定，个体工商户与雇工之间的关系为劳动关系而非劳务关系，需订立劳动合同。《劳动法》第2条第1款规定：“在中华人民共和国境内的企业、个体经济组织（以下统称用人单位）和与之形成劳动关系的劳动者，适用本法。”《劳动合同法》第2条第1款规定：“中华人民共和国境内的企业、个体经济组织、民办非企业单位等组织

(以下称用人单位)与劳动者建立劳动关系，订立、履行、变更、解除或者终止劳动合同，适用本法。”上述两款规定中的“个体经济组织”是指雇工七人以下的个体工商户。①《工伤保险条例》第2条规定：“中华人民共和国境内的企业、事业单位、社会团体、民办非企业单位、基金会、律师事务所、会计师事务所等组织和有雇工的个体工商户（以下称用人单位）应当依照本条例规定参加工伤保险，为本单位全部职工或者雇工（以下称职工）缴纳工伤保险费。中华人民共和国境内的企业、事业单位、社会团体、民办非企业单位、基金会、律师事务所、会计师事务所等组织的职工和个体工商户的雇工，均有依照本条例的规定享受工伤保险待遇的权利。”因此，无论是个人经营还是家庭经营的个体工商户，只要有雇工的，就必须为其缴纳工伤保险费，一旦雇工因执行工作任务遭受人身损害，就依据《社会保险法》《工伤保险条例》享受工伤保险待遇。当雇工因执行工作任务给他人造成损害时，自然也应当适用的是《民法典》第1191条第1款的规定。换言之，雇工与个体工商户的关系属于《民法典》第1191条第1款规定的“工作人员”与“用人单位”之间的关系，而非《民法典》第1192条中“个人之间形成劳务关系”的情形。为明确这一点，《民法典侵权责任编解释（一）》第15条第2款规定：“个体工商户的从业人员因执行工作任务造成他人损害的，适用民法典第一千一百九十一条第一款的规定认定民事责任。”

（二）工作人员

用人单位责任中的工作人员，是指被纳入了用人单位的组织之内、服从用人单位的指示并受其管理控制的自然人。②就我国《民法典》第1191条第1款所规定的“用人单位的工作人员”而言，其范围很广泛，不限于与用人单位之间存在劳动关系的工作人员，还包括存在其他关系

---

① 信春鹰主编：《中华人民共和国劳动合同法释义》，法律出版社2007年版，第6页。

② 雇主责任中的受雇人不限于自然人，也可以包括法人、非法人组织。但是，《民法典》第1191条使用的是“工作人员”，就将法人、非法人组织被雇佣的情形排除在外了。

的工作人员，具体阐述如下：

1. 与用人单位存在劳动关系的工作人员。此类工作人员已被纳入用人单位的组织体内，要服从用人单位的指示和命令（《劳动法》第3条第2款、《劳动合同法》第3条第2款）。所谓劳动关系，是指劳动者与用人单位在实现劳动过程中建立的社会关系。只要劳动者实际提供了劳动，用人单位实际用工，就建立了劳动关系，因此，明确劳动关系的唯一标准是实际提供劳动。[①] 用人单位与实际提供劳动的劳动者是否签订书面的劳动合同，在所不问。也就是说，即便没有签订书面劳动合同，但是已经实际提供劳动了，那么劳动关系就已经产生了。这些用人单位包括企业、民办非企业单位、社会团体、基金会、律师事务所、会计师事务所等组织以及有雇工的个体工商户。此外，国家机关以及参照《公务员法》管理的事业单位也常常会通过订立劳动合同来雇佣一些工勤人员。

2. 与用人单位存在其他关系的工作人员。这些工作人员与用人单位之间并非劳动关系，但是仍然可以纳入《民法典》第1191条第1款所规定的用人单位的工作人员，其因执行工作任务造成他人损害的，应当由用人单位承担侵权责任。这些工作人员包括以下三类：

其一，公务员和参照《公务员法》管理的工作人员。所谓公务员是指依法履行公职、纳入国家行政编制、由国家财政负担工资福利的工作人员（《公务员法》第2条第1款）。公务员与国家机关之间的关系并非劳动关系。依据《公务员法》第40条第1款的规定，公务员领导职务实行选任制、委任制和聘任制。公务员职级实行委任制和聘任制。此外，法律、法规授权的具有公共事务管理职能的事业单位中除工勤人员以外的工作人员经批准参照《公务员法》进行管理的，与事业单位的关系也不是劳动关系。因此，当公务员以及参照《公务员法》管理的工作人员

---

① 信春鹰主编：《中华人民共和国劳动合同法释义》，法律出版社2007年版，第25页。

因执行机关或单位的工作任务造成他人损害，但又不属于《国家赔偿法》规定的“侵犯公民、法人和其他组织合法权益的情形”时，就应当适用《民法典》第1191条第1款规定的用人单位责任，由该公务员所属的机关或者由该参照《公务员法》管理的工作人员所在的事业单位承担侵权责任。例如，A公安局的干警张某驾驶警车前往外地办案时，发生交通事故撞伤行人李某。这种情形显然不属于《国家赔偿法》第3条规定的行政机关及其工作人员在行使行政职权时侵犯人身权的情形，因此，受害人李某可以依据《民法典》第1191条第1款要求A公安局承担用人单位责任。

其二，与用人单位存在聘用合同的工作人员。依据《事业单位人事管理条例》的规定，事业单位与其工作人员之间签订的是聘用合同而非劳动合同。如果事业单位的工作人员执行工作任务造成他人损害，同样应当适用《民法典》第1191条第1款的规定，而非第1192条。例如，A大学的教授张某为本科生上课，在带着学生做实验的过程中因操作不慎发生爆炸，导致学生李某受伤。此时，张某的行为是在进行教学活动，属于执行工作任务，由此造成的损害当然也适用用人单位责任，由A大学承担侵权责任。

其三，与用人单位存在劳务关系的其他人员。如前所述，因为涉及工作人员因执行工作任务而遭受人身损害需要适用《社会保险法》《工伤保险条例》所规定的工伤保险制度，所以，《民法典》第1191条和第1192条分别对于用人单位及其工作人员与个人之间形成劳务关系这两种情形下的侵权责任问题作出了规定。然而，实践中还存在用人单位与个人之间形成劳务关系的情形。例如，张某原为某国企A公司的高级工程师，在达到法定退休年龄后退休，考虑到其业务能力非常强，A公司返聘张某担任公司的技术顾问。在此种情形下，张某因为退休，所以与A公司的劳动合同关系终止。《最高人民法院关于审理劳动争议案件适用法律问题的解释（一）》第32条第1款规定：“用人单位与其招用的已经依法享受养老保险待遇或者领取退休金的人员发生用工争议而提起诉讼的，人民法院应当按劳务关系处理。”因此，张某与A公司之间属于劳务关系。如果张某在执行A公司的工作任务时造成他人损害，虽然其与A公司是劳务关系，但无法适用《民法典》第1192条第1款的规定，因为A公司是法人，而非个人。此时，仍然应当适用的是《民法典》第1191条第1款的规定。

为了明确用人单位的侵权责任，不要求用人单位与工作人员之间必须有劳动关系，《民法典侵权责任编解释（一）》第15条第1款规定：“与用人单位形成劳动关系的工作人员、执行用人单位工作任务的其他人员，因执行工作任务造成他人损害，被侵权人依照民法典第一千一百九十一条第一款的规定，请求用人单位承担侵权责任的，人民法院应予支持。”该款中“执行用人单位工作任务的其他人员”就是指那些与用人单位虽然不存在劳动关系，但也属于执行用人单位工作任务的其他工作人员，即上文所述的公务员和参照《公务员法》管理的工作人员、与用人单位存在聘用合同的工作人员、与用人单位存在劳务关系的工作人员。

◆ 疑点与难点

一、与用人单位形成劳务关系的个人遭受损害时的责任问题

在个人与用人单位之间形成劳务关系时，如退休的返聘人员，单位临时找来干活的人等，如果个人因执行工作任务而遭受人身损害，应当如何处理？在《民法典》颁布之前，这个问题很好解决。因为最高人民法院在2003年公布的《人身损害赔偿解释》第11条曾规定：“雇员在从事雇佣活动中遭受人身损害，雇主应当承担赔偿责任。雇佣关系以外的第三人造成雇员人身损害的，赔偿权利人可以请求第三人承担赔偿责任，也可以请求雇主承担赔偿责任。雇主承担赔偿责任后，可以向第三人追偿。雇员在从事雇佣活动中因安全生产事故遭受人身损害，发包人、

分包人知道或者应当知道接受发包或者分包业务的雇主没有相应资质或者安全生产条件的，应当与雇主承担连带赔偿责任。属于《工伤保险条例》调整的劳动关系和工伤保险范围的，不适用本条规定。”如果依据这一规定，那么接受劳务的用人单位就需要为提供劳务的个人所遭受的人身损害承担无过错责任。但是，《民法典》颁布后，最高人民法院在2020年修正《人身损害赔偿解释》时删除了这一规定。

目前司法实践中对为用人单位提供劳务的个人因执行工作任务而遭受人身损害的赔偿问题，有两种观点：一种观点认为，既然法律和司法解释都没有特别规定，那么就应当适用侵权法的基本归责原则即《民法典》第1165条第1款规定的过错责任，如果用人单位对于提供劳务的个人所遭受的人身损害存在过错，就应当承担侵权责任，否则无须承担责任。另一种观点认为，适用过错责任对于受害人不利，这些个人与那些和用人单位存在劳动关系的个人做相同的工作，适用同样的劳动纪律和规章制度，为什么在发生人身损害时对前者适用过错责任，而后者适用工伤保险赔偿，这显然是不公平的。因此，应当类推工伤保险的规定。[①]但是，类推适用工伤保险也存在很大的障碍，因为工伤保险的适用以存在劳动关系为前提。笔者认为，在用人单位与个人之间区分所谓劳动关系和劳务关系的意义不大，为了加强对劳动者的保护，即便个人与用人单位之间形成劳务关系，在个人因执行工作任务而遭受人身损害时，也可以参照《工伤保险条例》的规定，适用工伤保险赔偿。

二、用人单位与工作人员是否需要承担连带责任

从比较法上来看，当用人单位的工作人员因执行工作任务造成他人损害时，究竟是只有用人单位承担责任，还是用人单位与工作人员一起向被侵权人承担连带责任，有不同的规定。在欧洲的许多国家，以往的

① 沈鸿伟：《民法典时代，个人与单位之间形成劳务关系，提供劳务一方因劳务自己受到损害的，如何适用法律?》，载微信公众号“民商裁判实务”2021年6月27日，https：//mp. weixin. qq. com/s/2nHhcl73RVkga1mLes-f7A。

观点认为，雇主责任是次要的、间接的责任。其主要目的是保护受害人的利益，而非使那些有过错的雇员可以免除个人的责任。因此，受害人既可以要求雇员承担责任，也可以要求雇主与雇员承担连带责任。但新的发展趋势是，雇主的责任不再是次要的、派生的责任，而是首要的、直接的责任，因为雇主从雇员为其从事的工作中获得了利益，并且因为这种工作雇员才被置于加害人的地位。① 例如，在法国和西班牙，公务员被免除所有的个人责任，而在私法领域，法国最高法院2000年2月25日的判例认为，“当职员的行为没有超越雇主对其规定之任务的界限时，并不引起职员对第三人的责任”。②

我国也有学者主张，应当由用人者与被使用者承担连带赔偿责任，理由在于：首先，雇主责任设立的根本目的是保护受害人的利益，实践中，雇佣包括长期雇佣、短期雇佣和临时雇佣，如固定工、临时工、合同工、钟点工等，并非雇主的经济实力都强于其雇员，这种情况下，向雇员追偿可能更能够实现其侵权损害赔偿责任。尤其是在作为雇主的法人已经完成破产清算，或者雇主难以找寻的情况下，不允许直接追究雇员的责任，将使受害人的利益无法得到保护。其次，雇员为侵权行为的直接行为人，其行为业已符合侵权行为的构成要件，本应承担侵权责任。因此，不能因其雇主替代其承担责任就认为其已经被免除侵权责任。再次，民法强调每个人是自己利益的最佳判断者，因此，在雇主责任问题上，即便法律没有规定雇主和雇员的连带责任，从解释上也应当允许受害人在雇主和雇员之间进行选择，以最为便捷、充分地实现自己的侵权赔偿请求权。最后，即便不直接规定雇主与雇员的连带责任，在承认雇主责任的情况下，受害人对于雇主和雇员分别依据雇主责任以及雇员对其侵权行为的责任而同时享有两个请求权。在此种情况下，对于受害人

---

① ［荷］J. 施皮尔主编：《侵权法的统一：对他人造成的损害的责任》，梅夏英、高圣平译，法律出版社2009年版，第403页。

② 罗结珍译：《法国民法典》（下册），法律出版社2005年版，第1110页。

的损害，雇主和雇员构成不真正连带责任。受害人完全可以在要求雇主承担全部责任和要求雇员承担全部责任之间进行选择，但其只能选择其一追究，实现其中的一个责任，另一责任也随之消灭。在《民法典》编纂之前，2003 年颁布的《人身损害赔偿解释》第 9 条第 1 款第 1 句规定，原则上雇主单独承担赔偿责任，但是，雇员因故意或者重大过失致人损害时，须与雇主承担连带赔偿责任。

然而，《民法典》第 1191 条和第 1192 条只是规定，由用人单位或接受劳务一方承担侵权责任，但是可以向有故意或重大过失的工作人员或提供劳务一方追偿。笔者认为，《民法典》的规定是非常合理的。要求用人者与被使用者负连带责任，既不符合报偿责任原理，也不利于被使用者更好地服务于用人者。申言之，基于报偿责任原理，用人单位的工作人员的职务行为是为了用人单位的利益，因此工作人员职务行为的风险也应当归于利益的享有者即用人单位。在通常情况下，作为经营者的用人单位资力更为雄厚，也更有能力通过保险或者将赔偿费用纳入成本来提高商品或服务的价格，从而将损害转嫁到全社会，进而分担职务行为致害的风险。如果不作区分而一概认为用人单位与工作人员承担连带责任，将导致工作人员的责任过重，尤其是在工作人员因轻微过失而致害他人时，连带赔偿责任的存在可能使得其因面临巨额赔偿而倾家荡产，同样的数额对于作为大企业的雇主却只是九牛一毛。因此，有必要对工作人员向被侵权人所负的直接责任加以适当的限制。《民法典》第 1191 条第 1 款第 2 句规定，用人单位承担侵权责任后，可以向有故意或者重大过失的工作人员追偿。是否追偿，可以由用人单位自行决定。需要注意的是，《民法典》第 1191 条第 1 款的规定是作为民事基本法的规定，它并不排除特别法规定用人单位与工作人员向被侵权人承担连带责任的一些特殊情形。

三、用人单位责任中应否需要区分法定代表人与其他工作人员的侵权责任

法人的代表人，在我国法上被称为“法定代表人”，是指依照法律或者法人章程的规定，代表法人从事民事活动的负责人（《民法典》第61条第1款）。例如，我国《公司法》第10条第1款规定："公司的法定代表人按照公司章程的规定，由代表公司执行公司事务的董事或者经理担任。"从广义上说，法定代表人也是法人的工作人员，但是，法定代表人和其他工作人员最大的区别在于：法定代表人属于法人的组成部分，其与法人之间是代表与被代表的关系，二者是一体的。法人的其他工作人员可以与法人之间形成代理关系，但绝非代表关系。《民法典》第61条第2款规定："法定代表人以法人名义从事的民事活动，其法律后果由法人承受。"《公司法》第11条第1款也规定："法定代表人以公司名义从事的民事活动，其法律后果由公司承受。"应当说，《民法典》和《公司法》的这两个规定，主要是从法定代表人对外代表法人实施民事法律行为而产生的权利、义务以及责任由谁承受的角度而作出的规定。

《民法典》第62条第1款还专门对法定代表人实施侵权行为造成他人损害的侵权责任作出了规定，即："法定代表人因执行职务造成他人损害的，由法人承担民事责任"。《公司法》第11条第3款第1句也规定："法定代表人因执行职务造成他人损害的，由公司承担民事责任。"显然，无论是《民法典》还是《公司法》都将法定代表人执行职务时的侵权行为当作法人本身实施的侵权行为，故此，当然要由法人直接承担民事责任。[①] 这里并不存在一个法人替代法定代表人承担侵权责任的问题，更不存在法人和法定代表人要承担连带责任的情形。[②] 至于法定代表人之外的法人的其他工作人员因执行工作任务造成他人损害的，法人作为用人单位也应当承担侵权责任，适用《民法典》第1191条第1款的规定。

---

① 参见黄薇主编：《中华人民共和国民法总则编解读》，中国法制出版社2020年版，第185页；王瑞贺主编：《中华人民共和国公司法释义》，法律出版社2024年版，第20—21页。

② 这一点与我国台湾地区的"民法"规定不同。我国台湾地区"民法"第28条规定："法人对于其董事或其他有代表权之人因执行职务所加于他人之损害，与该行为人连带负赔偿之责任。"之所以规定连带赔偿责任的目的在于促使法人加强对其代表人行为之控制。

需要注意的是，无论是法定代表人还是法人的其他工作人员，在因执行工作任务造成他人损害时，法人承担侵权责任后都有权向法定代表人或者其他工作人员追偿，但是，二者追偿的要件有所不同。《民法典》第 62 条第 2 款规定："法人承担民事责任后，依照法律或者法人章程的规定，可以向有过错的法定代表人追偿。"《公司法》第 11 条第 3 款第 2 句规定："公司承担民事责任后，依照法律或者公司章程的规定，可以向有过错的法定代表人追偿。"但是，《民法典》第 1191 条第 1 款第 2 句规定："用人单位承担侵权责任后，可以向有故意或者重大过失的工作人员追偿。"也就是说，只要法律没有规定或者法人章程没有规定，法人（以及公司）不得在承担侵权责任后向法定代表人追偿。但是，当法定代表人之外的其他工作人员因执行工作任务造成他人损害的，法人在承担侵权责任后，可以向存在故意或者重大过失的工作人员追偿，无论公司章程中是否有规定。此外，如果法律或者法人章程规定了法人可以对法定代表人进行追偿，则这种追偿不限于法定代表人必须存在故意或者重大过失，例如章程可以规定法定代表人具有一般过失时，公司也可以对其追偿。但是，法人等用人单位对于其他工作人员的追偿，则仅限于该工作人员存在故意或者重大过失的情形，不得通过章程或者约定改变法律的此种规定。

◆ 相关规定

《中华人民共和国民法典》

第一千一百九十一条 用人单位的工作人员因执行工作任务造成他人损害的，由用人单位承担侵权责任。用人单位承担侵权责任后，可以向有故意或者重大过失的工作人员追偿。

劳务派遣期间，被派遣的工作人员因执行工作任务造成他人损害的，由接受劳务派遣的用工单位承担侵权责任；劳务派遣单位有过错的，承担相应的责任。

第十六条 【劳务派遣中用人单位和用工单位之间的责任形态】

劳务派遣期间，被派遣的工作人员因执行工作任务造成他人损害，被侵权人合并请求劳务派遣单位与接受劳务派遣的用工单位承担侵权责任的，依照民法典第一千一百九十一条第二款的规定，接受劳务派遣的用工单位承担侵权人应承担的全部责任；劳务派遣单位在不当选派工作人员、未依法履行培训义务等过错范围内，与接受劳务派遣的用工单位共同承担责任，但责任主体实际支付的赔偿费用总和不应超出被侵权人应受偿的损失数额。

劳务派遣单位先行支付赔偿费用后，就超过自己相应责任的部分向接受劳务派遣的用工单位追偿的，人民法院应予支持，但双方另有约定的除外。

◆ 条文要旨

本条是有关劳务派遣中用人单位和用工单位之间如何承担侵权责任的规定。

◆ 理解与适用

一、本条的规范意旨

劳务派遣，也称“人力派遣”或“劳动派遣”，是指劳务派遣单位与接受劳务派遣的单位签订劳务派遣协议，由前者将其工作人员派往后者，令其服从后者的指挥并在该单位监督下提供劳动的情形。《民法典》

第 1191 条第 2 款对于劳务派遣中的用工单位和用人单位的侵权责任问题作出了规定。依据该款，劳务派遣期间，被派遣的工作人员因执行工作任务造成他人损害的，由接受劳务派遣的用工单位承担侵权责任；劳务派遣单位有过错的，承担相应的责任。实践中，作为劳务派遣单位的用人单位与接受劳务派遣的用工单位如何向被侵权人承担侵权责任以及二者之间能否互相追偿等问题，有不同的认识。因此，《民法典侵权责任编解释（一）》第 16 条作出了规定。

二、劳务派遣中的三方法律关系

劳务派遣关系中存在三方主体，即劳务派遣单位、被派遣的工作人员及接受劳务派遣的单位（参见图 2）。其中，劳务派遣单位与被派遣的工作人员之间是劳动关系，双方要订立 2 年以上的固定期限劳动合同，劳务派遣单位是被派遣工作人员的“用人单位”。《劳动合同法》第 58 条规定：“劳务派遣单位是本法所称用人单位，应当履行用人单位对劳动者的义务。劳务派遣单位与被派遣劳动者订立的劳动合同，除应当载明本法第十七条规定的事项外，还应当载明被派遣劳动者的用工单位以及派遣期限、工作岗位等情况。劳务派遣单位应当与被派遣劳动者订立二年以上的固定期限劳动合同，按月支付劳动报酬；被派遣劳动者在无工作期间，劳务派遣单位应当按照所在地人民政府规定的最低工资标准，向其按月支付报酬。”

劳务派遣单位与接受劳务派遣的单位之间存在劳务派遣关系。《劳动合同法》第 59 条第 1 款规定：“劳务派遣单位派遣劳动者应当与接受以劳务派遣形式用工的单位（以下称用工单位）订立劳务派遣协议。劳务派遣协议应当约定派遣岗位和人员数量、派遣期限、劳动报酬和社会保险费的数额与支付方式以及违反协议的责任。”此外，依据该法第 60 条的规定，劳务派遣单位应当将劳务派遣协议的内容告知被派遣劳动者。劳务派遣单位不得克扣用工单位按照劳务派遣协议支付给被派遣劳动者的劳动报酬。劳务派遣单位和用工单位不得向被派遣劳动者收取费用。

被派遣的工作人员为接受劳务派遣的单位提供劳动，接受劳务派遣的单位是被派遣工作人员的“用工单位”。《劳动合同法》第62条第1款明确了用工单位应当履行下列义务：（1）执行国家劳动标准，提供相应的劳动条件和劳动保护；（2）告知被派遣劳动者的工作要求和劳动报酬；（3）支付加班费、绩效奖金，提供与工作岗位相关的福利待遇；（4）对在岗被派遣劳动者进行工作岗位所必需的培训；（5）连续用工的，实行正常的工资调整机制。此外，用工单位不得将被派遣劳动者再派遣到其他用人单位。

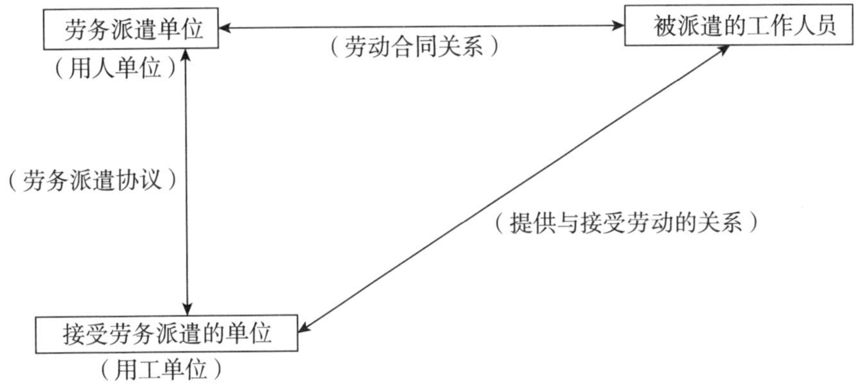

图2　劳务派遣中的法律关系示意图

三、劳务派遣单位承担的相应的责任

在劳务派遣期间，对于被派遣的工作人员进行指示、管理和监督即具有控制力的并不是作为用人单位的劳务派遣单位，而是作为用工单位的接受劳务派遣的单位。并且，被派遣的工作人员也是为了用工单位的利益而执行工作任务，因此，《民法典》第1191条第2款规定，当被派遣的工作人员因执行工作任务造成他人损害时，由接受劳务派遣的用工单位承担侵权责任。劳务派遣单位有过错的，承担相应的责任。从《民法典》这一规定可知，接受劳务派遣的用工单位对被侵权人承担的是全部的侵权责任，而劳务派遣单位只是在有过错时才承担相应的责任。劳务派遣单位的这种相应的责任是直接向被侵权人负担的责任，而非向接受劳务派遣单位承担的责任。

《民法典》第1191条第2款的规定与此前的《侵权责任法》有很大的不同。《侵权责任法》第34条第2款后半句规定的是“劳务派遣单位有过错的，承担相应的补充责任”。所谓“相应的补充责任”就意味着应由接受劳务派遣的单位即用工单位承担全部的赔偿责任。如果接受劳务派遣的单位已经承担了全部的赔偿责任，则劳务派遣单位无须再向被侵权人承担赔偿责任。而且，即便接受劳务派遣的用工单位无法承担全部的赔偿责任，也不意味着劳务派遣单位要兜底，而是根据过错承担相应的补充责任。这种规定显然对于劳务派遣单位十分优待。在我国《民法典》的编纂过程中，有的观点认为，劳务派遣单位的责任类型大致有两种：一是用工单位是第一顺位的责任人，劳务派遣单位是第二顺位的责任人。在用工单位承担了全部赔偿责任的情况下，劳务派遣单位对被侵权人就不再承担赔偿责任；在用工单位财力不足、无法全部赔偿的情况下，剩余的部分由劳务派遣单位来承担。二是劳务派遣单位存在过错，应当按照过错程度直接承担侵权责任。《侵权责任法》第34条第2款无法涵盖第二种情形，立法机关接受了这个意见，因此，《民法典》第1191条第2款第2分句将“相应的补充责任”修改为“相应的责任”。[①]这样一来，就意味着被侵权人可以仅起诉接受劳务派遣的用工单位，由其承担全部的侵权责任；也可以将接受劳务派遣的用工单位与劳务派遣单位作为共同被告，要求接受劳务派遣的用工单位承担全部的侵权责任，要求具有过错的劳务派遣单位承担部分的侵权责任。

《民法典侵权责任编解释（一）》第16条第1款规定：“劳务派遣期间，被派遣的工作人员因执行工作任务造成他人损害，被侵权人合并

---

① 黄薇主编：《中华人民共和国民法典侵权责任编解读》，中国法制出版社2020年版，第112页。

请求劳务派遣单位与接受劳务派遣的用工单位承担侵权责任的，依照民法典第一千一百九十一条第二款的规定，接受劳务派遣的用工单位承担侵权人应承担的全部责任；劳务派遣单位在不当选派工作人员、未依法履行培训义务等过错范围内，与接受劳务派遣的用工单位共同承担责任，但责任主体实际支付的赔偿费用总和不应超出被侵权人应受偿的损失数额。”也就是说，首先，被侵权人可以仅起诉接受劳务派遣的单位即用工单位，要求其就被派遣的工作人员实施侵权行为所造成的损害承担侵权责任。被侵权人也可以将接受劳务派遣的用工单位与劳务派遣单位作为共同被告提起诉讼，即所谓“合并请求劳务派遣单位与接受劳务派遣的用工单位承担侵权责任”。当然，接受劳务派遣的用工单位与劳务派遣单位承担侵权责任的要件、范围等方面是存在差异的。用工单位承担的是无过错责任，即便没有过错，也要对被派遣的工作人员因执行工作任务造成他人的损害承担侵权责任。而劳务派遣单位承担的是过错责任，只有当其对被派遣的工作人员因执行工作任务造成他人的损害存在过错时，才需要承担相应的责任。

其次，《民法典》第 1191 条第 2 款第 2 句没有明确劳务派遣单位的过错的表现形态是什么，《民法典侵权责任编解释（一）》第 16 条第 1 款将之类型化为“不当选派工作人员、未依法履行培训义务等过错”。这一规定值得赞同。劳务派遣最大的优点在于能够降低经营成本，通过由劳务派遣单位所派遣的工作人员在临时性、辅助性或者替代性的工作岗位上工作，使得企业等单位可以节约人力资源管理成本、税收成本、解约成本。因此，劳务派遣单位所派遣的人员要符合劳务派遣的岗位要求，包括条件和能力等方面的要求。被派遣的人员是否符合条件，是否具备相应的能力，这些审查和培训的义务应当由劳务派遣单位加以履行。因此，如果劳务派遣单位不当选派工作人员、未依法履行培训义务等，就可以认定其具有过错。

最后，在劳务派遣单位和接受劳务派遣的用工单位被作为共同被告起诉的情形下，二者之间既不是完全的连带责任，也不是按份责任，而是所谓的“部分的连带责任”。也就是说，接受劳务派遣的用工单位依据《民法典》第 1191 条第 2 款的规定要承担侵权人应承担的全部责任（即依法减责后侵权人就被侵权人的损害应当承担的赔偿责任），同时，劳务派遣单位有过错的，要承担相应的赔偿责任。基于禁止得利原则，被侵权人不能因损害赔偿获利，无权超出其损害范围要求赔偿。如此一来，劳务派遣单位与接受劳务派遣的用工单位只是在它们承担的赔偿责任相互重叠的部分内，需要向被侵权人承担连带责任，即部分的连带责任。这与《民法典侵权责任编解释（一）》第 10 条、第 12 条关于委托监护中监护人和受托人的责任，教唆人、帮助人与监护人的责任形态是相同的。《民法典侵权责任编解释（一）》第 16 条第 1 款中规定的“责任主体实际支付的赔偿费用总和不应超出被侵权人应受偿的损失数额”中的责任主体就是指依法应当承担侵权责任的劳务派遣单位与接受劳务派遣的用工单位。

四、劳务派遣单位与接受劳务派遣的用工单位的追偿权

接受劳务派遣的用工单位在向被侵权人承担了侵权责任后，能否向存在过错的劳务派遣单位追偿？反之，劳务派遣单位赔偿后能否向接受劳务派遣的用工单位追偿？对于这些问题，曾有不同的观点。一种观点认为，如果劳务派遣单位存在过错，如将不符合要求的工作人员派遣到接受劳务派遣的用工单位，那么，接受劳务派遣的用工单位在赔偿后可以依据劳务派遣协议向劳务派遣单位追偿。[①] 另一种观点认为，接受劳务派遣的用工单位或者劳务派遣单位承担侵权责任后，相互之间不能进行追偿，除非接受劳务派遣的用工单位与劳务派遣单位在劳务派遣协议中有约定或者双方以其他方式就追偿权达成了合意。《民法典侵权责任

---

① 程啸：《侵权责任法》（第三版），法律出版社 2021 年版，第 458 页；邹海林、朱广新主编：《民法典评注：侵权责任编》，中国法制出版社 2020 年版，第 307 页。

编解释（一）》第16条第2款采取这一观点，规定："劳务派遣单位先行支付赔偿费用后，就超过自己相应责任的部分向接受劳务派遣的用工单位追偿的，人民法院应予支持，但双方另有约定的除外。"

如果劳务派遣单位与接受劳务派遣的用工单位在劳务派遣协议中作出了追偿的约定，那么按照该约定相互进行追偿，当然是没有问题的。问题是，如果没有约定，是否一概不能追偿呢？从《民法典侵权责任编解释（一）》第16条第2款的规定来看，劳务派遣单位只有在先行支付赔偿费用超过了自己相应责任的部分时，才可以向接受劳务派遣的用工单位追偿，如果只是承担了自己相应责任的部分，就不能追偿。笔者认为，应当认可承担了侵权责任的接受劳务派遣的用工单位对有过错的劳务派遣单位的追偿权。接受劳务派遣的用工单位在承担全部的侵权责任后，如果可以证明劳务派遣单位存在过错，那么，其既可以依据劳务派遣协议追究劳务派遣单位的违约责任，也可以向有过错的劳务派遣单位追偿。这是因为，如果不是劳务派遣单位的过错，可能工作人员不会对他人实施侵权行为，也就不会导致接受劳务派遣的用工单位承担侵权责任。劳务派遣单位的此种侵权责任是基于《民法典》第1165条第1款规定的过错责任原则产生的，具体而言，正是因为劳务派遣单位的过错（如没有核查被派遣工作人员的身份）导致工作人员执行工作任务造成他人损害，以至于接受劳务派遣的的用工单位承担侵权赔偿责任而遭受了财产损失，依据《民法典》第1165条第1款以及第1184条的规定，劳务派遣单位因其过错给接受劳务派遣的用工单位造成了纯粹经济损失，需要承担相应的赔偿责任。当然，这种追偿只是部分的追偿，并非全部的。至于劳务派遣单位本身只有在有过错的情况下才需要承担相应的责任，因此，劳务派遣单位在承担了责任后，是为其自己的过错行为而负责，不能向接受劳务派遣的用工单位追偿。

◆ 疑点与难点

劳务派遣单位的过错的具体判断

所谓劳务派遣单位“有过错”，是指劳务派遣单位违反劳务派遣协议，派遣了不符合要求的工作人员到用工单位。例如，派遣的人员是未经过相应的专业知识或技能培训的人员、属于在逃犯或精神病人而派遣单位未发现的人员等，以致该工作人员因工作任务而给他人造成损害。《民法典侵权责任编解释（一）》第16条第1款列举了劳务派遣单位最典型的两类过错，即“不当选派工作人员”“未依法履行培训义务”。依据《劳务派遣暂行规定》第8条的规定，劳务派遣单位应当对被派遣劳动者履行下列义务：（1）如实告知被派遣劳动者《劳动合同法》第8条规定的事项、应遵守的规章制度以及劳务派遣协议的内容；（2）建立培训制度，对被派遣劳动者进行上岗知识、安全教育培训；（3）按照国家规定和劳务派遣协议约定，依法支付被派遣劳动者的劳动报酬和相关待遇；（4）按照国家规定和劳务派遣协议约定，依法为被派遣劳动者缴纳社会保险费，并办理社会保险相关手续；（5）督促用工单位依法为被派遣劳动者提供劳动保护和劳动安全卫生条件；（6）依法出具解除或者终止劳动合同的证明；（7）协助处理被派遣劳动者与用工单位的纠纷；（8）法律、法规和规章规定的其他事项。该条明确了劳务派遣单位对被派遣劳动者进行上岗知识、安全教育培训的义务。再如，实践中保安公司是最常见的劳务派遣单位，《保安服务管理条例》第17条规定：“有下列情形之一的，不得担任保安员：（一）曾被收容教育、强制隔离戒毒、劳动教养或者3次以上行政拘留的；（二）曾因故意犯罪被刑事处罚的；（三）被吊销保安员证未满3年的；（四）曾两次被吊销保安员证的。”第18条规定：“保安从业单位应当招用符合保安员条件的人员担任保安员，并与被招用的保安员依法签订劳动合同。保安从业单位及其保安员应当依法参加社会保险。保安从业单位应当根据保安服务岗位需要定期对保安员进行法律、保安专业知识和技能培训。”如果保安公司招用了上述第17条规定的不得担任保安员的人担任保安员，并将其派遣到用工单位，在执行工作任务时该保安员见财起意实施盗窃造成他人损害的，作为劳务派遣单位的保安公司就属于“不当选派工作人员”，具有过错，应当承担相应的责任。

◆ 相关规定

1. **《中华人民共和国民法典》**

第一千一百九十一条 用人单位的工作人员因执行工作任务造成他人损害的，由用人单位承担侵权责任。用人单位承担侵权责任后，可以向有故意或者重大过失的工作人员追偿。

劳务派遣期间，被派遣的工作人员因执行工作任务造成他人损害的，由接受劳务派遣的用工单位承担侵权责任；劳务派遣单位有过错的，承担相应的责任。

2. **《最高人民法院关于适用〈中华人民共和国民事诉讼法〉的解释》**（法释〔2022〕11号）

第五十八条 在劳务派遣期间，被派遣的工作人员因执行工作任务造成他人损害的，以接受劳务派遣的用工单位为当事人。当事人主张劳务派遣单位承担责任的，该劳务派遣单位为共同被告。

第十七条 【职务侵权构成犯罪不影响用人单位的民事责任】

工作人员在执行工作任务中实施的违法行为造成他人损害，构成自然人犯罪的，工作人员承担刑事责任不影响用人单位依法承担民事责任。依照民法典第一千一百九十一条规定用人单位应当承担侵权责任的，在刑事案件中已完成的追缴、退赔可以在民事判决书中明确并扣减，也可以在执行程序中予以扣减。

◆ 条文要旨

本条是有关用人单位的工作人员执行工作任务的行为构成犯罪不影响用人单位民事责任的规定。

◆ 理解与适用

一、本条的规范意旨

用人单位的工作人员因执行工作任务造成他人损害的，由用人单位承担侵权责任，对此《民法典》第 1191 条第 1 款有明确的规定。实践中，用人单位的工作人员所实施的侵害他人民事权益造成损害的行为，不仅属于侵权行为，同时也往往会构成犯罪。此时，该工作人员本人要依法承担刑事责任。例如，A 公司的司机张某驾驶货车时违章超速行驶，车辆失控撞向人群，导致 7 人死亡，十多人受伤，张某负事故的全部责任。张某的行为当然是侵害他人生命权、健康权的侵权行为。同时，依据《刑法》第 133 条的规定，违反交通运输管理法规，因而发生重大事故，致人重伤、死亡或者使公私财产遭受重大损失的，处 3 年以下有期徒刑或者拘役；交通运输肇事后逃逸或者有其他特别恶劣情节的，处 3

年以上 7 年以下有期徒刑；因逃逸致人死亡的，处 7 年以上有期徒刑。显然，张某的行为也构成了交通肇事罪。虽然张某的行为构成犯罪，其应当依法承担刑事责任，但是并不能因为张某承担了刑事责任，就可以免除张某所在单位 A 公司的用人单位责任。这是因为刑事责任与民事责任的目的、功能是不同的，刑事责任体现的是国家对犯罪行为人的制裁，主要具有惩罚、威慑功能。民事责任是平等的民事主体之间承担的法律责任，以补偿受害人作为最基本的功能。因此，不能认为犯罪分子被判刑了，民事责任就没有了。二者是完全可以并存，共同发挥各自应有的功能的。为了明确这一点，我国《民法典》第 187 条明确规定："民事主体因同一行为应当承担民事责任、行政责任和刑事责任的，承担行政责任或者刑事责任不影响承担民事责任；民事主体的财产不足以支付的，优先用于承担民事责任。"因此，就上述例子而言，无论张某是否承担刑事责任，依据《民法典》第 1191 条第 1 款的规定，倘若构成用人单位责任，A 公司就要向被侵权人承担侵权责任。当然，用人单位在承担侵权责任后可以向有故意或者重大过失的工作人员追偿。倘若不构成用人单位责任，则 A 公司无须承担侵权责任，此时张某不仅要承担刑事责任，也要承担侵权责任。

对于这样简单的问题，由于长期以来存在的重刑轻民等错误观念的影响，在司法实践中有不同的认识。有些法院认为，工作人员的行为构成自然人犯罪的，就说明该行为是工作人员的个人行为，不属于执行工作任务，与用人单位无关，用人单位无须承担侵权责任。此时，应当由该工作人员承担刑事责任和侵权责任。还有些法院认为，对于被侵权人的损害完全可以通过刑事上的追赃和退赔制度解决，无须由用人单位承担侵权责任，因此不需要考虑用人单位是否需要为工作人员的犯罪行为承担用人者责任的问题。应当说，这些认识都混淆了民事责任与刑事责任，既不利于保护被侵权人的合法权益，更违背《民法典》等法律的规定。为明确该问题，消除错误的认识，《民法典》颁布前，最高人民法院发布的《全国法院民商事审判工作会议纪要》第128条就列举了若干情形，要求在这些情形中，同一当事人因不同事实发生民商事纠纷和涉嫌刑事犯罪，民商事案件与刑事案件应当分别审理，其中一种情形就是“法人或者非法人组织的法定代表人、负责人或者其他工作人员的职务行为涉嫌刑事犯罪或者刑事裁判认定其构成犯罪，受害人请求该法人或者非法人组织承担民事责任的”。该情形强调的就是单位（即法人或者非法人组织）的工作人员，包括法定代表人、负责人或者其他工作人员的职务行为即便构成犯罪，也不影响受害人请求单位承担民事责任。在该纪要规定的基础上，《民法典侵权责任编解释（一）》第17条作出了更清晰明确的规定。

二、自然人的行为构成犯罪不影响用人单位侵权责任的认定

用人单位工作人员的行为构成犯罪而涉及用人单位可能需要为此承担侵权责任的典型情形，是用人单位的工作人员在执行工作任务中实施了故意侵害他人民事权益的行为，这些侵权行为超出了用人单位的指示或授权范围，甚至是明确违反用人单位的指示的。此时，工作人员的行为不仅构成侵权还往往构成犯罪，而用人单位经常以工作人员的行为构成犯罪，应当罪责自负为由来否定其侵权责任。例如，银行等金融机构的客户经理或者其他工作人员利用职务便利，实施诈骗给客户造成财产损失，工作人员被依法判处诈骗罪后，当客户要求银行等金融机构作为用人单位承担侵权责任时，银行等金融机构的辩解往往有以下三点：第一，法院在刑事判决中已经责令犯罪分子退赔，因此作为受害人的客户的财产损失应当通过刑事退赃、退赔等程序解决，不能提起民事诉讼。对此，《刑事诉讼法》等法律和司法解释有明确的规定。第二，客户的财产损失系犯罪分子的故意犯罪行为造成，犯罪分子只是利用了在银行等金融机构工作的机会而已，并且发生这种犯罪行为的概率是很低的，银行等金融机构事先无法采取措施防范这类故意犯罪行为，在经济上不现实，在实践中也无法做到。第三，犯罪分子的诈骗、挪用等犯罪行为并未取得作为用人单位的金融机构的指示或授权，也明显违反了法律法规的规定和金融机构的工作纪律等，因此，该等行为不是执行工作任务的行为，由此给被侵权人造成的损害应当由犯罪分子自行承担，用人单位不承担侵权责任。① 笔者认为，上述观点都是难以成立的，具体理由阐述如下：

1. 被侵权人当然可以在刑事退赔、追赃程序之后，就没有得到填补的损害提起民事诉讼，但是，也有权在刑事追赃、退赔程序进行的同时提起民事诉讼。我国《民事诉讼法》并没有将刑事诉讼程序作为民事诉讼程序的前置程序，不仅如此，《民法典》第 187 条还明确规定："民事主体因同一行为应当承担民事责任、行政责任和刑事责任的，承担行政责任或者刑事责任不影响承担民事责任；民事主体的财产不足以支付的，优先用于承担民事责任。"因此，被侵权人完全可以以构成犯罪的工作人员的行为属于执行用人单位的工作任务为由，依据《民法典》第 1191 条第 1 款的规定要求用人单位承担侵权责任。

2. 工作人员的行为是否构成自然人犯罪如诈骗罪等，属于刑法的评价，而用人单位是否要承担侵权责任属于民法的评价，二者不能混淆。不能简单地认为，工作人员构成自然人犯罪，用人单位就当然不需要依据《民法典》第 1191 条第 1 款的规定承担侵权责任。用人单位是否需要承担侵权责任，必须依据《民法典》等民事法律规定的用人单位责任的构成要件并结合案件的具体情况，逐一判断。其中，最主要的就是判断工作人员的行为是否属于执行工作任务的行为。因此，《民法典侵权责任编解释（一）》第 17 条第 1 句明确规定："工作人员在执行工作任务

① 相关案例，参见中国农业银行股份有限公司华坪县支行与谢某超金融委托理财合同纠纷案，云南省丽江市中级人民法院（2022）云 07 民终 32 号民事判决书；中国建设银行股份有限公司七台河分行与蔡某旺等民间借贷纠纷案，黑龙江省七台河市中级人民法院（2022）黑 09 民终 168 号民事判决书；袁某兰与平安银行股份有限公司中山古镇支行侵权责任纠纷案，广东省广州市中级人民法院（2020）粤 01 民终 6767 号民事判决书；中国农业银行股份有限公司杭州华丰路支行与酒鬼酒供销有限责任公司侵权责任纠纷案，湖南省高级人民法院（2018）湘民终 875 号民事判决书。

中实施的违法行为造成他人损害，构成自然人犯罪的，工作人员承担刑事责任不影响用人单位依法承担民事责任。”也就是说，对于自然人犯罪的刑事案件的审理与对用人单位是否要依法承担民事责任（包括用人单位责任以及过错责任等侵权责任）的民事案件的审理，可以并存，互不冲突。

3. 如果法院经过审理认定了用人单位要依据《民法典》第 1191 条第 1 款承担侵权责任，则应当注意侵权责任与刑事程序中的追赃、退赔的协调。《刑事诉讼法》第 245 条第 3 款和第 4 款规定：“人民法院作出的判决，应当对查封、扣押、冻结的财物及其孳息作出处理。人民法院作出的判决生效以后，有关机关应当根据判决对查封、扣押、冻结的财物及其孳息进行处理。对查封、扣押、冻结的赃款赃物及其孳息，除依法返还被害人的以外，一律上缴国库。”《刑事诉讼法解释》第 176 条规定：“被告人非法占有、处置被害人财产的，应当依法予以追缴或者责令退赔。被害人提起附带民事诉讼的，人民法院不予受理。追缴、退赔的情况，可以作为量刑情节考虑。”第 445 条第 1 款和第 2 款也规定：“查封、扣押、冻结的财物及其孳息，经审查，确属违法所得或者依法应当追缴的其他涉案财物的，应当判决返还被害人，或者没收上缴国库，但法律另有规定的除外。对判决时尚未追缴到案或者尚未足额退赔的违法所得，应当判决继续追缴或者责令退赔。”《最高人民法院关于刑事裁判涉财产部分执行的若干规定》也对退赔和追缴的具体程序有明确的规定。有鉴于此，《民法典侵权责任编解释（一）》第 17 条第 2 句规定：“依照民法典第一千一百九十一条规定用人单位应当承担侵权责任的，在刑事案件中已完成的追缴、退赔可以在民事判决书中明确并扣减，也可以在执行程序中予以扣减。”

4. 即便工作人员的犯罪行为不属于执行工作任务的行为，用人单位无须依据《民法典》第 1191 条第 1 款承担用人者责任，也并不意味着用人单位可以不承担任何侵权责任。如果用人单位存在过错且过错行为与损害的发生具有因果关系，那么依据《民法典》第1165条第1款的规定，用人单位仍然要承担侵权责任。①

◆ 疑点与难点

一、如何认定执行工作任务

从比较法来看，无论是英美法系还是大陆法系，都认为在认定加害人的行为是否属于执行职务时，需要考察加害人的侵权行为与作为被告的雇主是否存在某种联系，从而对于雇主责任的适用范围进行限制。例如，《法国民法典》第1242条第5款规定："主人与雇主，对其家庭佣人与受雇人在履行他们受雇的职责中造成的损害，负赔偿责任。"法国最高法院的判例认为，如果职员的行为没有超越雇主对其规定的任务的界限，并不引起职员对第三人的责任，只有当职员是在其受雇的职务之外，没有经过雇主的批准，为其职责之外的目的从事活动时，雇主才能免除自己的责任。但是，法国最高法院也认为，并非滥用职务的行为都可以作为雇主的免责事由，判例认定的雇主应当承担责任的雇员滥用职务的情形包括：（1）受雇雇员挪用在履行职务中交付给他的资金，此种事由并不能将该雇员排除在履行职务之外；（2）负责上门与顾客订立合同的保险推销人员隐匿其收取的部分保费，这种行为并不是职务之外的活动；（3）银行雇员因损害顾客利益、实施滥用他人信任罪被判刑，存在顾客给予该雇员的委托，并不必然意味着该雇员是在其职务之外从事活动，因为顾客有理由认为他是在以其具有银行雇员身份而与之打交道；（4）从事清洁劳务的雇员在其负责清洁事务的珠宝店内实行盗窃，只要该雇员是在其劳动的场所与劳动时间内进行此种活动，就不能认为是在职务之外从事的活动；（5）部门经理的部下在得知其被解雇的消息后将

---

① 《最高法民一庭负责人就民法典侵权责任编司法解释（一）答记者问》，载微信公众号"最高人民法院"2024年9月26日，https：//mp. weixin. qq. com/s/9nfJw0RQnkg6p9hlbGC8dQ。

该经理杀害，此种行为并非与服从关系无关，因此，应当引起雇主的责任。①

《德国民法典》第831条第1款第1句规定："使用他人执行事务者，就该他人在执行事务时所不法加于第三人之损害，负赔偿义务。"所谓"执行事务"（Ausführung der Verrichtung）的判断，德国法院的判例采取的是"直接的内在联系说"（unmittelbaren inneren Zusammenhang）②，即如果事务辅助人在进行与被委任的任务存在内在联系的活动时造成了损害，那么该行为就是执行事务的行为。出发点是辅助人的义务范围和辅助人的任务有关的行为都在该范围之内。③ 联邦最高法院在一则判例中指出："根据第831条，事务所属人应当负责赔偿的损失，只是被聘用人在执行事务中给第三人造成的损失，而不是利用执行事务这一机会而造成的损失。但这一限制的前提，也并不在于执行委任事务的行为本身直接造成了损害，而是只需造成损害的行为属于为执行事务而采取的措施范围之内。"④ 根据通说所主张的这种内在联系的观点，如果辅助人在其工作范围内纯粹偶然地接触到受害人的法益，并利用这一机会实施与其被委托任务无关的侵权行为时，就不存在此种内在联系。⑤

《瑞士债务法》第55条第1款规定："营业主，对于受雇人或者其他辅助人因执行职务所致之损害，应负赔偿责任，但能证明依其情事，为避免发生损害，已为相当之注意，或者纵为相当之注意，仍不免发生损害者，不在此限。"瑞士通说和判例认为，只有当执行工作事务和造成损害与履行职责存在关联性（funktioneller Zusammenhang）时，营业主

---

① 相关判例参见罗结珍译：《法国民法典》（下册），法律出版社2005年版，第1110—1111页。

② Fuchs/Pauker/Baumgürtner, Delikts- und Schadensersatzrecht, 9. Aufl., Springer, 2017, S. 109.

③ ［德］埃尔温·多伊奇、汉斯-于尔根·阿伦斯：《德国侵权法——侵权行为、损害赔偿及痛苦抚慰金》，叶名怡、温大军译，中国人民大学出版社2016年版，第153页。

④ ［德］马克西米利安·福克斯：《侵权行为法》（2004年第5版），齐晓琨译，法律出版社2006年版，第175页。

⑤ Looschelders, Schuldrecht Besonderer Teil, 19. Aufl., Heymanns, 2024, §67, Rn. 8.

才需要承担责任，否则只能认为是辅助人的个人行为，其自行承担责任。只要与事务所属人即营业主的经营目的具有关联性，即便辅助人没有正确地履行职务活动，超越权限或者没有按照事务所属人的指示命令处理事务，也不改变其所从事的执行职务活动的性质。[①]

在普通法中，认定是否属于执行职务的经典判断标准是由萨尔蒙德（Salmond）与霍伊斯顿（Heuston）在经典教科书《侵权法》中提出的，被称为萨尔蒙德（Salmond）标准，即“主人对其仆人的不法行为不承担责任，除非是在执行雇佣活动中所从事的，以下情形之一被认定为属于执行雇佣活动：（1）该不法行为得到了主人的授权；（2）以不法的且未得到授权的行为模式所实施的某些行为已经得到了主人的授权”。[②] 例如，在1976年的Rose v. Plenty案中，送奶工违反明确的指令带着小孩去送牛奶，结果由于其疏忽驾驶导致孩子受伤，上诉法院认为，送奶工的雇主需要承担替代责任，因为该雇员仍是在履行其受雇的职责，即使他以未经授权的方式履行了职责。[③] 在2002年的Lister案中，英国上议院提出了“紧密联系标准”（close connection）来取代萨尔蒙德（Salmond）标准，即雇主只有在雇员的行为与雇佣活动存在紧密的联系时，才需要承担替代责任。Lister案涉及一所男童寄宿学校的管理员，其在雇主不知情的情况下对一位男童进行了性虐待。男童要求学校赔偿损失。上诉法院采用了旧标准，认为管理员的行为不能被视为以未经授权的方式履行其被授权的职责。上议院认为，应当采取的标准是，管理员的侵权行为是否与他的工作如此紧密地联系，以致让雇主承担替代责任是否是公平且公正的。[④]

---

① ［瑞］海因茨·雷伊：《瑞士侵权责任法》（第四版），贺栩栩译，中国政法大学出版社2015年版，第249页。

② Salmond & Heuston, The Law of Torts, 21st ed., Sweet and Maxwell, 1996, p. 443.

③ Cees Van Dam, European Tort Law, 2nd ed., Oxford University Press, 2013, p. 509.

④ Lister v. Hesley Hall [2002] 1 AC 215; Cees Van Dam, European Tort Law, 2nd ed., Oxford University Press, 2013, p. 509.

总的来说，比较法上，各国法院对执行职务行为的认定方法具有两个特征：首先，在确定雇主责任范围时，法院受到政策判断的影响。申言之，如果对执行职务作限制性的解释，就会减少雇主采取预防措施的动机，并削弱受害者向（通常）更富有的雇主寻求赔偿的能力。相反，过于宽泛的解释又会给雇主带来不必要的负担，他们可能无法通过保险承保全部损失，并且也将忽略其他补偿手段的影响。正因如此，著名侵权法学者弗莱明教授说，所谓“执行职务”是一个广阔的概念，为政策判断提供了足够的空间。其次，在所有法律制度中，仅仅以雇员从事了被雇主禁止从事的不当行为本身并不能排除替代责任。① 也就是说，即便雇员从事的行为并未得到雇主的指令或授权，明显违反了雇主的指令或要求，甚至是构成犯罪的行为，也不能当然认为该行为不属于执行职务的行为。

在《民法典》颁布前，最高人民法院 2003 年《人身损害赔偿解释》曾就如何判断执行工作任务提出了一个标准，依据该解释第 9 条第 2 款，所谓“从事雇佣活动”，是指从事雇主授权或者指示范围内的生产经营活动或者其他劳务活动。雇员的行为超出授权范围，但其表现形式是履行职务或者与履行职务有内在联系的，应当认定为“从事雇佣活动”。也就是说，对于超越授权或指示范围的行为并非一概不属于执行工作任务，需要看其表现形式是否为履行职务或者与履行职务有无内在联系。这个标准与前述比较法上的认定标准基本上是一致的。不过，《民法典》颁布后，最高人民法院在修改《人身损害赔偿解释》时删除了该规定。在《民法典侵权责任编解释（一）》的起草过程中，不少学者主张应当明确执行工作任务的判断标准，起草者也曾经试着写了一个条文加以规定，但是由于各方的争议太大，最终被删除了。在审判实践中，法院需要根据案件的具体情况，综合考虑加害行为的内容、时间、地点、场合、

---

① Paula Giliker, Vicarious Liability in Tort: A Comparative Perspective, Cambridge, 2010, p. 150.

行为之名义、行为的受益人以及是否与用人单位的意志有关等因素来认定工作人员是否属于执行工作任务。①

二、超越授权或指示范围的行为是否属于执行工作任务

如果工作人员或提供劳务方是在用人单位或接受劳务方的授权、指示范围内从事行为给他们造成损害，无论该行为是生产经营活动还是其他活动，也无论实施的是法律行为还是非法律行为，只要给他人造成损害，就都属于“因执行工作任务”造成损害的情形，用人单位当然要承担侵权责任，对此不存在异议。例如，A 运输公司的工人按照公司的要求运送货物，途中发生交通事故，造成他人死亡；保安 C、D 等人按照 B 厂负责人的要求暴力驱赶在 B 厂门前抗议该厂污染环境的人群，打伤数人。这些都属于执行工作任务，应由用人单位承担责任。实践中争议最大的是工作人员超越授权或指示范围且造成他人损害的行为是否属于执行工作任务的行为。事实上，这种超越授权或指示范围的行为往往会构成犯罪，如诈骗罪、盗窃罪、故意伤害罪、故意杀人罪等。

笔者认为，结合我国的司法实践，法院在认定工作人员实施超越用人单位授权或指示范围的行为是否属于执行工作任务时，应当综合考虑多种因素加以确定，具体来说可以考虑的因素包括：

1. 是否存在与执行工作任务具有内在联系或表现为履行职务行为的客观事实，这就涉及行为的内容、时间、地点、名义等。例如，加害人是在用人单位规定的工作时间或工作的场所内从事的活动，加害人身着用人单位的服装或者有用人单位的标识，这些事实的存在非常可能使得受害人在客观上有充分的理由相信加害人所实施的行为就是执行工作任务的行为。换言之，受害人会认为其是在与具有用人单位的工作人员身份的人打交道，从而产生信赖；同时，行为人在用人单位的工作时间和

---

① 《最高法民一庭负责人就民法典侵权责任编司法解释（一）答记者问》，载微信公众号“最高人民法院”2024 年 9 月 26 日，https://mp.weixin.qq.com/s/9nfJw0RQnkg6p9hlbGC8dQ。

工作场所内实施侵权行为，本身也意味着用人单位是可以加以监督、管理和控制的，如果用人单位没有尽到相应的管理控制义务，虽然无法认定用人单位与行为人属于共同故意实施侵权行为，但至少可以认定行为人实施的行为属于执行工作任务的行为。以往我国实践中就出现过加害人身着被告银行的工装、佩戴工作牌，在工作时间于银行的营业场所内对受害人实施诈骗行为（如签订虚假合同骗取资金或推销理财产品等）。这种情形下，就应当认定银行作为用人单位承担《民法典》第1191条规定的用人单位责任。[①] 尤其当一些实施侵权行为的工作人员本身就在用人单位担任一定的领导职务（如经理、行长等）时，该人的行为就更会强烈地表现为履行职务的行为。例如，在一起案件中，法院认为，方某与寿某江等另外五人采取欺诈方法将酒鬼酒公司存入农行华丰路支行的1亿元存款非法转出据为己有，其行为损害了酒鬼酒公司的财产权，方某与寿某江等另外五人的侵权行为是酒鬼酒公司权利受到损害的直接原因，方某与寿某江等另外五人成立有意思联络的共同侵权。虽然农行华丰路支行自身并未实施有组织的侵权行为，但是本案侵权行为毕竟是方某利用其担任农行华丰路支行行长的职务之便，在工作时间、工作地点与非银行人员寿某江等另外五人共同实施，酒鬼酒公司有理由相信方某系在履行职务，方某的行为构成职务侵权。故此，依据《侵权责任法》第34条关于“用人单位的工作人员因执行工作任务造成他人损害的，由用人单位承担侵权责任”的规定，农行华丰路支行应为方某的职

---

① 一些法院却以加害人的行为并未取得被告银行的授权或许可，也不是为了维护被告银行的利益，否定该行为是执行工作任务的行为。这显然是不妥的。相关案例如：张某与中信银行股份有限公司北京京城大厦支行财产损害赔偿纠纷案，北京市第三中级人民法院（2020）京03民终3376号民事判决书；袁某兰、中国民生银行股份有限公司中山古镇支行侵权责任纠纷案，广东省广州市中级人民法院（2020）粤01民终6780号民事判决书；李某与中国农业银行股份有限公司长春富锋支行侵权责任纠纷再审案，吉林省高级人民法院（2020）吉民申1157号民事裁定书。

务侵权行为承担责任。①

2. 行为人超越授权或指示范围的行为，虽然只是客观上利用了工作便利，但该等行为属于用人单位已经预见或者应当预见且需要采取措施加以避免的风险，抑或该等行为仅仅是因为雇佣了特定的工作人员而产生的异常风险。如果是前者，那么该行为就属于执行工作任务；如果是后者，则意味着用人单位无法预见此种风险且不存在阻止该行为的义务。在最高人民法院审理的一起证券公司工作人员盗卖客户股票案件中，证券公司的工作人员杨某利用证券公司的操作平台及工作人员的权限进入证券公司股票操作系统倒卖了受害人的股票，最高人民法院认为："杨某作为新疆证券公司的工作人员，利用其在新疆证券公司的工作便利，借助新疆证券公司的终端操作平台完成其侵权行为，杨某在新疆证券公司的职务增加了其侵权行为发生的可能性和危险性，新疆证券公司对此种行为应当预见并应采取一定措施予以避免，但因其内部管理不善、内部监控存在漏洞导致未能避免。因此，应当认定，杨某的侵权行为与其履行职务有内在关联。"② 由此可见，那些因为职务本身而产生侵权行为的可能和危险属于用人单位应当预见的风险，并且他们还需要预先采取措施加以避免，并将由此产生的费用作为经营成本加以分散。如果可能或危险是与加害行为人个人因素息息相关的，即仅仅是因为雇佣了这个行为人而有所提高，换作其他人从事该职务通常都不会产生此种危险，那么用人单位就难以预见。该造成他人损害的行为也不属于执行工作任务的行为，不发生用人单位责任的问题。

---

① 中国农业银行股份有限公司杭州华丰路支行与酒鬼酒供销有限责任公司侵权责任纠纷案，湖南省高级人民法院（2018）湘民终875号民事判决书。

② 张某英与某银行股份有限公司某分行、某证券有限责任公司、杨某、张某民财产损害赔偿纠纷案，载《中华人民共和国最高人民法院公报》2013年第2期。

3. 加害行为是为了行为人自身的利益，抑或也包括用人单位的利益。换言之，加害人虽然没有得到授权或指示，但其所从事的行为客观上是否为了用人单位的利益。如果是，则该行为也往往被认定为与执行工作任务或劳务具有内在联系，用人单位或接受劳务的一方应当承担侵权责任。例如，被告公司的员工未经原告黄某某的同意，擅自选取黄某某发布的含有其孩子、妻子的3张瘦身前后对比照片转发至其微信朋友圈，为被告公司进行商业宣传推广。法院认为，该员工擅自转发黄某某照片的目的系对被告公司进行商业宣传推广，因此，该行为属于执行工作任务的行为。虽然是否为了用人单位的利益是一个考量因素，但是并不是决定性因素，很多时候工作人员的行为只是为了自己的利益，而与用人单位的利益无关。

三、犯罪被害人的死亡赔偿金和残疾赔偿金的请求权问题

最高人民法院颁布的《刑事诉讼法解释》第192条第2款规定："犯罪行为造成被害人人身损害的，应当赔偿医疗费、护理费、交通费等为治疗和康复支付的合理费用，以及因误工减少的收入。造成被害人残疾的，还应当赔偿残疾生活辅助器具费等费用；造成被害人死亡的，还应当赔偿丧葬费等费用。"将这一款所列的赔偿范围与《民法典》第1179条所列的侵害他人造成人身损害的赔偿范围相比，可以发现缺少了"残疾赔偿金"与"死亡赔偿金"两项。我国司法实践中，刑事法官在处理刑事附带民事诉讼包括单独提起的民事诉讼案件中，往往据此一律不判给刑事案件的被害人以残疾赔偿金与死亡赔偿金，例外的是道路交通事故犯罪的情形。这是因为，《刑事诉讼法解释》第192条第3款规定："驾驶机动车致人伤亡或者造成公私财产重大损失，构成犯罪的，依照《中华人民共和国道路交通安全法》第七十六条的规定确定赔偿责任。"

有论者认为，《刑事诉讼法解释》第192条第2款中"赔偿残疾生活辅助器具费等费用"与"赔偿丧葬费等费用"中的"等费用"就包括

了残疾赔偿金、死亡赔偿金。然而，实际情况并非如此。最高人民法院有关人员编写的该司法解释的释义书非常明确地指出：刑事诉讼附带民事诉讼中不能判赔残疾赔偿金和死亡赔偿金。① 该书中主要用来支持不应判给残疾赔偿金和死亡赔偿金的理由可以归纳如下：首先，被告人普遍无力赔偿，如果判给赔偿残疾赔偿金和死亡赔偿金，就会出现判决无法落实即“空判”，进而引发一系列问题。因此，务实的选择是不判给赔偿残疾赔偿金和死亡赔偿金。其次，根据我国法律、法理和我国的法文化传统，对于附带民事诉讼和单纯的民事诉讼不应当适用相同的标准。单纯的民事案件中，责令被告人赔偿是对被害人进行抚慰和救济的唯一手段，故此有理由要求被告人承担更重的赔偿责任，但是在刑事附带民事诉讼中，判决被告人承担刑事责任，既是对犯罪的惩处、重新犯罪的预防，也是对被害人进行抚慰、救济的主要方式。以故意杀人案件为例，如果判处被告人死刑，实已让其“以命抵命”，显然不应再要求其作出与单纯民事案件相同的精神损害赔偿，否则势必存在双重处罚的问题。传统上“打了不罚，罚了不打”的观念、做法，正是根源于此。再次，赔偿标准过高实际上不利于保护被害人的合法权益。因为多数刑事案件的被告人的赔偿能力很低，甚至没有，而被害人的期待又过高，超过被告的赔偿能力，导致不少案件中原本愿意代替被告赔偿的亲属索性不再代赔。最后，从2012年《刑事诉讼法解释》到现在，司法实践中不判赔死亡赔偿金和残疾赔偿金已经施行了多年，还没有发现重大、突出的问题，因此应当继续维持。②

笔者认为，依据《民法典》和《刑事诉讼法》的规定，无论侵权行为是否构成犯罪，只要给受害人造成了残疾，受害人就有权获得残疾赔

① 李少平主编：《最高人民法院关于适用中华人民共和国刑事诉讼法的解释理解与适用》，人民法院出版社2021年版，第284页。

② 李少平主编：《最高人民法院关于适用中华人民共和国刑事诉讼法的解释理解与适用》，人民法院出版社2021年版，第285—287页。

偿金，如果造成受害人死亡，受害人的近亲属就有权获得死亡赔偿金。《刑事诉讼法解释》第192条第2款不列明残疾赔偿金和死亡赔偿金的做法不妥。具体理由阐述如下：

1. 依据《民法典》《刑事诉讼法》等法律，犯罪受害人或其近亲属有权获得残疾赔偿金或死亡赔偿金。

《民法典》第1179条第1款是对人身伤亡的财产损失即物质损失的赔偿范围的规定。所谓残疾赔偿金，是指残疾赔偿金是用来赔偿受害人因残疾致劳动能力丧失或减少（Aufhebung oder Minderung der Erwerbsfähigkeit）而遭受的财产损失。死亡赔偿金是对因被侵权人死亡而产生的财产损失的赔偿，并非对“生命”本身的赔偿。当受害人因侵权行为而死亡时，由于受害人已经死亡，丧失了一切权利能力，不可能再以自己的名义提出任何赔偿请求。但是，由于受害人的死亡，使那些依法针对受害人享有扶养请求权的人遭受了财产损失即他们的扶养请求权无法获得实现，因此侵权人负有向被侵权人的近亲属支付死亡赔偿金的义务。因此，《民法典》第1179条第1款中的残疾赔偿金和死亡赔偿金都是财产损失即物质损失。依据《刑事诉讼法》第101条第1款第1句的规定：“被害人由于被告人的犯罪行为而遭受物质损失的，在刑事诉讼过程中，有权提起附带民事诉讼。”显然，《刑事诉讼法》并未剥夺犯罪行为的被害人获得残疾赔偿金和死亡赔偿金的权利。我国《立法法》第11条第8项规定“民事基本制度”只能制定法律，人身损害中受害人的残疾赔偿金和死亡赔偿金涉及公民人身权益的保护，毫无疑问属于民事基本制度，在没有法律依据的情况下，司法解释无权对此作出规定。此外，《立法法》第91条第2款明确规定：“部门规章规定的事项应当属于执行法律或者国务院的行政法规、决定、命令的事项。没有法律或者国务院的行政法规、决定、命令的依据，部门规章不得设定减损公民、法人和其他组织权利或者增加其义务的规范，不得增加本部门的权力或者减少本部门的法定职责。”第93条第6款规定：“没有法律、行政法规、地方性法规的依据，地方政府规章不得设定减损公民、法人和其他组织权利或者增加其义务的规范。”司法解释只能就法律适用中的具体问题作出解释，不得设定减损公民、法人和其他组织权利或者增加其义务的规范。《刑事诉讼法解释》第 192 条第 2 款不规定“残疾赔偿金”“死亡赔偿金”就属于减损公民的权利的规定。

2. 剥夺刑事受害人的残疾赔偿金和死亡赔偿金严重损害了受害人及其近亲属的合法权益。

犯罪行为侵害受害人的人身权益所造成的损害是比单纯的侵权行为更为严重的，受害人往往因此残疾，减少或丧失劳动能力，生活陷入困顿。当受害人是一家的生活支柱时，在受害人因犯罪行为而死亡的情况下，更使得一家的生活陷入困顿。这些损害都是犯罪分子造成的，犯罪分子当然要承担赔偿责任，除非受害人或者其近亲属主动放弃赔偿的权利。以 2023 年 10 月 16 日四川省成都市发生的恶犬伤童案为例，年仅两周岁的受害儿童遭受的损害非常严重，媒体报道显示，受害人被诊断为肾脏破裂、血肿形成，并且有腹腔积液，还有多处皮肤裂伤。狗主人唐某当然要承担支付医疗费、护理费、交通费、营养费、住院伙食补助费等为治疗和康复支出的合理费用的赔偿责任。问题是，受害人很可能构成残疾，残疾赔偿金的数额会远远大于治疗和康复的费用。然而，按照《刑事诉讼法解释》第 192 条第 2 款的规定，唐某如果构成了犯罪，就可以免于支付残疾赔偿金，这种规定对于受害儿童的保护完全不足，损害了受害人的合法权益。

3. 否定刑事受害人获得残疾赔偿金和死亡赔偿的权利的理由都很牵强，完全不能成立。

（1）任何赔偿责任的判处都可能出现被告人没有赔偿能力的情形，如果仅仅因为被告没有赔偿能力，就不判，那么决定赔偿责任成立与否的标准岂不就是被告人的赔偿能力了？按照这种逻辑，民事案件中只要被告没有赔偿能力，也不应当判决被告承担赔偿责任，否则就会出现

“空判”，导致法院执行难甚至涉法涉诉信访等问题。显然这种逻辑是不能成立的。刑事案件的受害人与民事案件中的赔偿权利人一样，都会遇到赔偿义务人确实没有赔偿能力的情形。对于民事纠纷的赔偿权利人而言，只能是自己承担这种被告赔偿不能的风险。刑事案件中的受害人或近亲属并不能有例外，他们也要承担此种风险，除非其符合刑事司法救助的情形（比较法上所谓的“犯罪被害人保护法”）。因此，以被告人没有赔偿能力为由就不判决被告赔偿，毫无道理。这种所谓“务实”的做法造成了很多弊端，既损害了被害人的合法权益，剥夺了受害人本应得到的赔偿，又鼓励了犯罪行为，容易导致实践中出现一种非常奇怪的现象，就是侵权行为给受害人造成的后果越严重，承担的赔偿责任就越轻。

（2）民事责任尤其是民事赔偿责任以补偿为原则，就侵权赔偿责任而言，其目的并非惩罚侵权人，而是填补被侵权人的损害，使被侵权人回复到侵权行为没有发生时其本应处的状态。为了贯彻落实这种补偿功能，损害赔偿法最基本的原则是“完全赔偿原则”与“禁止得利原则”，既不能多赔，也不能少赔。除了法律规定的惩罚性赔偿责任，民事赔偿没有惩罚的功能，那种认为民事赔偿也是对被告的惩罚，在单纯的民事诉讼中就应当判决赔偿更重，完全是错误的理解。至于所谓“打了不罚，罚了不打”的观念，更是本应受到批判的观念。因为，正是这种观念在很大程度上助长了犯罪分子的气焰，使得犯罪分子或家属可以透过所谓的刑事被害人的谅解制度来达到逼迫受害人及其亲属的结果。也就是说，如果受害人及其近亲属同意谅解犯罪分子，从而使犯罪分子可以被减轻刑罚的处罚，那么犯罪分子或其亲属就给受害人多赔偿一些，包括赔给受害人或其近亲属残疾赔偿金和死亡赔偿金。如果不谅解，那么就不赔偿。这显然是不合理的。

（3）剥夺刑事受害人或其近亲属获得残疾赔偿金和死亡赔偿金的权利，也是我国长期以来存在的重刑轻民的错误观念的产物。这种观念长期以来难以改变，根深蒂固。正是为了纠正重刑事轻民事、以刑事责任取代民事责任的做法，我国《民法典》第 187 条才非常明确地规定："民事主体因同一行为应当承担民事责任、行政责任和刑事责任的，承担行政责任或者刑事责任不影响承担民事责任；民事主体的财产不足以支付的，优先用于承担民事责任。"除了《民法典》，《刑法》《公司法》《证券法》《消费者权益保护法》《食品安全法》《产品质量法》《合伙企业法》《个人独资企业法》等多部法律都有和《民法典》第 187 条相同的规定。刑事责任与民事责任各有其功能，二者是并存的关系，不能相互替代，不能因为判了被告死刑，就可以不赔偿受害人；也不能认为被告积极赔偿了受害人，就可以少判几年。这些认识都是错误的。

（4）认为赔偿标准过高实际上不利于保护被害人的合法权益的理由，更是让人啼笑皆非。如果按照法律的规定，被告应当赔偿 100 万元，那么法院依法判赔 100 万元就不是过高。当然，如前所述，被告可能有钱赔偿，也可能无力赔偿，然而，这是被害人需要承担的风险。至于被告人的亲属是否代为赔偿，那是其对自己财产的处分，是意思自治的产物而非法律上的义务。被告人的亲属是否代为赔偿与判决赔偿被害人多少钱，显然毫无关联。

综上所述，笔者认为，最高人民法院应当将《刑事诉讼法解释》第 192 条第 2 款修改为："犯罪行为造成被害人人身损害的，应当赔偿医疗费、护理费、交通费等为治疗和康复支付的合理费用，以及因误工减少的收入。造成被害人残疾的，还应当赔偿残疾生活辅助器具费和残疾赔偿金；造成被害人死亡的，还应当赔偿丧葬费和死亡赔偿金。"

◆ 相关规定

1.《中华人民共和国民法典》

第一百八十七条 民事主体因同一行为应当承担民事责任、行政责任和刑事责任的，承担行政责任或者刑事责任不影响承担民事责任；民事主体的财产不足以支付的，优先用于承担民事责任。

第一千一百九十一条 用人单位的工作人员因执行工作任务造成他人损害的，由用人单位承担侵权责任。用人单位承担侵权责任后，可以向有故意或者重大过失的工作人员追偿。

劳务派遣期间，被派遣的工作人员因执行工作任务造成他人损害的，由接受劳务派遣的用工单位承担侵权责任；劳务派遣单位有过错的，承担相应的责任。

2.**《最高人民法院关于适用〈中华人民共和国刑事诉讼法〉的解释》**（法释〔2021〕1号）

第一百七十六条 被告人非法占有、处置被害人财产的，应当依法予以追缴或者责令退赔。被害人提起附带民事诉讼的，人民法院不予受理。追缴、退赔的情况，可以作为量刑情节考虑。

第四百四十五条 查封、扣押、冻结的财物及其孳息，经审查，确属违法所得或者依法应当追缴的其他涉案财物的，应当判决返还被害人，或者没收上缴国库，但法律另有规定的除外。

对判决时尚未追缴到案或者尚未足额退赔的违法所得，应当判决继续追缴或者责令退赔。

判决返还被害人的涉案财物，应当通知被害人认领；无人认领的，应当公告通知；公告满一年无人认领的，应当上缴国库；上缴国库后有人认领，经查证属实的，应当申请退库予以返还；原物已经拍卖、变卖的，应当返还价款。

对侵犯国有财产的案件，被害单位已经终止且没有权利义务继受人，或者损失已经被核销的，查封、扣押、冻结的财物及其孳息应当上缴国库。

3.**《最高人民法院关于刑事裁判涉财产部分执行的若干规定》**（法释〔2014〕13号）

第十三条 被执行人在执行中同时承担刑事责任、民事责任，其财产不足以支付的，按照下列顺序执行：

（一）人身损害赔偿中的医疗费用；

（二）退赔被害人的损失；

（三）其他民事债务；

（四）罚金；

（五）没收财产。

债权人对执行标的依法享有优先受偿权，其主张优先受偿的，人民法院应当在前款第（一）项规定的医疗费用受偿后，予以支持。

第十八条 【承揽人或定作人责任】

承揽人在完成工作过程中造成第三人损害的，人民法院依照民法典第一千一百六十五条的规定认定承揽人的民事责任。

被侵权人合并请求定作人和承揽人承担侵权责任的，依照民法典第一千一百六十五条、第一千一百九十三条的规定，造成损害的承揽人承担侵权人应承担的全部责任；定作人在定作、指示或者选任过错范围内与承揽人共同承担责任，但责任主体实际支付的赔偿费用总和不应超出被侵权人应受偿的损失数额。

定作人先行支付赔偿费用后，就超过自己相应责任的部分向承揽人追偿的，人民法院应予支持，但双方另有约定的除外。

◆ 条文要旨

本条是有关承揽人或定作人责任的规定。

◆ 理解与适用

一、本条的规范意旨

所谓定作人责任，也称“承揽人责任”或“定作人指示过失责任”，是指当承揽人因从事承揽工作而加害于他人或自身遭受损害时，应由承揽人承担侵权责任或自担损害，定作人原则上不负侵权责任，但是定作人在定作、指示或者选任上存在过错的，应就承揽人加于他人之损害或承揽人自身所受之损害承担相应的赔偿责任。

在《民法典》颁行前，《民法通则》《侵权责任法》等法律都没有对定作人责任作出规定。最高人民法院在2003年《人身损害赔偿解释》中首次对定作人责任作出了详细的规定。该解释第10条曾规定：“承揽人在完成工作过程中对第三人造成损害或者造成自身损害的，定作人不承担赔偿责任。但定作人对定作、指示或者选任有过失的，应当承担相应的赔偿责任。”[①] 在吸收借鉴司法解释规定的基础上，《民法典》第1193条对定作人责任作出了规定：“承揽人在完成工作过程中造成第三人损害或者自己损害的，定作人不承担侵权责任。但是，定作人对定作、指示或者选任有过错的，应当承担相应的责任。”依据《民法典》这一条的规定，承揽人在完成工作过程中给第三人造成损害的，定作人原则上是不需要对此承担侵权责任的，除非定作人存在定作、指示或者选任上的过错。但是，承揽人是否需要承担侵权责任呢？如果需要承担，适用的是何种归责原则呢？此外，当被侵权人将定作人和承揽人作为共同被告提起诉讼时，法院应当如何确定定作人和承揽人的责任？定作人与承揽人之间是否可以进行追偿？对于这些问题，《民法典侵权责任编解释（一）》第18条作出了规定。

---

① 该条现已被删除。

二、定作人责任的性质与理论基础

从比较法上来看，德国、瑞士等大陆法系国家的民法典对于定作人责任没有规定，该项制度来源于英美法中的“独立合同人”（independent contractor）制度。在英美法上，雇主仅仅对雇员的侵权行为承担替代责任，对于独立合同人的侵权行为原则上是不承担侵权责任的。英美法上认为，雇员与雇主之间成立的是“劳务合同”（contract of service），也称“雇佣合同”（an employment contract），独立合同人与他人之间成立的是“服务合同”（contract for services/a service contract）。英国著名法官丹宁勋爵在 1969 年的 Stevenson Jordan and Harrison Ltd 案中认为：“依据一份劳务合同，某人被雇佣而成为商业的组成部分；然而，依据一份服务合同，某人尽管是为商业而服务，却并未被整合进入商业而仅仅是附属于它。”① 区分雇员与独立合同人的根本标准在于控制力（control test），具体需要考量的因素包括：（1）何人拥有劳动工具？如果是从事该工作的人拥有工作中使用的工具，那么该人通常就是独立合同人，反之则是雇员。（2）是获得工资还是一次性付款？如果工作的人是定期获得工资，则属于雇员，如果是一次性取得费用或报酬，则属于独立合同人。（3）工人是否在商业活动中为自己的利益而工作？如果是为了自己的利益而工作，则属于独立合同人，反之则是雇员。（4）谁有权雇佣或解雇雇员？凡是有权雇佣或解雇雇员的就是雇主，否则就是独立合同人。②

日本民法仿照英美法的独立合同人制度对定作人责任作出了规定。《日本民法典》第 716 条规定：“定作人对于承揽人因其工作对第三人造成的损害，不承担赔偿责任。但是，定作人对定作指示或其指示有过失的，不在此限。”日本民法学通说认为，《日本民法典》第 716 条旨在避免就承揽事项上适用第 715 条关于雇主责任的规定。因此，第 716 条乃

---

① Vivienne Harpwood, Modern Tort Law, 7th. ed. , Routledge-Cavendish, 2009, P358.
② Vivienne Harpwood, Modern Tort Law, 7th. ed. , Routledge-Cavendish, 2009, p. 358.

是注意的规定，即提示人们注意区分定作人与雇主的不同，而不能一概适用雇主责任。① 日本大审院昭和 9 年 5 月 23 日判例指出："独立行动之范围彼大（定作人—承揽人）此小（定作人—劳动者），毕竟仅系程度之不同。是均为某事业而使用他人者，就被用人之侵权行为应负责任。但于承揽情形，就使用人有无怠于注意之举证责任并不相同。此乃第 715 条（雇佣人责任）及第 716 条（定作人责任）之法意也。"②《大清民律草案》第 953 条采纳了日本民法上的上述规定，即"承揽人为承揽事项加损害于第三人者，定作人不负赔偿责任。但定作人于定作或指示有过失者，不在此限"。此后，中华民国民法和我国台湾地区"民法"第 189 条完全沿用了这一规定，即"承揽人因执行承揽事项，不法侵害他人之权利者，定作人不负损害赔偿责任。但定作人于定做或指示有过失者，不在此限"。《大清民律草案》这一条的立法理由指出："谨按承揽人独立承办一事，如加害于第三人，其定作人不能负损害赔偿之责，因承揽人独立为其行为，而定作人非使用主，此故也。但定作人于定作或指示有过失时，仍不能免赔偿之义务，盖此时承揽人有似定作人之使用人。此本条所由设也。"我国台湾地区民法学者对设置定作人责任的理由有不同的解释。例如，王伯琦先生认为，我国台湾地区"民法"第 189 条对定作人责任的规定并非单纯地指明定作人不同于雇主，它更重要的意义在于指明"民法"第 191 条关于地上工作物所有人的责任不能适用于定作人，因为当定作物为地上工作物时，定作虽未完成交付，其所有权应即属于作为定作人的土地所有人。依据我国台湾地区"民法"第 191 条的规定，定作人本来应当负责，但是在定作进行的过程中，定作人对于定作物的设置既无法监督指挥，更无法保管，令人依第 191 条负所有人责任，显然不当，因此第 189 条规定定作人原则上不负责任。③

---

① 转引自曾隆兴：《详解损害赔偿法》，中国政法大学出版社 2004 年版，第 105 页。

② 转引自曾隆兴：《详解损害赔偿法》，中国政法大学出版社 2004 年版，第 105 页。

③ 王伯琦：《民法债编总论》，正中书局 1994 年版，第 96 页。

然而，史尚宽先生却认为："'民法'第189条之规定，乃紧接第188条之规定，应探究英美法原理及民法之规定，以为适当之解释。除上述定作人之一般侵权行为责任外，应有其他特殊之责任，而本条之规定始有意义，'民法'第189条乃为第188条之例外规定。定作人对于承揽人之侵权行为，原则不负责任，惟就承揽人因执行定作人有过失之承揽事项所加于他人之损害，例外的亦应依第188条负雇佣人之责。依此，定作人有两重责任。即：（1）就自己之过失行为，独立负责（一般侵权行为责任）。（2）就承揽人因执行定作人有过失之承揽事项，而因承揽人之过失所加于他人之损害，负特殊侵权行为之代理责任。"① 王泽鉴教授则认为，设置定作人责任的规范意旨有两点：其一，承揽人既然不同于雇员，具有自主性与独立性，基本上有预防风险以及分散损害的能力，所以不必为了保护受害人而令定作人像雇主那样承担代负赔偿责任；其二，既然承揽人具有自主独立性，不受定作人的监督或指示，那么就不应当推定定作人就其定作或者指示具有过失。②

在我国《民法典》颁布之前，《人身损害赔偿解释》首次对定作人责任作出了规定。该司法解释起草者认为："由于市场经济的发展，民事法律关系越来越复杂，一些市场主体的经济行为不规范，恶性竞争导致一些承揽人野蛮施工、违规生产的情况很严重，甚至一些不法商户为了牟取暴利，定作人与承揽人串通一气，以假充真、以劣充优，偷梁换柱，生产伪劣商品，建设'豆腐渣'工程，造成人身伤害事故。对这些伤害事故引发的纠纷，缺少法律规范的指导，显然就很难得到公正的处理。"③ 因此，有必要对定作人责任作出规定。《侵权责任法》没有规定

---

① 史尚宽：《债法总论》，中国政法大学出版社2000年版，第194页。

② 王泽鉴：《特殊侵权论——定作人责任》，载最高人民法院民事审判第二庭：《民事审判指导与参考》（总第22辑），法律出版社2005年版，第55页。

③ 参见最高人民法院民事审判一庭编著：《最高人民法院人身损害赔偿司法解释的理解与适用》，人民法院出版社2004年版，第167页以下。

定作人责任。[①]《民法典》第1193条对定作人责任作出了规定，立法机关之所以作此规定，就是“考虑到在大多数情况下，承揽人主要依靠自己的技术和专业技能独立完成承揽工作，不受定作人的支配，承揽人对于第三人造成损害或者造成自身损害的，不应要求定作人承担侵权责任。但是，定作人对定作、指示或者选任存在过错的，需要承担相应的过错责任”。[②]

三、定作人责任的特征

1. 原则上定作人不对承揽人在完成工作过程中对第三人造成的损害或者自身遭受的损害承担赔偿责任。无论是承揽人因完成承揽工作造成他人的损害抑或其自身损害，原则上定作人都不承担赔偿责任。《民法典》第1193条第1句规定：“承揽人在完成工作过程中造成第三人损害或者自己损害的，定作人不承担侵权责任。”既然定作人不承担责任，那么究竟由谁承担侵权责任呢？对此，《民法典》没有规定。事实上，《民法典》也无须规定。因为，第三人的损害是承揽人在完成工作过程中造成的，自然要由承揽人依法承担侵权责任。问题是，承揽人是依据《民法典》的哪一条规定来承担责任呢？对此，有的学者认为，需要根据案件情形分别适用不同的规定：首先，如果承揽人是法人、非法人组织或者有雇工的个体工商户，那么其雇员在执行工作中造成第三人损害的，应当适用的是《民法典》第1191条第1款关于用人单位责任的规定，即由承揽人承担侵权责任。其次，如果承揽人是个人，其雇员在完成承揽工作过程中造成第三人损害的，则应当适用《民法典》第1192条第1款关于个人劳务关系使用人责任的规定。最后，如果承揽人就是

---

① 2015年《全国民事审判工作会议纪要（征求意见稿）》指出：“对于个人与提供劳务的一方所在单位，其他组织之间签订承揽合同，在履行合同期间提供劳动一方因劳务造成他人损害或者自己受到损害的，接受劳务一方不承担责任，但是接受劳务一方在选任、指示等方面存在过失的，应当承担相应的责任。”

② 黄薇主编：《中华人民共和国民法典侵权责任编解读》，中国法制出版社2020年版，第118页。

个人，其自己完成承揽工作中造成他人损害的，应当适用《民法典》第1165条关于一般侵权的规定。① 还有一种观点认为，如果不构成定作人责任，则属于承揽人责任，而承揽人责任应当适用一般侵权行为的规定，即适用过错责任。②《民法典侵权责任编解释（一）》第18条第1款采取了这一观点，规定："承揽人在完成工作过程中造成第三人损害的，人民法院依照民法典第一千一百六十五条的规定认定承揽人的民事责任。"

笔者不赞同《民法典侵权责任编解释（一）》第18条第1款的规定。笔者认为，无论定作人是否具有定作、指示或选任上的过错，是否构成定作人责任，对于承揽人是否要就完成工作过程中造成第三人的损害承担侵权责任，都应当依据该侵权行为的具体类型加以确定，即如果是法律规定适用无过错责任或者过错推定责任的侵权行为，则适用相应的法律规定。如果不是法律规定应当适用无过错责任或过错推定责任的侵权行为，当然应当适用《民法典》第1165条第1款规定的过错责任。至于承揽人本身也是用人者或接受劳务的一方，那么就工作人员造成损害的行为是否构成侵权行为，也需要依据相应的归责原则加以判断，然后再由用人单位或接受劳务一方依法承担替代责任。简单粗暴地认为，承揽人完成工作过程中造成他人损害的行为都适用过错责任，显然是不妥当的。例如，A公司委托B公司对厂房内的烟囱进行爆破作业，B公司的员工张某在实施爆破过程中因操作不当导致炸药提前爆炸，将来A公司办事的李某炸伤。这种情形下，张某实施的侵权行为属于《民法典》第1239条规定的使用易爆的高度危险物造成他人损害的行为，适用无过错责任。

2. 定作人仅在具有定作、指示或选任上有过错时，才需要对承揽人

① 梁慧星：《侵权责任法讲义》，法律出版社2023年版，第127—128页。

② 王泽鉴：《侵权行为法》（增订新版），台北作者印行2015年版，第607页。

完成工作过程中对第三人造成的损害或者自身遭受的损害承担相应的责任。当承揽人在完成工作过程中造成第三人损害时，如果承揽人需要承担侵权责任，同时定作人又具有定作、指示或者选任上的过错，就需要承担相应的赔偿责任。倘若被侵权人将承揽人和定作人作为共同被告提起诉讼，那么，定作人与承揽人应当如何承担责任呢？尤其是怎样理解定作人的"相应的赔偿责任"？对此，学界有不同的观点。一种观点认为，在定作人具有定作、指示或选任上的过错，而承揽人在执行承揽事项时也有过错的情况下，构成共同侵权行为，适用《民法典》第1168条的规定，应当由定作人与承揽人承担连带赔偿责任，内部关系上则依据各自的过错程度和原因力大小确定责任大小份额。[①] 所谓相应的责任应当理解为，定作人承担补充责任，即承揽人不能承担的责任部分，均由定作人承担。[②] 另一种观点认为，我国《民法典》并未如其他国家那样规定，定作人有过错的应当对第三人承担责任，而是规定应当承担"相应的责任"。由于此处的"相应"是与其过错和原因力相应，所以定作人因承揽人完成工作造成第三人损害与承揽人共同承担的责任原则上应为按份责任而非连带责任，除非定作人与承揽人的行为构成共同加害行为。[③]

《民法典侵权责任编解释（一）》没有采取上述连带责任说与按份责任说，而是采取了部分连带责任说，该解释第18条第2款规定："被侵权人合并请求定作人和承揽人承担侵权责任的，依照民法典第一千一百六十五条、第一千一百九十三条的规定，造成损害的承揽人承担侵权人应承担的全部责任；定作人在定作、指示或者选任过错范围内与承揽人共同承担责任，但责任主体实际支付的赔偿费用总和不应超出被侵权

① 王泽鉴：《侵权行为法》（增订新版），台北作者印行2015年版，第607页；邹海林、朱广新主编：《民法典评注·侵权责任编》，中国法制出版社2020年版，第320页。

② 梁慧星：《侵权责任法讲义》，法律出版社2023年版，第131页。

③ 郭明瑞：《侵权责任法通义》，商务印书馆2022年版，第178—179页。

人应受偿的损失数额。”这一规定与该解释关于监护人与受托人，教唆人、帮助人与监护人，劳务派遣单位与接受劳务派遣单位所承担的部分连带责任是相同的。笔者赞同这一观点。首先，将定作人与承揽人界定为共同侵权，进而承担连带责任的观点，完全不符合《民法典》第1193条的文义，因为按照《民法典》第178条第3款的规定，连带责任要由法律规定或当事人约定，显然第1193条使用的“相应的责任”不等于“连带责任”。其次，如果从《民法典》第1168条规定的共同侵权来看，将定作人和承揽人解释成共同故意显然不符合实际情况，如果以定作人具有过失，承揽人也有过失，以他们具有共同过失为由，认定二者承担连带责任，是很不公平的，因为这样会导致仅具有较小过错和原因力的定作人实际承担全部的赔偿责任。最后，按份责任说既不利于保护被侵权人，也违背立法目的。一方面，定作人之所以需要承担相应的责任是因为其对损害的发生具有过错，他们是在为自己的过错行为承担责任。立法者要求这些侵权人承担相应责任的目的就在于：通过责令其向被侵权人直接承担相应的责任，可以形成一种激励机制，促使其履行相应的义务或职责。另一方面，通过要求有过错的定作人承担相应的责任，且使其承担的赔偿责任与应当就全部损害承担责任的承揽人的赔偿责任构成部分的连带责任的关系，能够更充分地保护被侵权人，而不是使被侵权人处于承担侵权责任的人越多反而赔偿保障程度越低的境地。换言之，如果将相应的责任与其他侵权责任的关系理解为按份责任，就会导致被侵权人面临的法律风险（如侵权人的支付不能与诉讼风险等）增加。与合同责任中债权人可以选择自己的债务人不同的是，被侵权人无法选择那些向其负有损害赔偿义务的侵权人。① 因此，在侵权法上，通过部分的连带责任（以及连带责任）可以将支付不能的风险转移给侵权人而非被侵权人。这既符合立法者的目标——不应当赋予侵权人以特权而应激

---

① MünchKommBGB/Wagner, Beck, 2004, § 840 Rn. 1.

励他们停止实施侵权行为，也符合宪法上比例原则的要求。[①] 德国法上为明确此点，专门在《德国民法典》第840条第1款排除了《德国民法典》第420条所规定的可分之债的推定规则而作出特别规定，即“数人对因侵权行为发生的损害共同负责任的，其作为连带债务人负责任”。申言之，如果数人因其侵权行为都需要对同一损害负赔偿责任，那么不论他们是都需要就该同一损害中的全部负赔偿责任，还是有的侵权人就同一损害的全部负责而有的只要就同一损害的部分负责，他们之间都构成连带责任（或部分的连带责任），应当作为连带债务人向受害人负担损害赔偿之债。无非在每个侵权人的责任范围相同的情况下，他们就全部的损害承担连带债务，责任范围对于每个债务人都是相同的；在各个侵权人对同一损害的赔偿范围不同时，他们在责任范围的重合部分负有连带债务，而对于超出该范围的部分，相关的侵权人负有进一步予以赔偿的个人责任。[②]

四、定作人责任的构成要件

（一）承揽人在完成工作任务中造成第三人损害

定作人承担相应的责任是以承揽人必须承担侵权责任为前提的。倘若承揽人在完成工作任务中造成他人损害，其无须承担侵权责任时，原则上定作人也不可能因为所谓定作、指示或选任上的过错承担相应的侵权责任。除非定作人本身实施了相应的行为造成他人损害，则定作人依据侵权法的规定自行承担责任，与承揽人无关。

区分定作人责任与雇主责任的一个重要标准就是，前者实施侵权行为的是承揽人，后者为雇员。承揽人并不限于承揽合同中的承揽人。申言之，虽然在《民法典》第1193条中使用的概念是“承揽人”，但不能将其仅仅理解为《民法典》合同编第十七章规定的“承揽合同”中的承

---

① Staudinger/Vieweg/Lorz，Ottoschmidt，2023，BGB § 840，Rn. 1.

② Staudinger/Vieweg/Lorz，Ottoschmidt，2023，BGB § 840，Rn. 21.

揽人，而应当扩张解释为独立契约人，即除了承揽合同中的承揽人外，还包括：（1）建设工程合同、运输合同（客运、货运）、出版合同、广告合同中的承包人、承运人、出版社；（2）委托合同、行纪合同、中介合同（即居间合同）中的受托人。美国法学家博登海默曾言："当人们形构和界定法律概念之时，他们通常考虑的是那些能够说明某个特定概念的最为典型的情形，而不会严肃考虑那些难以确定的两可性情形。在受雇人和独立缔约人间划界，取决于控制问题，而这种控制的形式是多种多样的，因此，这种界限往往是不明确和模糊不清的。"[①] 因此，一般性的定义不足以严格地区分雇员与独立契约人，需要综合考虑相应的因素来区分雇员与独立契约人（详见下文）。

（二）定作人存在定作、指示或选任的过失

依据《民法典》第1193条的规定，只有"定作人对定作、指示或者选任有过错的"，才发生定作人的赔偿责任。定作人是否具有定作、指示或者选任上的过错，应当依据法律的规定加以判断，在法律没有明确规定的时候，应当依照定作人"是否尽到交易上的必要注意而认定，应特别斟酌及于工作的种类、性质及危险性"。[②] 对于定作人有无定作、指示或选任上的过错，应由被侵权人负有举证责任。具体而言，定作人的过错包括以下三类：

1. 定作过错，是指完成的工作事项或结果本身具有损害承揽人或者第三人的人身财产权益的危险性。主要包括以下情形：（1）定作人要求独立契约人完成的工作成果属于违法事项，例如，定作人要求独立契约人在法律禁止施工或取土的地方施工或取土，结果独立契约人在施工的过程中挖断了军用通讯光缆。（2）定作人要求独立契约人完成的工作成

① ［美］博登海默：《法理学：法律哲学与法律方法》，邓正来译，中国政法大学出版社2001年版，第487页以下。

② 王泽鉴：《特殊侵权论——定作人责任》，载最高人民法院民事审判第一庭：《民事审判指导与参考》（总第22集），法律出版社2005年版，第57页。

果虽属合法，但是其知道或者应当知道该工作成果存在固有的危险性或者会涉及不同寻常的危险，却因过失而未告知。例如，A研究所要求铁路运输部门运输的材料属于高度危险化学品，却没有告知，结果铁路部门将其与B食品公司要求运送的食品一并运送，导致食品被严重污染，无法食用。(3)定作人提供的材料、设计图纸或技术要求不合理或者侵害了他人的权利。例如，某作者交付出版社出版的书稿中存在大量的抄袭、剽窃等侵害他人著作权的内容；再如，某单位提供了假冒伪劣建筑材料给建筑商，结果建筑商使用该建筑材料建成的房屋倒塌砸死行人。

2. 指示过错，主要是定作人知道或者应当知道其于承揽人在完成承揽工作中发出指示是违法的或者可能侵害他人的合法权益，仍然发出该指示或者没尽到通知或提醒义务，结果导致他人权益遭受损害。例如，甲明知其房屋中的某堵墙壁属于承重墙，而要求A装修公司在该墙上开窗，结果房屋坍塌，致人损害。再如，C单位明知交给承揽人清洁的油罐因存放过有毒液体，因此里面有残留的毒气，却没有告知承揽人，导致承揽人清理时中毒。

3. 选任过错，是指定作人知道或应当知道独立契约人不能胜任该工作或者不具有法律要求的从事该工作的资质，仍要求其完成该工作。例如，某单位委托没有建筑施工资质的施工单位从事建筑施工，结果建成的房屋倒塌致人损害。在日本以及我国台湾地区“民法”中，定作人的过失一般是指定作过失或者指示过失，而对独立契约人的选任过失都包含在定作过失当中，而在《美国侵权行为法重述（第二次）》第411条将选任过失单独列为定作人的过失。由于我国现行法对于许多行业都有明确的法定资质要求，如《安全生产法》第72条、《建筑法》第13条、第14条、第22条、第29条等，因此我国《民法典》第1193条也将定作人的选任过错独立于定作、指示的过错而加以规定。

（三）定作人的过错与损害存在因果关系

定作人就承揽人完成工作过程中造成第三人的损害，承担相应的责任，除要求定作人具有过失之外，还要求具有因果关系。但是，该因果关系究竟是指定作人的过错与损害之间的因果关系，还是包括承揽人必须因定作人的过错而完成承揽工作，存在争议。一种观点认为，只要定作人的过失与损害结果之间存在因果关系即可①；另一种观点认为，这里存在双重因果关系，即第一重因果关系为定作人的过失与承揽人完成工作之间的因果关系，第二重因果关系为承揽人完成工作的行为与受害人的损害之间的因果关系。②

笔者赞同第二种观点，首先，如果承揽人等独立契约人在完成工作中致人损害的行为与定作人的定作、指示或选任上的过错无关，那么定作人显然无须承担责任。例如，某单位交付给建筑商的房屋设计图纸虽然存在缺陷，但是建筑商在建筑房屋的过程中擅自改变了设计图纸施工，结果房屋倒塌致人损害，此时只能由建筑商自行承担赔偿责任。其次，承揽人等独立契约人完成工作的行为本身也必须与损害结果之间具有因果关系，否则也中断了定作人过失与损害之间的因果关系。需要注意的是，由于我国《民法典》第 1193 条将定作人在选任上的过错也作为定作人承担责任的情形之一，因此，只要定作人具有选任上的过错，那么承揽人等独立契约人在完成工作中的任何侵权行为都可能建立定作人的过错与损害之间的因果联系。例如，甲选任没有建筑资质的建筑商乙公司建筑房屋，虽然乙公司具有实际的施工能力，但是由于其没有建筑资质，其给他人的损害也被认为与甲的选任过错具有因果联系。

---

① 王泽鉴：《特殊侵权论——定作人责任》，载最高人民法院民事审判第一庭：《民事审判指导与参考》（总第 22 集），法律出版社 2005 年版，第 57 页。

② 孙森焱：《新版民法债编总论》（上册），法律出版社 2006 年版，第 302 页。

五、定作人与承揽人之间的追偿问题

如前所述，承揽人与定作人之间的合同关系不限于加工承揽合同，还可能是其他合同，如建设工程合同、运输合同（客运、货运）、出版合同、广告合同、委托合同、行纪合同、居间合同）等。当事人在这些合同中可能对于追偿的问题作出约定，也可能没有约定。如果有约定，当然可以按照约定进行追偿。如果没有约定，能否追偿呢？对此，《民法典侵权责任编解释（一）》第 18 条第 3 款规定："定作人先行支付赔偿费用后，就超过自己相应责任的部分向承揽人追偿的，人民法院应予支持，但双方另有约定的除外。"从这一规定来看，首先，如果定作人承担的侵权责任没有超出自己相应责任的部分，则不能向承揽人追偿。其次，承揽人承担侵权人应承担的全部责任后，无权向定作人追偿。该规定实际上就是否定了承揽人或者定作人承担侵权责任后相互之间的追偿，除非承揽人与定作人另有约定。

笔者认为，由于承揽人与定作人向被侵权人承担侵权责任都是出于自己的过错，并不存在替代责任或者其中某一方是无过错责任（如监护人责任）的情形。因此，不应当允许他们相互追偿。而且，如果允许追偿也会产生新的纠纷，徒增司法机关的负担。当然，如果当事人在合同中对追偿的问题作出了约定，当然可以按照约定进行。

◆ 疑点与难点

用人单位责任与定作人责任的区分

既然工作人员为用人单位执行工作任务是提供劳动，承揽人为定作人完成工作也是提供劳动，为何前者是用人单位承担责任，后者却是承揽人承担责任？导致这种差异的根本原因在于：用人单位对工作人员具有控制力，这构成了用人单位为工作人员承担责任的重要理论基础。所谓控制力理论，是指用人者对被使用者具有管理、监督和控制之力。通过让用人者承担责任，可以有效地督促其加强对被使用者的监督控制，

以免侵权行为发生。因此，在判断加害人是否属于用人单位的工作人员时，决定性标准就是所谓的控制力标准（the control test），即用人者对被使用者有无控制力，能否对其施加权威。也就是说“唯一的决定因素在于是否存在指导性的依赖（或上下级）关系，使得责任人一方有权得以对相关的行为人进行控制”。[①] 反之，在定作人责任中，定作人对于承揽人并没有控制力，因为定作承揽关系中，虽然作为定作人的用人单位与作为承揽人的工作人员之间也存在劳动的提供与接受，可是他们之间并没有支配与从属、命令与服从的关系。承揽人所负担的只是为定作人提供特定的工作成果的义务，即承揽人负担的是结果性债务。因此，承揽人只要按照合同约定提供特定的工作成果即可，至于具体的劳动时间、地点和方式完全由承揽人自行决定。定作人与承揽人之间没有身份上的支配与从属关系，承揽人可以按照自己的意志独立完成交付的工作。但是，用人单位与工作人员之间是存在这种支配关系的，该关系体现在劳动内容、劳动时间、劳动地点、劳动方式等各个方面。既然定作人对于承揽人并没有支配力或控制力，那么其对于承揽人给他人造成的损害也无须承担责任，除非其具有定作、指示或者选任上的过错。

用人单位不仅会接受与其有劳动关系的自然人提供的劳动，也会接受其他自然人提供的劳动，但是并非用人单位接受了某人所提供的劳动，该人在为用人单位提供劳动的过程中给他人造成了损害，就一定适用《民法典》第1191条第1款规定的用人单位责任。这是因为，该人可能只是属于执行定作任务的承揽人，而非用人单位的工作人员。因此，必须区分用人单位责任与定作人责任。用人者责任与定作人责任是一种“非此即彼”的关系，即当符合控制力标准时，构成“雇佣关系”或“用工关系”，主体之间为使用人和被使用人的关系；当不符合控制力标

---

① ［德］克里斯蒂安·冯·巴尔、［英］埃里克·克莱夫：《欧洲私法的原则、定义与示范规则：欧洲示范民法典草案（第5、6、7卷）》，王文胜等译，法律出版社2014年版，第489页。

准时，则不成立“雇佣关系”或“用工关系”，主体之间为定作人与承揽人。[①] 从我国的司法实践来看，在区分执行定作任务的承揽人与用人单位的工作人员时，应当综合考量以下因素：

1. 从合同关系上区分。承揽合同与雇佣合同的重要区别在于，前者重在工作成果的交付，后者重在劳务的提供。[②] 因此，如果某合同关系重在工作成果的交付，则该合同一方当事人往往是独立契约人，如承揽合同、建设工程合同、运输合同（客运、货运）、出版合同、广告合同、委托合同、行纪合同、中介合同（即居间合同）等。如果该合同重在劳务的给付，则该合同是劳动合同或者雇佣合同，其中提供劳务的一方当事人属于雇员。

2. 自主决策权利的大小。定作人之所以对独立契约人致人损害及其自身遭受的损害不承担赔偿责任，是因为独立契约人在完成承揽工作时具有相当程度的独立性与自主性。而工作人员受到用人单位的命令、指示、管理或控制，自主决策的空间较少。所以，根据自主决策权利的大小也能够比较有效地区分承揽人与用人单位的工作人员。

3. 其他的因素。具体包括：（1）工作时间的长短。一般来说，工作人员受雇的时间较长，具有连续性，而承揽人往往与定作人之间存在一次性合同关系，因此其完成工作的时间一般较短，且不具有连续性。（2）工作场所、生产条件（如工具、设备、原料）等由谁提供。在劳动关系下，工作场所以及生产条件一般由用人单位提供，工作人员只是负责提供劳动。而在承揽等关系中，工作场所以及生产条件都由承揽人自行解决，其向定作人交付工作成果即可。[③] 例如，《民法典》第 772 条第

① 曹险峰：《〈民法典〉中用人者责任与承揽人责任之二元模式论》，载《法学家》2023 年第 1 期。

② 参见李亚虹：《美国侵权法》，法律出版社 1999 年版，第 202 页；徐爱国：《英美侵权行为法》，法律出版社 1999 年版，第 248 页。

③ 福建省高级人民法院民一庭：《雇主责任若干法律问题之思考》，载最高人民法院民事审判第一庭：《民事审判指导与参考》（总第 16 集），法律出版社 2004 年版，第 77 页。

1 款规定："承揽人应当以自己的设备、技术和劳力，完成主要工作，但是当事人另有约定的除外。"至于工作所需材料，既可以由承揽人提供，也可以由定作人提供。《民法典》第 774 条和第 775 条对此有明确的规定。(3) 报酬的支付方式。一般来说，工作人员基本上是按照固定期限(如每天或每月) 领取劳动报酬，而承揽人一般都是就某项工作成果一次性领取报酬或者按照合同约定分批支付。① (4) 解除合同关系的权利大小。② 用人单位的工作人员往往受到劳动法等法律的强行性保护较多，因此用人单位解除劳动合同的权利受到很多限制，即除非当事人达成合意，否则用人单位解除劳动合同时必须满足法定的条件，且即便是在行使法定解除权而解除劳动合同之时，用人单位仍应给予经济补偿，对此《劳动法》第 24 条有明确的规定。但是，在承揽关系中，由于承揽合同是定作人为了满足其特殊需求而订立的，承揽人根据定作人的指示进行工作，如果定作人在合同成立后出于各种原因不再需要承揽人完成工作，则应当允许定作人解除合同，当然定作人享有此种任意解除权的代价是其需要承担赔偿责任。这样的规定既可以有效地保护承揽人的利益，又能够避免给定作人造成更大的损失。③ 例如，《民法典》第 787 条规定："定作人在承揽人完成工作前可以随时解除合同，造成承揽人损失的，应当赔偿损失。"再如，《民法典》第 933 条规定："委托人或者受托人可以随时解除委托合同。因解除合同造成对方损失的，除不可归责于该当事人的事由外，无偿委托合同的解除方应当赔偿因解除时间不当造成的直接损失，有偿委托合同的解除方应当赔偿对方的直接损失和合同履行后可以获得的利益。"

---

① 闫某霞诉美达家具厂雇佣的独立合同工在履行合同义务时致其损害赔偿案，载最高人民法院中国应用法学研究所：《人民法院案例选》(总第 34 辑)，人民法院出版社 2001 年版，第 158 页。

② 王利明主编：《人身损害赔偿疑难问题》，中国社会科学出版社 2004 年版，第 412 页。

③ 胡康生主编：《中华人民共和国合同法释义》，法律出版社 1999 年版，第 401 页。

◆ 相关规定

《中华人民共和国民法典》

第一千一百六十五条 行为人因过错侵害他人民事权益造成损害的，应当承担侵权责任。

依照法律规定推定行为人有过错，其不能证明自己没有过错的，应当承担侵权责任。

第一千一百九十三条 承揽人在完成工作过程中造成第三人损害或者自己损害的，定作人不承担侵权责任。但是，定作人对定作、指示或者选任有过错的，应当承担相应的责任。

第十九条 【缺陷产品造成他人财产损害的赔偿范围】

因产品存在缺陷造成买受人财产损害，买受人请求产品的生产者或者销售者赔偿缺陷产品本身损害以及其他财产损害的，人民法院依照民法典第一千二百零二条、第一千二百零三条的规定予以支持。

◆ 条文要旨

本条是产品责任中的财产损害赔偿范围的规定。

◆ 理解与适用

一、本条的规范意旨

产品责任（Product Liability），是指缺陷产品造成他人损害时，产品的生产者、销售者应当承担的侵权责任。产品责任属于侵权责任，不以合同关系为前提，无论被侵权人与产品的生产者、销售者之间有无买卖合同或其他合同关系，被侵权人均可以针对生产者、销售者提起产品责任之诉。产品责任也是一种特殊的侵权责任，适用无过错责任而非过错责任原则。《民法典》侵权责任编第四章对产品责任作出了明确的规定。在产品责任中一直以来存在争议的一个问题是缺陷产品自身的损害是否属于产品责任的赔偿范围，也就是说，当缺陷产品造成他人损害时，被侵权人能否在针对产品的生产者、销售者提起的侵权赔偿诉讼中，要求生产者、销售者赔偿缺陷产品自身的损害？例如，张三从汽车销售商 B 公司购买了一辆由汽车生产商 C 公司生产的汽车，价款 10 万元，某日该车停放在路边时发生自燃，全车烧毁。张三能否要求产品的生产者 C 公司赔偿 10 万元购车款，还是说只能依据买卖合同要求销售者 B 公司承担 10 万元的违约赔偿责任？《民法典侵权责任编解释（一）》第 19 条就该问题作出了规定。

二、缺陷产品本身的损害属于产品责任的赔偿范围

因产品存在的缺陷造成他人损害的，生产者、销售者应当承担赔偿责任。如果缺陷的产品造成了产品的购买者、使用者人身损害的，侵权人应当赔偿医疗费、护理费、交通费、营养费、住院伙食补助费等为治疗和康复支出的合理费用，以及因误工减少的收入。造成残疾的，还应当赔偿辅助器具费和残疾赔偿金；造成死亡的，还应当赔偿丧葬费和死亡赔偿金（《民法典》第 1179 条）。如果缺陷产品造成了他人财产损失，侵权人应当恢复原状或者折价赔偿。受害人因此遭受其他重大损失的，侵害人应当赔偿损失（《产品质量法》第 44 条第 2 款）。

然而，依据《产品质量法》第 41 条第 1 款以及第 42 条第 1 款，产品责任的赔偿范围并不包括缺陷产品自身的损失。也就是说，被侵权人无论是针对生产者还是销售者提起产品责任之诉，生产者或销售者都不就缺陷产品本身的损害承担赔偿责任。这一损害应当通过瑕疵担保责任解决，即由与销售者具有买卖合同关系的购买人通过违约之诉加以解决。在比较法上，1985 年的欧共体第 85/374 号关于产品责任的指令、《法国民法典》《德国产品责任法》以及《美国侵权法重述第三版：产品责任》（Restatement of the Law Third Torts：Products Liability）等都认为，产品的生产者只对因产品的缺陷造成他人的生命、身体或健康或缺陷产品之外的财产损害承担无过错责任。至于缺陷产品本身的损害，应由买卖法来加以规定。因为立法者不希望将无过失的产品责任扩张到缺陷产品自身的损害上，否则买卖法上的填补制度将失去适用的对象。“产品责任的保护对象不包括商品自身损害，是各国产品责任法的基本原则。产品自身损害所生的纯经济损失，原则上应在合同法上加以救济。过度扩大侵权责任法的规范领域，将如美国学者吉尔默在其名著《合同的死亡》中所说，使合同法淹没在侵权行为法的汪洋大海中。”① 例如，德国遵循危险责任的传统，其《产品责任法》（ProdHaftG）第 1 条第 1 款并不赔偿纯粹的财产损失，损害赔偿请求权的前提必须损害了法益。因此，缺陷产品本身以及缺陷上形成的损害并不是《产品责任法》第 1 条第 1 款的保护对象，只有当缺陷产品损害了其他的物时才产生该法所规定的损害赔偿义务。② 再如，《美国侵权法重述第三版：产品责任》第 21 条“‘人身或财产损害’之定义：对经济损失的赔偿请求”规定：“为本重述之目的，人身或财产损害包括损害所导致的经济损失，如果受损对象为：（1）原告的身体；（2）其他的人，当对他人的损害妨碍了原告受侵权法保护的利益时；（3）除了缺陷产品本身之外的原告的财产。”重述评注认为，由于产品责任法介于侵权法与合同法之间，故此有些种类的损害包括经常被称为“纯经济损失”的，归于合同法的范畴更为合适，有关的补偿规则规定在《统一商法典》第 2 条及第 2A 条。如果原告仅仅因为缺陷产品发生故障或自损而遭受损失的，该损失被认为《统一商法

---

① 刘静：《产品责任论》，中国政法大学出版社 2000 年版，第 150 页。

② Fuchs/Pauker/Baumgärtner，Delikts- und Schadensersatzrecht，9. Aufl.，Springer，2017，S. 333.

典》调整范围内的经济损失。①

我国《民法典》第 1202 条规定："因产品存在缺陷造成他人损害的，生产者应当承担侵权责任。"《民法典》颁布后，就该条中的"他人损害"是否包括缺陷产品自身的损害，存在不同的看法。一种观点认为，《民法典》颁布后，仍然应当依据特别法优于一般法的原则适用《产品质量法》第 41 条第 1 款的规定，即将缺陷产品本身的损害赔偿排除在产品责任的救济范围之外，因为被侵权人可以依据买卖合同的品质担保等获得救济，而且可以避免将违约责任与侵权责任相混淆。② 另一种观点认为，《民法典》第 1202 条中的"他人损害"中的财产损害既包括缺陷产品以外的其他财产损害，也包括缺陷产品自身的损害。因为我国《民法典》并无区分产品自损与缺陷产品以外的其他财产的立法意图，同时将缺陷产品自身的损害纳入产品责任也有利于保护消费者，消费者很可能不是合同的当事人，无法通过合同获得救济。③

笔者认为，我国《民法典》规定的产品责任的赔偿范围包括了缺陷产品自身的损害，将缺陷产品自身的损害完全排除在产品责任的赔偿范围之外并不合理。首先，我国侵权法的保护范围历来非常广泛，不仅限于绝对权，还包括相对权以及纯粹经济损失。《民法典》第 120 条明确规定："民事权益受到侵害的，被侵权人有权请求侵权人承担侵权责任。"第 1165 条第 1 款规定："行为人因过错侵害他人民事权益造成损害的，应当承担侵权责任。"从这些规定可知，人身权益和财产权益都是我国侵权法的保护对象，即便是纯粹经济损失，也是可以通过侵权法加以保护的。并且，我国法上对于侵权赔偿责任与违约赔偿责任采取的是

---

① 美国法律研究院：《侵权法重述第三版：产品责任》，肖永平等译，法律出版社 2006 年版，第 419—423 页。

② 张新宝：《中国民法典释评·侵权责任编》，中国人民大学出版社 2020 年版，第 137—138 页。相同观点参见最高人民法院民法典贯彻实施工作领导小组：《中华人民共和国民法典侵权责任编理解与适用》，人民法院出版社 2020 年版，第 313 页。

③ 王利明主编：《中国民法典评注·侵权责任编》，人民法院出版社 2021 年版，第 229 页。

自由竞合的立场，《民法典》第186条规定："因当事人一方的违约行为，损害对方人身权益、财产权益的，受损害方有权选择请求其承担违约责任或者侵权责任。"因此，我国法上并不存在合同法被侵权法淹没的问题。况且，对于缺陷产品自身的损害无论是通过合同法追究违约赔偿责任，还是通过产品责任获得赔偿，在归责原则上并无区别，适用的都是无过错责任。

其次，产品责任的赔偿范围包括缺陷产品更有利于保护广大消费者的合法权益。因为，如果将缺陷产品自身的损害排除在产品责任之外，只能通过合同责任去获得赔偿，一方面，对于与销售者有合同关系的被侵权人而言，意味着要通过两次诉讼来解决缺陷产品造成的损害，一次是违约责任之诉，解决缺陷产品本身的损害；另一次是产品责任之诉，解决人身损害和缺陷产品之外的财产损害。这显然是徒增被侵权人的诉累，浪费司法资源。① 另一方面，倘若被侵权人与销售者没有合同关系，甚至都无法依据买卖合同向销售者主张权利。此外，在很多时候，被侵权人的损害就是缺陷产品本身的损害，如果要求该损害只能通过合同责任解决，那就意味着被侵权人无法向与其没有买卖合同关系的产品的生产者请求赔偿，即便能够依据合同法请求销售者赔偿，也往往面临销售者没有赔偿能力的局面，对于被侵权人十分不利。故此，我国司法实践中，有的法院已经肯定了被侵权人就缺陷产品本身的损害可以依据产品责任要求与其没有合同关系的生产者赔偿。例如，在"祁某某诉上海大众汽车有限公司产品责任纠纷案"中，原告购买的由被告生产的汽车发生自燃，原告就该缺陷产品本身的损害针对产品的生产者提起了产品责任之诉，法院认为："祁某某购买的帕萨特汽车在正常行驶状态下发生燃烧，经消防部门认定火灾原因不明。现因无证据证明车辆燃烧是外界

① 高圣平：《论产品责任损害赔偿范围——以〈侵权责任法〉〈产品质量法〉相关规定为分析对象》，载《华东政法大学学报》2010年第3期。

人为原因或祁某某使用不当所致，加之该车尚在整车质量保证期内，上海大众汽车公司亦未能举证证明祁某某曾对该车进行过不当修理，可以表明该车存在不合理的危及人身、财产安全的危险，即存在产品质量缺陷。”①

最后，从我国《民法典》第1202条和第1203条的立法意图来看，所谓“他人损害”就是指产品的生产者、销售者之外的民事主体，并未将损害的范围限定在人身损害和缺陷产品之外的财产损害。这一点可以从负责民法典编纂工作的立法机关有关人士撰写的民法典释义书中得到验证，他们在评论《民法典》第1202条时写道：“缺陷产品造成受害人损害的事实，是指缺陷产品的使用人或者第三人因缺陷产品造成损害的客观存在。损害事实包括人身损害、财产损害。财产损害是否包括缺陷产品本身的损失，在立法中存在争论。有的认为，多数国家产品责任中的财产损害仅指缺陷产品以外的其他财产的损失，不包括缺陷产品本身。缺陷产品本身的损害，属于合同责任问题，应当通过合同解决，缺陷产品以外的其他财产损害，才是本章所称的财产损害。有的认为，财产损害应当包括缺陷产品本身的损害。有的提出，立法应当从我国国情出发，从保护用户、消费者的角度出发，财产损害不应区分缺陷产品本身的损害与缺陷产品以外的其他财产的损害。我们认为本条的财产损害，既包括缺陷产品以外的其他财产的损害，也包括缺陷产品本身的损害，这样，有利于及时、便捷地保护用户、消费者的合法权益。”② 显然，从这一阐述可知，立法者有意要修改《产品质量法》的规定，从而将缺陷产品自身的损害也纳入产品责任的赔偿范围。

《民法典侵权责任编解释（一）》第19条规定，因产品存在缺陷造

---

① 最高人民法院中国应用法学研究所编：《人民法院案例选》（总第64辑），人民法院出版社2009年版，第110页以下。

② 黄薇主编：《中华人民共和国民法典侵权责任编释义》，中国法制出版社2020年版，第157—158页。

成买受人财产损害，买受人请求产品的生产者或者销售者赔偿缺陷产品本身损害以及其他财产损害的，人民法院依照《民法典》第1202、1203条的规定予以支持。这就是说：买受人可以依据买卖合同，请求销售者承担违约责任，据以赔偿缺陷产品本身的损害；买受人也可以依据作为侵权责任的产品责任，请求生产者、销售者承担缺陷产品自身损害的侵权赔偿责任。笔者认为，司法解释这一规定更加有利于保护缺陷产品的被侵权人，节约了司法资源，避免了因为销售者缺乏赔偿能力时的违约赔偿责任落空。需要注意的是，《民法典侵权责任编解释（一）》第19条只是规定了“买受人”在请求产品的生产者或者销售者赔偿财产损害时，可以包括“缺陷产品本身损害”。如果不是买受人，而是受赠人，如张某从A公司购买了一辆汽车，该车是由B公司生产的，然后张某将这辆车送给了李某。现在汽车发生自燃了，如果按照这一条规定，李某并非买受人，张某才是买受人。李某能否在请求产品的生产者或销售者承担产品责任时，要求赔偿缺陷产品自身的损害呢？笔者认为，从《民法典》第1202条与第1203条的规定来看，应当得出肯定的结论。

◆ 疑点与难点

一、产品责任中销售者的侵权责任的归责原则

就缺陷产品造成的损害，生产者承担的侵权责任适用的是无过错责任，对此没有争议。但是，销售者究竟承担过错责任还是无过错责任，曾经存在很大的争议。在我国《民法典》颁布之前，主要的争议源于《侵权责任法》第42条第1款和《产品质量法》第42条第1款。前者规定：“因销售者的过错使产品存在缺陷，造成他人损害的，销售者应当承担侵权责任。”后者规定：“由于销售者的过错使产品存在缺陷，造成人身、他人财产损害的，销售者应当承担赔偿责任。”一种观点认为，从这两款可知，只有当销售者存在过错并且因该过错而导致产品存在缺

陷的，销售者才应当承担侵权赔偿责任，故此销售者承担的是过错责任。[①] 另一种观点认为，依据《侵权责任法》第 43 条可知，只要因为产品的缺陷造成损害，无论是生产者还是销售者，都应当向被侵权人承担无过错责任，产品的缺陷是否因销售者的过错所致只是决定销售者是否需要承担最终责任的依据。[②] 换言之，销售者的过错只是在销售者与生产者等其他责任主体之间分担责任时，才具有意义。因此，不能孤立地理解《侵权责任法》第 42 条，进而得出销售者承担过错责任的结论，而应当将《侵权责任法》第 41—43 条结合起来理解，即第 43 条所规定的是生产者、销售者对于被侵权人所承担的无过错产品责任，而第 41 条和第 42 条则是生产者、销售者承担侵权责任之后，生产者、销售者内部责任的分担规则。[③]

笔者认为，争论的重要原因在于法律规定本身的问题。一方面，《侵权责任法》第 42 条第 1 款及《产品质量法》第 42 条第 1 款明确使用了“过错”一词，而从这两款的文字表述来看，似乎要表达的意思就是：销售者仅在有过错且因过错造成产品有缺陷的情况下，才需要向被侵权人承担责任。如果认为销售者向被侵权人承担的是无过错责任，那么《侵权责任法》第 42 条第 2 款与《产品质量法》第 42 条第 2 款“销售者不能指明缺陷产品的生产者也不能指明缺陷产品的供货者的，销售者应当承担赔偿责任”就成为完全没有意义的规定。另一方面，依据《侵权责任法》第 43 条第 2 款以及《产品质量法》第 43 条第 2 句，产品缺陷由生产者造成的，销售者赔偿后，有权向生产者追偿。这种规定又意味着，即便缺陷与销售者毫无关系，销售者也没有任何过错，当被侵

---

① 王胜明主编：《中华人民共和国侵权责任法解读》，中国法制出版社 2010 年版，第 222 页。

② 张新宝：《侵权责任法》（第二版），中国人民大学出版社 2010 年版，第 254 页；王利明、周友军、高圣平：《中国侵权责任法教程》，人民法院出版社 2010 年版，第 517 页以下；高圣平：《论产品责任的责任主体及归责事由——以〈侵权责任法〉“产品责任”章的解释论为视角》，载《政治与法律》2010 年第 5 期。

③ 杨立新：《〈中华人民共和国侵权责任法〉条文释义与司法适用》，人民法院出版社 2010 年版，第 285—286 页。

权人要求其赔偿时，其也要先承担责任，之后才能向生产者追偿。如此一来，销售者向被侵权人负担的侵权责任显然是不以过错为要件的，过错只是对生产者进行追偿时才有意义。有鉴于此，在我国编纂民法典时，理论界与实务界呼吁立法机关解决上述法律条文理解中的矛盾。最终，《民法典》删除了《侵权责任法》第 42 条，只保留了第 41 条和第 43 条的规定，分别成为《民法典》第 1202 条和第 1203 条。① 如此一来，上述误解和争议自然就消除了。

笔者认为，产品责任中，销售者的侵权责任也应当适用无过错责任，理由除了《民法典》已经删除《侵权责任法》第 42 条规定之外，还有如下几项：首先，如果要求被侵权人只有证明销售者具有过错且因该过错导致产品存在缺陷时，才能要求其承担侵权责任，显然证明难度过高。一旦被侵权人无法加以证明的，其就只能要求生产者承担侵权责任。这种做法一方面与《民法典》第 1203 条第 1 款的规定相悖，另一方面也不利于保护消费者的合法权益，因为在生产者没有赔偿能力时，受害人的损害无法得到补偿，只能自担损害。

其次，从报偿原理上说，销售者也因缺陷产品的销售而获得相应的利益，自然应当承担缺陷产品造成他人损害时侵权责任的风险，这就包括生产者无力赔偿时最终承担赔偿责任的风险。正因如此，美国法上产品责任的严格责任适用于产品分配商业链条上的所有当事人，从缺陷零部件供应商到生产商、中间经销商以及零售商。只有临时的私人销售者

---

① 立法机关有关人士解释删除《侵权责任法》第 42 条的理由为：该条第 1 款“因销售者的过错使产品存在缺陷，造成他人损害的，销售者应当承担侵权责任”的表述确实与第 43 条第 3 款“因销售者的过错使产品存在缺陷的，生产者赔偿后，有权向销售者追偿”的表述重复；第 42 条第 2 款“销售者不能指明缺陷产品的生产者也不能指明缺陷产品的供货者的，销售者应当承担侵权责任”也主要解决责任内部分配的问题，并且第 43 条第 2 款、第 3 款能够涵盖第 42 条的内容。由此看出，删除第 42 条并不影响侵权责任编关于产品责任的严密规定。为了使得表述更加清晰简洁、上下文逻辑更加通顺，民法典侵权责任编编纂过程中，删除了《侵权责任法》第 42 条的规定。参见黄薇主编：《中华人民共和国民法典侵权责任编解读》，中国法制出版社 2020 年版，第 159—160 页。

出售二手商品时，如个人出售自己的二手车，不适用严格责任。①《美国侵权法重述第三版：产品责任》第 1 条规定："凡从事产品销售或者分销经营活动，销售者或者分销缺陷产品，应当对该缺陷造成的人身或者财产损害承担责任。"美国法学会对该条的评注指出："本节所述规则仅仅适用于从事对该缺陷产品进行销售业务或者其他分销业务活动的制造者以及其他商业销售者或者分销者，它不适用于对该产品的非商业性的销售者或者分销者。所以，规则既不适用于邻里之间的食物买卖行为，也不适用于私有车主将自己的车转卖给他人的行为。"②

最后，法律上使销售者承担无过错责任对其并不过于苛刻。一方面，作为商业机构的销售者比个人使用者和消费者更有能力将产品责任的损害通过保险或产品的定价加以分散；另一方面，批发商或零售商也更有能力将产品责任的所有损失追及产品销售链条的源头——产品的生产者。也就是说，销售者实际上是可以将产品责任的损失追溯至源头，即产品的生产者的。此外，让零售商和批发商承担严格责任，能够激励他们仅和那些有商业声望的、财务状况良好的制造商和分销商打交道，从而更有利于保护产品的使用者和消费者。③

综上所述，因产品缺陷造成他人损害时，生产者与销售者都应当承担无过错责任。被侵权人无论是要求生产者承担赔偿责任还是要求销售者承担赔偿责任的，都无须证明他们存在过错。如果销售者没有过错却承担了赔偿责任，其可以向生产者追偿。反之，生产者承担赔偿责任，也可以向因过错造成产品缺陷的销售者追偿。

---

① 到 2008 年为止，美国只有五个州（特拉华、马萨诸塞、密歇根、北卡罗来纳以及弗吉尼亚）在形式上拒绝侵权之严格产品责任原则。[美] 戴维·G. 欧文：《产品责任法》，董春华译，中国政法大学出版社 2012 年版，第 100 页。

② 美国法律研究院：《侵权法重述第三版：产品责任》，肖永平等译，法律出版社 2006 年版，第 5 页。

③ 美国法律研究院：《侵权法重述第三版：产品责任》，肖永平等译，法律出版社 2006 年版，第 17 页。

二、产品责任与物的瑕疵担保责任的区别

产品责任是特殊的侵权责任，不同于性质上属于违约责任的物的瑕疵担保责任。后者是指因产品的质量不符合合同的约定、法律的规定时，产品的销售者应承担的违反合同的民事责任。① 二者存在以下区别：第一，二者的责任性质不同。产品责任是侵权责任，物的瑕疵担保责任是违约责任。《民法典》侵权责任编第四章、《产品质量法》第41—46条以及《消费者权益保护法》第40条第2款是对产品责任的规定。《民法典》第617条、《产品质量法》第40条、《消费者权益保护法》第40条第1款与第48条则是对物的瑕疵担保责任的规定。

第二，当事人之间有无合同关系不同。依据合同的相对性，只有原告与被告之间存在有效的合同关系如买卖合同、承揽合同时，一方当事人才有权要求对方当事人承担违约责任。这正是《产品质量法》第40条第1款、《消费者权益保护法》第40条第1款仅允许购买产品的消费者要求产品的销售者承担瑕疵担保责任的理由。然而，作为侵权责任的产品责任，其成立不以加害人与受害人有合同关系为必要，任何因缺陷产品而遭受损害的人都有权要求产品的生产者、销售者承担侵权责任。

第三，缺陷不同于瑕疵。瑕疵担保责任以产品存在瑕疵为构成要件。瑕疵可分为物的瑕疵与权利瑕疵。物的瑕疵，是指作为合同标的物的产品的质量不符合要求。认定标的物的质量是否符合要求，首先看当事人的约定，即合同关于标的物的质量有约定的，从约定；没有约定或者约定不明确的，依据《民法典》第510条，双方可以协议补充，不能达成补充协议的，则按照合同相关条款或者交易习惯确定。如果既无法协议

---

① 卞耀武：《产品质量法诠释》，人民法院出版社2000年版，第102页以下；卞耀武主编：《中华人民共和国产品质量法释义》，法律出版社2000年版，第87页以下。需要注意的是，在我国，《合同法》以及《民法典》合同编不承认瑕疵担保责任的独立存在，而是将其统一纳入违约责任当中。由于《合同法》以及《民法典》对违约责任原则上采取的是无过错责任，所以，也没有必要在违约责任之外再设立瑕疵担保责任。详见胡康生主编：《中华人民共和国合同法释义》，法律出版社1999年版，第235页以下；黄薇主编：《中华人民共和国民法典合同编解读（下）》，中国法制出版社2020年版，第544页。

补充，也无法按照合同相关条款或交易习惯确定的，则适用《民法典》第 511 条第 1 项之规定：“质量要求不明确的，按照强制性国家标准履行；没有强制性国家标准的，按照推荐性国家标准履行；没有推荐性国家标准的，按照行业标准履行；没有国家标准、行业标准的，按照通常标准或者符合合同目的的特定标准履行。”然而，产品责任则以产品存在缺陷为构成要件之一。产品责任旨在保护广大民事主体的人身财产安全，而因产品缺陷遭受损害的被侵权人也并非都与产品的生产者、销售者存在合同关系。故此，产品的缺陷应由法律规定，不取决于当事人的合同约定。依据我国法律，产品的缺陷是指产品存在危及人身、他人财产安全的不合理的危险；产品有保障人体健康和人身、财产安全的国家标准、行业标准的，是指不符合该标准（《产品质量法》第 46 条、第 26 条第 2 款）。

第四，承担责任的性质与方式不同。当买卖合同、承揽合同等的标的物的质量不符合要求时，出卖人、承揽人等违约方应当依法承担违约责任。依据《民法典》第 582—583 条以及《产品质量法》第 40 条第 1 款，质量不符合要求的，如果当事人对于违约责任有约定的，就按照约定，如约定了违约金的，就应当支付违约金。如果对违约责任没有约定或者约定不明确，而依据《民法典》第 510 条也不能确定的，则受损害方有权根据标的物的性质以及损失的大小，合理选择请求对方承担相应的违约责任，具体的违约责任承担方式包括：（1）修理，即对存在瑕疵的产品进行修复，使其质量符合要求；（2）重作，即重新按照要求制作标的物，如承揽人生产的零部件不符合定作人的要求，则应当重新制作一个新的质量符合要求的零部件；（3）更换，是指以符合质量要求的产品替换不符合要求的产品；（4）退货，可能是解除买卖合同等合同产生的法律效果，也可能只是将不符合质量要求的标的物退还给出卖人等违约方，然后要求其重新交付质量符合要求的标的物；（5）减少价款或者报酬，即买受人等自愿接受质量不符合要求的标的物，但主张相应的减少价款或者报酬，从而使得双方的合同关系重新恢复到均衡的等价关系；[①]（6）赔偿损失，即赔偿因产品质量不符合要求而给买受人等非违约方造成的损失。

在产品责任中，无论是产品的生产者还是销售者，承担的都是侵权责任。侵权责任并非如违约责任那样可以由当事人加以约定。具体的侵权责任承担方式包括：（1）因产品缺陷危及他人人身、财产安全的，被侵权人有权请求生产者、销售者承担停止侵害、排除妨碍、消除危险等侵权责任（《民法典》第1205条）；（2）因产品存在缺陷造成他人损害的，被侵权人可以请求生产者、销售者承担赔偿责任（《民法典》第1203条），包括金钱赔偿、恢复原状或折价赔偿《产品质量法》第44条）；（3）产品投入流通后发现存在缺陷的，生产者、销售者应当及时采取停止销售、警示、召回等补救措施；未及时采取补救措施或者补救措施不力造成损害扩大的，对扩大的损害也应当承担侵权责任（《民法典》第1206条第1款）。依法采取召回措施的，生产者、销售者应当负担被侵权人因此支出的必要费用（《民法典》第1206条第2款）。

第五，举证责任不同。产品缺陷的证明原则上适用一般的举证规则"谁主张、谁举证"，即主张产品存在缺陷的原告负有举证责任，但是法律另有规定的除外。例如，《最高人民法院关于审理食品药品纠纷案件适用法律若干问题的规定》第6条规定："食品的生产者与销售者应当对于食品符合质量标准承担举证责任。认定食品是否安全，应当以国家标准为依据；对地方特色食品，没有国家标准的，应当以地方标准为依据。没有前述标准的，应当以食品安全法的相关规定为依据。"物的瑕疵的证明责任原则上也适用"谁主张、谁举证"的规则，但是，为了更好地保护消费者的合法权益，我国《消费者权益保护法》第23条第3款规定："经营者提供的机动车、计算机、电视机、电冰箱、空调器、洗衣机等耐用商品或者装饰装修等服务，消费者自接受商品或者服务之日起六个月内发现瑕疵，

① 黄薇主编：《中华人民共和国民法典合同编解读（下）》，中国法制出版社2020年版，第427页。

发生争议的，由经营者承担有关瑕疵的举证责任。”①

第六，案由与管辖法院不同。产品责任属于侵权责任，案由为“产品责任纠纷”，产品制造地、产品销售地、服务提供地、侵权行为地和被告住所地人民法院都有管辖权。产品瑕疵担保责任属于合同责任，案由多为“买卖合同纠纷”，由被告住所地或合同履行地的法院管辖，或者当事人协议选择的法院管辖，包括被告住所地、合同履行地、合同签订地、原告住所地、标的物所在地的人民法院。

◆ 相关规定

《中华人民共和国民法典》

第一千二百零二条 因产品存在缺陷造成他人损害的，生产者应当承担侵权责任。

第一千二百零三条 因产品存在缺陷造成他人损害的，被侵权人可以向产品的生产者请求赔偿，也可以向产品的销售者请求赔偿。

产品缺陷由生产者造成的，销售者赔偿后，有权向生产者追偿。因销售者的过错使产品存在缺陷的，生产者赔偿后，有权向销售者追偿。

第二十条 【转让拼装报废车的侵权责任无需主观要件】

以买卖或者其他方式转让拼装或者已经达到报废标准的机动车，发生交通事故造成损害，转让人、受让人以其不知道且不应当知道该机动车系拼装或者已经达到报废标准为由，主张不承担侵权责任的，人民法院不予支持。

---

① 该规定是2013年第二次修正《消费者权益保护法》时新增的，立法理由可参见李适时主编：《中华人民共和国消费者权益保护法释义》（最新修正版），法律出版社2013年版，第93页以下。

◆ 条文要旨

本条是有关转让拼装报废的机动车的侵权责任不以受让人主观上知道或者应当知道为要件的规定。

◆ 理解与适用

一、本条的规范意旨

《民法典》第1214条规定："以买卖或者其他方式转让拼装或者已经达到报废标准的机动车，发生交通事故造成损害的，由转让人和受让人承担连带责任。"这一规定的目的在于，一方面，通过连带责任这种严厉的民事责任实现预防并制裁转让、驾驶拼装的或者已经达到报废标准的机动车的行为；另一方面，要求转让人与受让人承担连带责任也能更好地保护人民群众的生命财产安全，使机动车交通事故的受害人的损害赔偿更有保障。实践中，就该条规定是否以受让人明知或应知所受让的机动车属于拼装或已经达到报废标准的机动车为要件，存在不同的看法。《民法典侵权责任编解释（一）》第20条作出了相应的规定。

二、转让拼装或报废的机动车

（一）拼装的或报废的机动车

所谓拼装的机动车，是指没有制造、组装机动车许可证的企业或个人，擅自非法制造、拼凑、组装的机动车。《国务院对禁止非法拼（组）装汽车、摩托车通告的批复》（国函〔1996〕69号）规定："一、未经国家有关部门批准，利用进口汽车车身（含驾驶室）拼（组）装生产汽车的，属于非法拼（组）装车辆行为。二、未经国家有关部门批准，利用进口摩托车发动机（含全套发动机散件）、车架拼（组）装生产摩托车的，属于非法拼（组）装车辆行为。”①拼装的机动车没有整车出厂合格证明或进口机动车的进口凭证，达不到机动车的国家安全技术标准。这样的机动车上道路行驶，势必对公众的人身安全和财产安全构成严重威胁。故此，《道路交通安全法》第16条第1项明确禁止任何单位或者个人拼装机动车。此外，国务院颁布的《报废机动车回收管理办法》第15条第1款也明确禁止任何单位或者个人利用报废机动车“五大总成”和其他零部件拼装机动车，禁止拼装的机动车交易。

已达到报废标准的机动车，是指按照国家强制报废标准应当报废的机动车。这种机动车已经达到了一定的行驶年限和里程，其安全系数已经不符合要求。如果仍上道路行驶，也会严重威胁公众的人身和财产安全。《道路交通安全法》第14条规定：“国家实行机动车强制报废制度，根据机动车的安全技术状况和不同用途，规定不同的报废标准。应当报废的机动车必须及时办理注销登记。达到报废标准的机动车不得上道路行驶。报废的大型客、货车及其他营运车辆应当在公安机关交通管理部门的监督下解体。”《报废机动车回收管理办法》第11条规定：“回收的报废机动车必须按照有关规定予以拆解；其中，回收的报废大型客车、

---

① 1999年10月25日，经国务院批准，原外经贸部、原国家经贸委、财政部、公安部、原国家工商局、海关总署联合发布的《关于执行〈关于禁止非法拼（组）装汽车、摩托车的通告〉的实施细则》（外经贸机电发〔1999〕第628号，已废止）第7条规定：“下列情况之一者，属非法拼（组）装汽车、摩托车行为：一、未列入《目录》的企业利用进口关键件组装生产汽车、摩托车的；二、列入《目录》的企业利用进口关键件组装生产汽车、摩托车，但未经国家批准立项的；或虽经国家批准列项但不能提供外经贸部签发的《进口配额证明》或《机电产品进口登记表》以及许可证发证机关签发的《进口许可证》和海关签发的《关税缴纳证明书》《货物进口证明书》的；三、虽持有上述证明文件，但生产的产品与批准进口的车型、数量、规格或用途不符的，或不按规定使用上述证明文件的；四、生产企业采用国家批准的进口关键总成生产的汽车、摩托车，其关键总成和非关键进口件的总价值超过原进口车型60%，又无整车进口证明和按整车完税证明的。”

货车等营运车辆和校车，应当在公安机关的监督下解体。”① 依据商务部、公安部、发改委等国家部委联合发布的《机动车强制报废标准规定》第4条：“已注册机动车有下列情形之一的应当强制报废，其所有人应当将机动车交售给报废机动车回收拆解企业，由报废机动车回收拆解企业按规定进行登记、拆解、销毁等处理，并将报废机动车登记证书、号牌、行驶证交公安机关交通管理部门注销：（一）达到本规定第五条规定使用年限的；（二）经修理和调整仍不符合机动车安全技术国家标准对在用车有关要求的；（三）经修理和调整或者采用控制技术后，向大气排放污染物或者噪声仍不符合国家标准对在用车有关要求的；（四）在检验有效期届满后连续3个机动车检验周期内未取得机动车检验合格标志的。”因此，符合上述强制报废标准的车辆就是报废机动车，既不得上路行驶，也不能进行转让。

《民法典》第1214条中的转让仅指机动车所有权的转移，最典型的转让方式当然是买卖，此外还包括赠与。至于遗赠、继承虽然也会使得机动车所有权发生转移，② 但遗赠和继承都是在被继承人死亡后才发生法律效力，因此也不存在转让人与受让人承担连带责任的问题。转让人还需要将拼装或报废的机动车交付给受让人，这种交付既包括现实交付，

① 2012年商务部、发改委、公安部和原环境保护部联合颁布的《机动车强制报废标准规定》第4条规定：“已注册机动车有下列情形之一的应当强制报废，其所有人应当将机动车交售给报废机动车回收拆解企业，由报废机动车回收拆解企业按规定进行登记、拆解、销毁等处理，并将报废机动车登记证书、号牌、行驶证交公安机关交通管理部门注销：（一）达到本规定第五条规定使用年限的；（二）经修理和调整仍不符合机动车安全技术国家标准对在用车有关要求的；（三）经修理和调整或者采用控制技术后，向大气排放污染物或者噪声仍不符合国家标准对在用车有关要求的；（四）在检验有效期届满后连续3个机动车检验周期内未取得机动车检验合格标志的。”该标准第5条对各类机动车的报废年限作出了明确规定。

② 梁慧星教授认为，《民法典》第1214条中“其他方式转让”应指赠与（无偿转让）、遗赠、法定继承等发生机动车所有权变动的情形。梁慧星：《侵权责任法讲义》，法律出版社2023年版，第218页。

也包括拟制交付，如简易交付、占有改定或指示交付。[①]

（二）转让人与受让人的连带责任

违反国家法律规定，无论是生产还是销售拼装车、报废车，抑或驾驶此等机动车上路行驶的，都要遭受相应的处罚。《道路交通安全法》第103条第4款规定，生产、销售拼装的机动车或者生产、销售擅自改装的机动车的，依照该条第3款的规定处罚，即没收非法生产、销售的拼装的机动车成品及配件，可以并处非法产品价值3倍以上5倍以下罚款；有营业执照的，由工商行政管理部门吊销营业执照，没有营业执照的，予以查封。依据《道路交通安全法》第100条："驾驶拼装的机动车或者已达到报废标准的机动车上道路行驶的，公安机关交通管理部门应当予以收缴，强制报废。对驾驶前款所列机动车上道路行驶的驾驶人，处二百元以上二千元以下罚款，并吊销机动车驾驶证。出售已达到报废标准的机动车的，没收违法所得，处销售金额等额的罚款，对该机动车依照本条第一款的规定处理。"为了进一步防止拼装的或已达到报废标准的机动车被投入道路交通当中，危害公众人身与财产安全，法律上还强化了从事拼装车和报废车交易的相关主体的民事责任。我国《民法典》第1214条明确规定，以买卖或者其他方式转让拼装或者已经达到报废标准的机动车，发生交通事故造成损害的，由转让人和受让人承担连带责任。有的学者认为，《民法典》这一规定是鉴于"以买卖或者其他方式转让拼装或者已经达到报废标准的机动车"属于违法行为，故此类推适用了主观共同侵权行为规则，由转让人和受让人承担连带责任。[②]如果按照这一观点，那么受让人主观上就应当以知道或应当知道作为要

---

① 有的观点认为，《民法典》第1214条的"转让"应当以现实交付为标准。参见陈龙业：《民法典侵权责任编的创新发展与规则适用》，人民法院出版社2024年版，第325页。笔者认为，从该条立法目的来看，就是要禁止机动车的流通，因此，即便没有现实交付，但只要发生了所有权的转移，都可以适用第1214条。

② 梁慧星：《侵权责任法讲义》，法律出版社2023年版，第218页。

件，否则不能适用本条的连带责任。笔者认为，立法者让转让人和受让人承担连带责任的目的是通过严厉的责任来防止拼装的或者报废的机动车因为被转让而投入道路交通中，进而危害广大人民群众的人身财产安全。故此，无论受让人是否知道或者是否应当知道被转让的机动车是拼装的或者报废的机动车，只要客观上发生了拼装或报废机动车的所有权转让，那么转让人和受让人都要承担连带责任。因此，《民法典》第1214条并非类推第1168条关于主观共同侵权行为的规则，而是独立创设了一种连带责任。这也符合《民法典》第178条第3款之规定："连带责任，由法律规定或者当事人约定。"为了避免就受让人与转让人的连带责任是否以受让人知道或者应当知道受让的是拼装或报废的机动车为要件这一问题产生争议，《民法典侵权责任编解释（一）》第20条作出了明确规定："以买卖或者其他方式转让拼装或者已经达到报废标准的机动车，发生交通事故造成损害，转让人、受让人以其不知道且不应当知道该机动车系拼装或者已经达到报废标准为由，主张不承担侵权责任的，人民法院不予支持。"

◆ 疑点与难点

一、受让人不知道且不应当知道受让的是拼装的或报废的机动车

如果受让人确实真的不知道受让的机动车是拼装的或报废的机动车，那么其在承担了责任后能否向转让人追偿或要求转让人承担赔偿责任？笔者认为，这种可能性虽然很小，但也不能完全排除，即因出卖人之欺诈，买受人并不知道购买的是拼装或报废的机动车。此时，依据《民法典》第1214条以及《民法典侵权责任编解释（一）》第20条，如果该机动车发生交通事故造成他人损害的，转让人和受让人需要承担连带责任。但是，受让人在承担连带责任后，可以向转让人进行追偿。

二、多次转让拼装或报废的机动车的连带责任

《道路交通事故损害赔偿解释》第4条规定："拼装车、已达到报废

标准的机动车或者依法禁止行驶的其他机动车被多次转让，并发生交通事故造成损害，当事人请求由所有的转让人和受让人承担连带责任的，人民法院应予支持。”例如，A将一辆报废的机动车卖给B，B又卖给C，C又卖给D，D驾驶该车发生交通事故造成E人身损害，那么E可以将A、B、C、D四人作为共同被告起诉，要求他们承担连带责任。他们中的受让人B、C、D都不能以自己不知道且不应当知道受让的机动车是报废的或者拼装的机动车为由而免除连带责任。他们内部的责任承担和追偿应当适用《民法典》第178条第2款。

◆ 相关规定

1. **《中华人民共和国民法典》**

第一千二百一十四条 以买卖或者其他方式转让拼装或者已经达到报废标准的机动车，发生交通事故造成损害的，由转让人和受让人承担连带责任。

2. **《最高人民法院关于审理道路交通事故损害赔偿案件适用法律若干问题的解释》**（法释〔2020〕17号）

第四条 拼装车、已达到报废标准的机动车或者依法禁止行驶的其他机动车被多次转让，并发生交通事故造成损害，当事人请求由所有的转让人和受让人承担连带责任的，人民法院应予支持。

第二十一条 【未投保交强险时投保义务人与侵权行为人的责任承担】

未依法投保强制保险的机动车发生交通事故造成损害，投保义务人和交通事故责任人不是同一人，被侵权人合并请求投保义务人和交通事故责任人承担侵权责任的，交通事故责任人承担侵权人应承担的全部责任；投保义务人在机动车强制保险责任限额范围内与交通事故责任人共同承担责任，但责任主体实际支付的赔偿费用总和不应超出被侵权人应受偿的损失数额。

投保义务人先行支付赔偿费用后，就超出机动车强制保险责任限额范围部分向交通事故责任人追偿的，人民法院应予支持。

◆ 条文要旨

本条是有关投保义务人未依法投保交强险而机动车发生交通事故时责任承担的规定。

◆ 理解与适用

一、本条的规范意旨

《道路交通安全法》第17条规定："国家实行机动车第三者责任强制保险制度，设立道路交通事故社会救助基金。具体办法由国务院规定。"《交强险条例》第2条第1款规定："在中华人民共和国境内道路上行驶的机动车的所有人或者管理人，应当依照《中华人民共和国道路交通安全法》的规定投保机动车交通事故责任强制保险。"故此，机动车的所有人或者管理人负有为机动车投保机动车交通事故责任强制保险的义务。作为投保义务人，如果其不履行该义务的话，当然需要承担相应的法律责任。《道路交通安全法》第98条第1款规定："机动车所有人、管理人未按照国家规定投保机动车第三者责任强制保险的，由公安机关交通管理部门扣留车辆至依照规定投保后，并处依照规定投保最低责任限额应缴纳的保险费的二倍罚款。"然而，该款只规定了作为行政处罚的罚款，并未规定投保义务人的民事责任的问题。《道路交通事故损害赔偿解释》第16条规定："未依法投保交强险的机动车发生交通事故造成损害，当事人请求投保义务人在交强险责任限额范围内予以赔偿的，人民法院应予支持。投保义务人和侵权人不是同一人，当事人请求投保义务人和侵权人在交强险责任限额范围内承担相应责任的，人民法院应予支持。"然而，该条第2款中的"当事人请求投保义务人和侵权人在交强险责任限额范围内承担相应责任"的表述令人费解，这是否意味着投保义务人与侵权人向被侵权人承担按份责任呢？此外，投保义务人和侵权责任人之间能否互相追偿？对这些问题，司法实践中有不同的看法，为此《民法典侵权责任编解释（一）》第21条作出了规定。

二、机动车交通事故责任强制保险之概述

（一）机动车交通事故责任强制保险的概念与特征

机动车交通事故责任强制保险，简称"交强险"，它是指由保险公司对被保险机动车发生道路交通事故造成本车人员、被保险人以外的受害人的人身伤亡、财产损失，在责任限额内予以赔偿的强制性责任保险（《交强险条例》第3条）。作为强制保险的机动车交通事故责任强制保险，其宗旨在于保障机动车交通事故中受害的第三人，使第三人能够及时获得补偿。因此，该责任保险不同于商业性的机动车第三者责任险。

机动车交通事故责任强制保险具有以下几项特征：首先，强制性，主要体现在保险合同订立上的强制性、最低投保金额的强制性、合同条款的强制性、保险费率的强制性以及保险合同撤销、解除上的强制性。其次，公益性，强制责任保险是为了保障第三人在遭受损害后能够及时获得救济，具有很强的公益性，与任意责任保险的私益性有很大的区别。最后，第三人利益性，例如赋予受害人直接针对保险人的保险金给付请

求权、[①] 加害人的故意损害也纳入强制责任保险的范围、保险人针对被保险人的抗辩权不得向第三人行使以及保险标的转让时无须经过保险人同意保险合同也继续有效等。

（二）机动车交通事故责任强制保险的性质

对于机动车交通事故责任强制保险的性质，有的人以《交强险条例》第1条是以《保险法》作为立法依据为出发点，再结合《保险法》第2条的规定，认为机动车交通事故责任强制保险既是强制保险，也是商业保险。笔者不赞同此种观点。首先，虽然《交强险条例》第2条在立法依据中提到了《保险法》，但该条首先引用的法律依据是《道路交通安全法》。事实上，交强险也正是因为《道路交通安全法》第17条的规定才得以确立。如果说《保险法》是调整保险法律关系的一般法的话，那么《道路交通安全法》中对交强险的规定就是特别法。同一效力位阶的法律，特别优于一般，新法优于旧法。正因如此，《保险法》第184条第2款才明确规定："强制保险，法律、行政法规另有规定的，适用其规定。"因此，在研究交强险的性质时，应当依据《道路交通安全法》的规定，而非简单地套用《保险法》的第2条。

其次，《道路交通安全法》第76条第1款规定："机动车发生交通事故造成人身伤亡、财产损失的，由保险公司在机动车第三者责任强制保险责任限额范围内予以赔偿；不足的部分，按照下列规定承担赔偿责任：（一）机动车之间发生交通事故的，由有过错的一方承担赔偿责任；双方都有过错的，按照各自过错的比例分担责任。（二）机动车与非机动车驾驶人、行人之间发生交通事故，非机动车驾驶人、行人没有过错的，由机动车一方承担赔偿责任；有证据证明非机动车驾驶人、行人有

---

① 受害人有权直接请求保险公司给付交强险赔偿金，保险公司不得以已向被保险人理赔为由对抗受害人的交强险赔偿请求权。参见最高人民法院民一庭：《保险公司能否以已向被保险人理赔为由对抗受害人的交强险赔偿请求权》，载最高人民法院民事审判第一庭：《民事审判指导与参考》（总第42集），法律出版社2011年版，第159—162页。

过错的，根据过错程度适当减轻机动车一方的赔偿责任；机动车一方没有过错的，承担不超过百分之十的赔偿责任。”《民法典》第1213条也明确规定：“机动车发生交通事故造成损害，属于该机动车一方责任的，先由承保机动车强制保险的保险人在强制保险责任限额范围内予以赔偿；不足部分，由承保机动车商业保险的保险人按照保险合同的约定予以赔偿；仍然不足或者没有投保机动车商业保险的，由侵权人赔偿。”从这些规定可以看出，立法者的意思非常清楚，即只要“机动车发生交通事故，造成人员伤亡、财产损失的，首先由保险公司在肇事机动车投保的第三者责任强制保险的责任限额范围内进行理赔。这样理赔有利于交通事故赔偿工作的迅捷、明确；有利于保证交通事故受害人及时得到救助；有利于维护机动车驾驶人的合法权益。同时，也符合国际通用的理赔原则”。①

换言之，《道路交通安全法》第76条以及《民法典》第1213条对交强险作出了以下两个重要规定：其一，交强险应当实行无过错赔偿，即在交强险的责任限额内并不去考虑机动车一方有责还是无责，只有超出了赔偿限额的部分，才按照侵权法的规则——无过错责任与过错责任——处理。其二，受害人有针对保险公司的直接赔偿请求权。也就是说，受害人可以直接将保险公司作为被告提起诉讼，法院可以判决保险公司直接将交强险的赔偿金支付给受害人或其近亲属。这样的规定对于受害人显然是非常有好处的，也是比较法上通行的做法。

最后，在保险法领域，对于保险有多种分类方法。如强制保险与自愿保险、商业保险与社会保险。其中，商业保险与社会保险的分类标准在于保险的举办目的是否营利。② 如果是以营利为目的的保险，则是商业保险，也称营业保险，例如我国保险法上的那些财产保险和人身保险

---

① 郎胜主编：《中华人民共和国道路交通安全法释义》，法律出版社2004年版，第171页。

② 参见郑玉波：《保险法论》，刘宗荣修订，三民书局2006年版，第4页；王保树主编：《商法》，北京大学出版社2011年版，第458页。

都是此类。如果保险不以营利为目的的，则为社会保险。而这种社会保险又多以强制的方式实行。我国的交强险是强制保险，这一点没有疑问。问题是，它是否以营业为目的呢？回答显然是否定的，因为《交强险条例》第6条第1款明确规定：“机动车交通事故责任强制保险实行统一的保险条款和基础保险费率。国务院保险监督管理机构按照机动车交通事故责任强制保险业务总体上不盈利不亏损的原则审批保险费率。”所谓“不盈利不亏损”的原则也是比较法上交强险立法所普遍遵循的原则。例如，《日本机动车损害赔偿保障法》第25条规定：“责任保险的保险费率及责任互助的互助费率，应在高效率经营下补偿适当原价/成本的范围内，尽可能低。”之所以交强险不以营利为目的，不能作为商业保险，是因为：一则，该保险的目的在于“保障机动车道路交通事故受害人依法得到赔偿，促进道路交通安全”（《交强险条例》第1条）；二则，该保险是强制的，法律不能通过强制的方式帮助保险公司追求利润，如果这样做显然是错误的。

综上所述，交强险不是商业保险，而是非商业保险，有些学者称之为政策性保险。当然，从立法上来说，也可以将其设计为社会保险（新西兰就曾这样做过，后来归于失败）。考虑到我国已经颁布的《社会保险法》已经明确了社会保险的范围，所以应当将交强险回归其政策性保险的本来目的，真正贯彻落实《道路交通安全法》第76条的立法精神。

（三）交强险的分项限额赔偿制度

依据《交强险条例》第23条，机动车交通事故责任强制保险在全国范围内实行统一的责任限额。责任限额分为死亡伤残赔偿限额、医疗费用赔偿限额、财产损失赔偿限额以及被保险人在道路交通事故中无责任的赔偿限额。机动车交通事故责任强制保险责任限额由国务院保险监督管理机构会同国务院公安部门、国务院卫生主管部门、国务院农业主管部门规定。为使机动车交通事故强制保险赔偿金的分配与人身伤亡、财产损失的风险程度、保障水平相匹配，我国机动车交通事故责任强制保险的限额还采取了所谓的分项限额，即依据损害的类型分为以下四类（参见表1），在每一类中规定责任限额：

1. 死亡伤残赔偿限额，即每次事故造成受害人死亡、受伤或残疾时，用于支付医疗费用（含抢救费用）之外的费用开支的最高赔偿金额，这部分赔偿项目大致包括：误工费、护理费、交通费、住宿费、住院伙食补助费、营养费、残疾赔偿金、死亡赔偿金、丧葬费、精神抚慰金等。

2. 医疗费用赔偿限额，即每次事故造成受害人伤亡的时候，用于医疗费用包括抢救费用的开支的最高限额，如挂号费、诊断费、医药费、检查费、住院费等。

3. 财产损失赔偿限额，即每次事故对受害人的财产权益造成的损害的最高赔偿金额。

4. 无责任的赔偿限额，是指被保险人在机动车交通事故中没有过错的情况下，保险人对于受害人的人身伤亡和财产损失所承担的最高赔偿限额。

表1 我国现行机动车交通事故责任强制保险责任限额①

分项赔偿有无责任	死亡伤残赔偿限额	医疗费用赔偿限额	财产损失赔偿限额
被保险机动车在交通事故中有责任的赔偿限额	180000元	18000元	2000元
被保险机动车在道路交通事故中无责任的赔偿限额	18000元	1800元	100元

---

① 在很长一段时间内，我国机动车交强险的限额为：被保险机动车有责任时，总限额为122000元，其中，死亡伤残赔偿限额为110000元，医疗费用赔偿限额为10000元，财产损失赔偿限额为2000元。无责任时，死亡伤残赔偿限额为11000元，医疗费用赔偿限额为1000元，财产损失赔偿限额为100元。2020年9月2日，原中国银保监会发布了《关于实施车险综合改革的指导意见》。依据该意见，自2020年9月19日起，交强险责任限额进行调整，被保险机动车有责任时，死亡伤残赔偿限额为180000元，医疗费用赔偿限额为18000元，财产损失赔偿限额维持2000元不变。在被保险机动车无责任时，死亡伤残赔偿限额为18000元，医疗费用赔偿限额为1800元，财产损失赔偿限额维持100元不变。

分项限额赔偿的规定对于保险公司控制风险极为有利，但对于维护机动车交通事故受害人的合法权益却非常不利。实践中，机动车交通事故发生后的损失在前期主要表现为医疗费的支出。抢救和治疗受害人而支出的医疗费数额往往远高于被保险机动车一方有责时的1万元的赔偿限额，遑论被保险机动车无责时的1000元赔偿限额。如果按照分项限额赔偿，不仅会让受伤的受害人无法及时得到救助和治疗，也不利于发挥交强险的补偿功能。有鉴于此，司法实践中，很多法院突破分项限额赔偿，要求保险公司在总限额（机动车一方有责时为12.2万元）内赔偿。① 但是，最高人民法院在针对辽宁省高级人民法院的一个批复中指出："根据《中华人民共和国道路交通安全法》第十七条、《机动车交通事故责任强制保险条例》第二十三条，机动车发生交通事故后，受害人请求承保机动车第三者责任强制保险的保险公司对超出机动车第三者责任强制保险分项限额范围予以赔偿的，人民法院不予支持。"② 笔者建议，未来我国应当修改《交强险条例》，取消分项限额的规定。

三、未依法投保交强险的投保义务人的赔偿责任

（一）从连带责任到相应的责任

在民法上，未依法投保交强险的机动车一旦发生交通事故，就意味着无法通过交强险使受害人获得赔偿。为此，2012年最高人民法院颁布的《道路交通事故损害赔偿解释》第19条规定："未依法投保交强险的机动车发生交通事故造成损害，当事人请求投保义务人在交强险责任限额范围内予以赔偿的，人民法院应予支持。投保义务人和侵权人不是同一人，当事人请求投保义务人和侵权人在交强险责任限额范围内承担连带责任的，人民法院应予支持。"该条规定的"投保义务人在交强险责

① 李明义：《侵权责任法在交通事故损害赔偿案件审理中的理解与适用》，载《人民司法·应用》2010年第5期。

② 《最高人民法院关于在道路交通事故损害赔偿纠纷案件中机动车交通事故责任强制保险中的分项限额能否突破的请示的答复》（〔2012〕民一他字第17号）。

任限额范围内予以赔偿”的责任，以及“投保义务人和侵权人在交强险责任限额范围内承担”的连带责任，属于一种法定赔偿责任，其构成要件不同于机动车交通事故赔偿责任。机动车交通事故赔偿责任需要区分机动车之间发生的还是机动车与非机动车驾驶人、行人之间发生的，而分别适用过错责任或无过错责任。然而，前述未依法投保交强险的投保义务人在交强险责任限额范围内予以赔偿的责任，及其与侵权人在该限额内的连带赔偿责任，只需要满足两个要件：其一，未依法投保交强险；其二，未投保交强险的机动车发生交通事故造成损害。例如，张三的 A 车与李四的 B 车发生交通事故，李四的损失是 1 万元，张三的损失是 5000 元，交警依据双方过错等因素认定责任比例为张三负事故的 30%责任，李四负事故的 70%责任。如果双方都投保了交强险，那么张三通过交强险赔偿李四的损失数额是 3000 元，而李四通过交强险赔偿张三的是 3500 元。然而，如果张三没有投保交强险，而李四投保了，那么按照司法解释上述规定，则李四有权要求投保义务人（同时也是侵权人）张三在交强险责任限额内赔偿 1 万元，而张三只能要求李四的交强险赔偿 3500 元。反之，如果张三投保了，李四没有投保。则张三有权要求李四在交强险限额内赔偿 5000 元，李四只能要求张三的交强险赔偿 3000 元。显然，这样的责任构成要件具有一种结果责任的意味，非常严厉。《道路交通事故损害赔偿解释》的起草者认为，这样规定的目的就在于督促投保义务人依法履行投保交强险。①

在《民法典》颁布之后，考虑到《民法典》第 178 条第 3 款明确规定：“连带责任，由法律规定或者当事人约定。”2012 年《道路交通事故损害赔偿解释》创设投保义务人与侵权人的连带责任并不妥当，故此，2020 年最高人民法院修改了该条，修改后的第 16 条第 1 款没有变化，与

① 最高人民法院民事审判第一庭：《最高人民法院关于道路交通损害赔偿司法解释理解与适用》，人民法院出版社 2012 年版，第 251 页。

原司法解释第1款的规定完全相同，即“未依法投保交强险的机动车发生交通事故造成损害，当事人请求投保义务人在交强险责任限额范围内予以赔偿的，人民法院应予支持”。但是第16条第2款则被修改为：“投保义务人和侵权人不是同一人，当事人请求投保义务人和侵权人在交强险责任限额范围内承担相应责任的，人民法院应予支持。”也就是说，从原来的投保义务人与侵权人在交强险责任限额范围内承担连带责任，变为承担相应责任。

（二）投保义务人的相应责任的理解

《民法典侵权责任编解释（一）》第21条实际上就是对《道路交通事故损害赔偿解释》第16条第2款规定的投保义务人与侵权人在“在交强险责任限额范围内承担相应责任”的解释。具体来说，首先，由于投保义务人与机动车交通事故的侵权责任人不是同一人，并且没有依法投保交强险，故此，不适用《民法典》第1213条第1分句的规定“机动车发生交通事故造成损害，属于该机动车一方责任的，先由承保机动车强制保险的保险人在强制保险责任限额范围内予以赔偿”。这种情形下，被侵权人无论是针对机动车交通事故的侵权责任人还是投保义务人，其享有的都是侵权赔偿请求权。并且，被侵权人享有选择权，即被侵权人可以要求交通事故责任人承担应当承担的全部责任，也可以依据《道路交通事故损害赔偿解释》第16条第1款请求投保义务人在机动车强制保险责任限额范围内承担相应的赔偿责任。

其次，投保义务人的相应责任的范围就是“机动车强制保险责任限额范围”，而交通事故责任人应当按照侵权法所确定的责任来承担全部的责任。《民法典侵权责任编解释（一）》第21条第1款规定，未依法投保强制保险的机动车发生交通事故造成损害，投保义务人和交通事故责任人不是同一人，被侵权人合并请求投保义务人和交通事故责任人承担侵权责任的，交通事故责任人承担侵权人应承担的全部责任；投保义务人在机动车强制保险责任限额范围内与交通事故责任人共同承担责任，但责任主体实际支付的赔偿费用总和不应超出被侵权人应受偿的损失数额，即责任主体承担的是所谓的部分连带责任。这种部分连带责任的规定在《民法典侵权责任编解释（一）》中有多处加以规定，如监护人与有过错的受托人的部分连带责任，教唆人、帮助人与有过错的监护人的部分连带责任，接受劳务派遣的用工单位和与有过错的劳务派遣单位的部分连带责任等。由于交通事故责任人与投保义务人只是在“机动车强制保险责任限额范围”共同承担责任，即部分连带责任。因此，交通事故责任人并不是与投保义务人承担按份责任。

最后，《民法典侵权责任编解释（一）》第21条第2款规定，投保义务人先行支付赔偿费用后，就超出机动车强制保险责任限额范围部分向交通事故责任人追偿的，人民法院应予支持。从这一规定可以看出，如果投保义务人是在机动车强制保险责任限额范围部分承担赔偿责任的，那么，就不能向交通事故责任人追偿。只有其先行支付的赔偿范围超出了机动车强制保险责任限额范围部分的，才可以追偿。反过来，交通事故责任人由于要承担侵权人应承担的全部责任，所以也不存在向投保义务人追偿的问题。笔者认为，道路交通事故责任人并非完全不能向投保义务人追偿，其可以在“机动车强制保险责任限额范围”内，向投保义务人追偿。这是因为，如果投保义务人依法投保了交强险，那么，机动车发生交通事故后属于机动车一方责任的，应当是由保险公司在“机动车强制保险责任限额范围”内予以赔偿，不足的部分才由交通事故责任人赔偿。因此，交通事故责任人的赔偿范围不应当包括机动车强制保险责任限额范围。

◆ 疑点与难点

一、道路交通事故救助基金支付抢救费用

机动车发生交通事故造成他人人身伤亡时，往往须立即支付伤员的抢救费用。如果肇事机动车依法投保交强险，那么应当由保险公司在交

强险责任限额范围内支付抢救费用，如果肇事机动车没有依法投保交强险，虽然可以通过侵权诉讼由投保义务人和交通事故责任人来承担部分连带责任，但毕竟抢救费用的支付具有紧迫性。故此，我国设立了道路交通事故救助基金来解决这些问题。《道路交通安全法》第 17 条规定："国家实行机动车第三者责任强制保险制度，设立道路交通事故社会救助基金。具体办法由国务院规定。"第 75 条规定："医疗机构对交通事故中的受伤人员应当及时抢救，不得因抢救费用未及时支付而拖延救治。肇事车辆参加机动车第三者责任强制保险的，由保险公司在责任限额范围内支付抢救费用；抢救费用超过责任限额的，未参加机动车第三者责任强制保险或者肇事后逃逸的，由道路交通事故社会救助基金先行垫付部分或者全部抢救费用，道路交通事故社会救助基金管理机构有权向交通事故责任人追偿。"《交强险条例》第 24 条规定："国家设立道路交通事故社会救助基金（以下简称救助基金）。有下列情形之一时，道路交通事故中受害人人身伤亡的丧葬费用、部分或者全部抢救费用，由救助基金先行垫付，救助基金管理机构有权向道路交通事故责任人追偿：（一）抢救费用超过机动车交通事故责任强制保险责任限额的；（二）肇事机动车未参加机动车交通事故责任强制保险的；（三）机动车肇事后逃逸的。"《道路交通事故社会救助基金管理办法》第 2 条第 2 款规定："本办法所称道路交通事故社会救助基金（以下简称救助基金），是指依法筹集用于垫付机动车道路交通事故中受害人人身伤亡的丧葬费用、部分或者全部抢救费用的社会专项基金。"由此可见，道路交通事故救助基金的主要目的，在于解决没有投保第三者强制保险的机动车致人损害以及肇事者逃逸又无法查明等情况下如何保护受害人的问题。

二、盗抢机动车发生交通事故时交强险应否先行赔偿人身损害

《民法典》第 1213 条规定："机动车发生交通事故造成损害，属于该机动车一方责任的，先由承保机动车强制保险的保险人在强制保险责任限额范围内予以赔偿；不足部分，由承保机动车商业保险的保险人按

照保险合同的约定予以赔偿；仍然不足或者没有投保机动车商业保险的，由侵权人赔偿。”该条确定了机动车交通事故损害赔偿的三步。具体来说，当机动车发生交通事故造成他人损害时，如果属于该机动车一方责任的，那么无论机动车一方承担的是全部责任还是部分责任，都要先由承保该机动车交强险的保险公司在交强险的责任限额范围内予以赔偿，这是第一步；如果交强险赔偿不足以填补损害的，而机动车投保了商业责任保险的，则由承保商业保险的保险公司按照保险合同的约定继续赔偿，这是第二步；如果还不足以赔偿受害人的损失或者没有投保商业保险的，则由侵权人赔偿，这是第三步。

我国《道路交通安全法》《交强险条例》等法律法规对于机动车强制保险的问题作出了具体规定。其中，《交强险条例》第22条规定："有下列情形之一的，保险公司在机动车交通事故责任强制保险责任限额范围内垫付抢救费用，并有权向致害人追偿：（一）驾驶人未取得驾驶资格或者醉酒的；（二）被保险机动车被盗抢期间肇事的；（三）被保险人故意制造道路交通事故的。有前款所列情形之一，发生道路交通事故的，造成受害人的财产损失，保险公司不承担赔偿责任。”实践中对该规定的理解有非常大的分歧，即除了财产损失外，保险公司是否应当在强制保险责任限额内，就受害人因人身伤亡而产生的财产损害（如医疗费、丧葬费、死亡赔偿金、残疾赔偿金等）和精神损害承担赔偿责任？对此，一种观点认为，本条实际上完全免除了保险公司的赔偿责任，保险公司只是承担垫付抢救费用的责任。[①] 理由在于：首先，对于该条的解释应遵照条款词句表面上本来的意思，《交强险条例》第22条关于“造成受害人的财产损失，保险公司不承担赔偿责任”的规定并不能当

---

① 最高人民法院立案庭赞同此种观点。参见《最高人民法院关于对安徽省高级人民法院如何理解和适用〈机动车交通事故责任强制保险条例〉第二十二条的请示的复函》（〔2009〕民立他字第42号）。

然推定其他损失应予赔偿。① 其次，第22条中的“财产损失”应作广义理解。从《人身损害赔偿解释》第1条的规定来看，“财产损失”系指与精神损害相对应的广义上的财产损失，因此，《交强险条例》第22条的免赔范围包括因人身伤亡产生的各项经济损失，如残疾赔偿金、死亡赔偿金等。② 最后，垫付抢救费用不同于支付抢救费用。这里的垫付实质上相当于在特定条件下的先行赔偿责任，即可以向致害人追偿的非终局性赔偿责任。《交强险条例》第22条第2款明确免除了保险公司对受害人财产损失的赔偿责任，毕竟财产损失没有人身伤害的抢救费用那样急迫。③ 如果说《交强险条例》第22条第1款没有免除保险公司对人身伤亡的赔偿责任，那么本条存在的意义就丧失了，因为该条例第75条已经规定了保险公司垫付抢救费用的责任。所以，第22条的立法目的就是限制或者免除被保险人严重过错情形下保险公司的赔偿责任。④

另一种观点认为，保险公司对于人身伤亡仍然应当承担保险赔偿责任。首先，《交强险条例》第22条只是说保险公司应当垫付抢救费用，没有说保险公司就可以免除保险赔偿责任。从《道路交通安全法》第76条的规定来看，保险公司免责事由只有一种，就是受害人故意。其次，机动车交通事故中很多就是因为无证驾驶、醉酒驾驶所致。如果在这种情况下，以第22条第1款为据，认为保险公司不承担保险赔偿责任，也是不合理，不利于对受害人的保护。⑤

《民法典》第1215条规定：“盗窃、抢劫或者抢夺的机动车发生交

---

① 孙某美诉中国人民财产保险股份有限公司北京市西城支公司机动车交通事故责任强制保险合同纠纷案，北京市西城区人民法院（2009）西民初字第10476号民事判决书。

② 《安徽省高级人民法院关于如何理解和适用〈机动车交通事故责任强制保险条例〉第二十二条的请示》（〔2008〕皖民申字第440号）。

③ 刘锐：《无证、醉酒驾驶情形保险公司应否承担交强险赔偿责任》，载《人民司法·应用》2009年第23期。

④ 刘锐：《无证、醉酒驾驶情形保险公司应否承担交强险赔偿责任》，载《人民司法·应用》2009年第23期。

⑤ 栗娟：《醉酒驾驶事故中保险公司应承担交强险赔偿责任》，载《人民司法》2008年第18期。

通事故造成损害的，由盗窃人、抢劫人或者抢夺人承担赔偿责任。盗窃人、抢劫人或者抢夺人与机动车使用人不是同一人，发生交通事故造成损害，属于该机动车一方责任的，由盗窃人、抢劫人或者抢夺人与机动车使用人承担连带责任。保险人在机动车强制保险责任限额范围内垫付抢救费用的，有权向交通事故责任人追偿。”该条也只是明确了保险人垫付抢救费用，没有规定受害人或受害人的近亲属是否有权要求承保交强险的保险人在交强险责任限额范围内赔偿人身损害。我国司法实践中有相当数量的法院判决采取了前述第二种观点。① 2012 年最高人民法院颁布的《道路交通事故损害赔偿解释》曾明确采取了第二种观点。该解释第 18 条第 1 款规定：“有下列情形之一导致第三人人身损害，当事人请求保险公司在交强险责任限额范围内予以赔偿，人民法院应予支持：（一）驾驶人未取得驾驶资格或者未取得相应驾驶资格的；（二）醉酒、服用国家管制的精神药品或者麻醉药品后驾驶机动车发生交通事故的；（三）驾驶人故意制造交通事故的。”该司法解释起草者在解释该条例的理论基础时认为，交强险不同于一般的保险，具有公益性和强制性，不以营利为目的，交强险设立的目的就是保障机动车交通事故受害人的损害能够依法获得赔偿，如果将驾驶人违法驾驶下交通事故损害风险特别是侵权人无力赔偿的风险转嫁给受害人，明显违背了交强险的设立目的。② 此外，考虑到目前交强险还不是一种完全的社会保险，需要考虑保险公司的运营成本和费率，故此，该司法解释第 18 条第 2 款还明确赋

---

① 参见谢某南诉中华联合财产保险股份有限公司余姚支公司保险合同纠纷案，载最高人民法院中国应用法学研究所编：《人民法院案例选》（总第 65 辑），第 324 页以下；李某丹诉吴某成等道路交通事故人身损害赔偿纠纷案，载最高人民法院中国应用法学研究所编：《人民法院案例选》（总第 66 辑），第 111 页以下；李某华与都帮财产保险股份有限公司重庆分公司黔江支公司机动车交通事故责任强制保险合同纠纷上诉案，重庆市第四中级人民法院（2010）渝四中法民终字第 00604 号民事判决书；中国人民财产保险股份有限公司郑州市郑汴路支公司与郑州长通实业有限公司保险合同纠纷上诉案，河南省郑州市中级人民法院（2010）郑民四终字第 1209 号民事判决书。

② 最高人民法院民事审判第一庭：《最高人民法院关于道路交通损害赔偿司法解释理解与适用》，人民法院出版社 2012 年版，第 236 页。

予保险公司追偿权，即“保险公司在赔偿范围内向侵权人主张追偿权的，人民法院应予支持。追偿权的诉讼时效期间自保险公司实际赔偿之日起计算”。①在《民法典》颁布后，最高人民法院于2020年对《道路交通事故损害赔偿解释》进行了修正，该条文变为了第15条，但内容没有变化。

应当说，《道路交通事故损害赔偿解释》第15条解决了《交强险条例》第22条的大部分问题，但并没有解决全部问题，最典型的问题就是机动车被盗窃、抢劫或抢夺期间发生交通事故造成他人损害的，受害人或其近亲属能否要求承保交强险的保险公司在交强险的赔偿范围内予以赔偿？事实上，该问题在起草《道路交通事故损害赔偿解释》时曾有学者提出，应当将驾驶人驾驶盗窃、抢劫等因犯罪行为取得的机动车发生交通事故的赔偿责任加以规定，但司法解释起草者认为，对于这些问题，《侵权责任法》第52条已经作出了规定，故此没有规定。②《侵权责任法》第52条规定：“盗窃、抢劫或者抢夺的机动车发生交通事故造成损害的，由盗窃人、抢劫人或者抢夺人承担赔偿责任。保险公司在机动车强制保险责任限额范围内垫付抢救费用的，有权向交通事故责任人追偿。”我国编纂民法典时，《侵权责任法》这一条经过修改完成后成为《民法典》第1215条：“盗窃、抢劫或者抢夺的机动车发生交通事故造成损害的，由盗窃人、抢劫人或者抢夺人承担赔偿责任。盗窃人、抢劫人或者抢夺人与机动车使用人不是同一人，发生交通事故造成损害，属于该机动车一方责任的，由盗窃人、抢劫人或者抢夺人与机动车使用人承担连带责任。保险人在机动车强制保险责任限额范围内垫付抢救费用的，有权向交通事故责任人追偿。”无论是《侵权责任法》第52条还是

---

① 保险公司不是从被保险人处取得追偿权，而是从受害人处取得追偿权。参见最高人民法院民事审判第一庭：《最高人民法院关于道路交通损害赔偿司法解释理解与适用》，人民法院出版社2012年版，第239—240页。

② 最高人民法院民事审判第一庭：《最高人民法院关于道路交通损害赔偿司法解释理解与适用》，人民法院出版社2012年版，第238页。

《民法典》第1215条，都没有明确回答保险人在机动车强制保险责任限额范围内是否要赔偿受害人的人身损害的问题。

笔者认为，在盗窃、抢劫或者抢夺的机动车发生交通事故造成他人人身损害，受害人或者死亡受害人的近亲属有权请求承保机动车强制保险的保险人在强制保险责任限额范围内先予赔偿，而承保机动车强制保险的保险人承担赔偿责任后，有权向交通事故责任人进行追偿。这是因为，交强险的根本目的在于保护机动车交通事故的受害人，使其遭受的损害能够在一定程度上及时得到填补。无论是醉酒驾车、吸毒驾车、无证驾车，还是犯罪分子在盗窃、抢劫或者抢夺机动车后发生交通事故，都与受害人无关，也不应影响交强险的根本目的的实现。特别是盗窃、抢劫或抢夺的机动车发生交通事故的情况下，犯罪分子往往没有赔偿能力，不应当允许保险公司将赔偿不能的风险转嫁给受害人或死者的近亲属。当然，保险公司在赔偿后可以向交通事故责任人进行追偿。如果盗窃人、抢劫人或者抢夺人与机动车使用人不是同一人，承担赔偿责任的保险公司可以要求盗窃人、抢劫人或者抢夺人与机动车使用人承担连带赔偿责任。

◆ 相关规定

《最高人民法院关于审理道路交通事故损害赔偿案件适用法律若干问题的解释》（法释〔2020〕17号）

第十六条 未依法投保交强险的机动车发生交通事故造成损害，当事人请求投保义务人在交强险责任限额范围内予以赔偿的，人民法院应予支持。

投保义务人和侵权人不是同一人，当事人请求投保义务人和侵权人在交强险责任限额范围内承担相应责任的，人民法院应予支持。

第二十二条 【交强险第三者的转化问题】

机动车驾驶人离开本车后，因未采取制动措施等自身过错受到本车碰撞、碾压造成损害，机动车驾驶人请求承保本车机动车强制保险的保险人在强制保险责任限额范围内，以及承保本车机动车商业第三者责任保险的保险人按照保险合同的约定赔偿的，人民法院不予支持，但可以依据机动车车上人员责任保险的有关约定支持相应的赔偿请求。

◆ 条文要旨

本条是关于交强险中机动车驾驶人能否转化为第三者的问题的规定。

◆ 理解与适用

一、本条的规范意旨

机动车交通事故责任强制保险，也称机动车交通事故第三者责任保险，其赔偿的对象是被保人和本车人员之外的遭受机动车交通事故的第三人。因此，准确地界定第三人的范围很重要。实践中出现过原本是机动车的驾驶人或者车上人员，结果在该机动车发生交通事故时因种种原因，该驾驶人或车上人员在车外遭受了该机动车的撞击、碾压而遭受人身损害的情况，此时，能否通过交强险对这些受害人进行赔偿，存在很大的争议。《民法典侵权责任编解释（一）》第22条解决了其中的部分问题，即驾驶人能否转化为第三者的问题。

二、机动车交通事故责任强制保险中受害人的范围

受害人是侵权行为法上的用语，在机动车交通事故责任强制保险中称为“第三人”“第三者”或“受害的第三人”。根据《交强险条例》第3条的规定，有权获得机动车交通事故责任强制保险赔偿金的受害人

不包括以下两类人员：（1）被保险人。被保险人是指投保人及其允许的合法驾驶人（《交强险条例》第 41 条第 2 项）。而投保人是指与保险公司订立机动车交通事故责任强制保险合同，并按照合同负有支付保险费义务的机动车的所有人、管理人（《机动车交通事故责任强制保险条例》第 41 条第 1 项）。之所以将被保险人排除在机动车交通事故责任强制保险的受害人范围之外，主要是出于防范道德风险、降低制度成本等考虑。（2）本车人员。所谓本车人员，是指发生机动车交通事故时除驾驶人以外的被保险机动车上承载的人员。

然而，实践中出现过驾驶人在离开所驾驶的机动车后，在车外遭受该机动车的撞击或碾压的情况，此时驾驶人能否请求承保本车机动车强制保险的保险人在强制保险责任限额范围内予以赔偿呢？对此存在很大的争议。例如，在一个案件中，受害人杨某明接受杨某良的雇请，驾驶某重型非载货专项作业车进行混凝土输送的施工作业，约定每天工资 300 元。某日，杨某明驾驶专项作业车至平江县工地后，将专项作业车停在施工场地，没有熄火，让车辆继续保持在正常工作状态，其下车携带操作该车辆的遥控器登上小学教学楼三楼，使用遥控器对专项作业车进行施工操作。在作业时，杨某明被专项作业车的泵臂碰到，从教学楼三楼摔至一楼地面受伤，随后被送医抢救无效死亡。该专项作业车的登记所有人为杨某良，该车在中华联合财险岳阳中心支公司投保了交强险以及责任限额 50 万元的商业三者险（含不计免赔特约险），事故发生在保险期间内。在本案中，围绕着受害人杨某明是否属于第三者，能否获得交强险的赔偿以及商业三者险赔偿产生了很大的争议。

一审法院认为，杨某明是第三者，理由在于：由于机动车是一种交通工具，任何人都不可能永久地置身于机动车辆之上，故机动车辆保险合同中所涉及的“第三者”和“车上人员”均为在特定时空条件下的临时性身份，即“第三者”与“车上人员”均不是永久的、固定不变的身份，二者可以因特定时空条件的变化而转化。因保险车辆发生意外事故而受害的人，如果在事故发生前是保险车辆的车上人员，事故发生时已经置身于保险车辆之下，则属于“第三者”。本次事故发生时，受害人杨某明已置身于机动车外，在事故发生时，系因自己的过失导致自己受到伤害，并不存在骗保的故意，故亦不存在道德风险。保险合同之所以约定驾驶员不在第三者之列，主要是为了防范道德风险，因此本起交通事故的死者属于保险车辆的第三者。

二审法院撤销了一审判决认为，本案中杨某明不论是否脱离被保险车辆，均不能成为本车交强险合同、商业三者险合同所指称的受害人，不能得到保险金的赔偿。杨某明作为驾驶人，不能既是侵权人又是受害人，不得主张“自己赔偿自己”。驾驶人作为车辆的操作者，因过错发生事故产生损害，其危险驾驶行为或不当操作行为本身是损害产生的直接原因，这种因果关系不因驾驶人物理位置的变化而变化，即不论驾驶人于事故发生时处在车上还是车下，都无法改变其自身的危险驾驶行为、不当操作行为是事故发生原因的事实。如果机动车驾驶人因本人的过错行为造成自身损害，其不能成为自身过错行为的受害者并以此要求赔偿。

再审法院则撤销了二审判决认为，对于机动车来说，本车人员、驾驶人、第三者都是需要特定化的概念，均为特定时空条件下的临时性身份，不是永久的、固定不变的身份，判断被保险车辆发生事故时受害人属于何种身份，须以该人在事故发生当时这一特定时间的状况为依据。本案中，涉案事故发生时，受害人杨某明已置身于机动车之外，且系因被保险车辆发生事故所致伤亡，故认定其为“第三者”并无不当。故此，特种作业车在作业过程中发生的事故应当视为交通事故，本案受害人杨某明应当视为“第三者”，中华联合财险岳阳中心支公司应当在交强险和商业三者险的范围内承担赔偿责任。[①]

① 刘某等与中华联合财产保险股份有限公司岳阳中心支公司机动车交通事故责任纠纷再审案，湖南省高级人民法院（2020）湘民再108号民事判决书。

《民法典侵权责任编解释（一）》第22条规定：“机动车驾驶人离开本车后，因未采取制动措施等自身过错受到本车碰撞、碾压造成损害，机动车驾驶人请求承保本车机动车强制保险的保险人在强制保险责任限额范围内，以及承保本车机动车商业第三者责任保险的保险人按照保险合同的约定赔偿的，人民法院不予支持，但可以依据机动车车上人员责任保险的有关约定支持相应的赔偿请求。”依据这一规定，机动车驾驶人脱离本车车体后，如果是因为没有采取制动措施等自身过错而遭受本车碰撞、碾压造成损害的，不能请求承保本车机动车强制保险或商业第三者责任险的保险人给予保险赔偿。笔者认为，该规定是合理的，理由在于：一方面，机动车驾驶人是被《交强险条例》排除在第三者的范围之外的，这是为了防止出现道德风险，同时也是为了更好地将交强险用于赔偿车外人员。另一方面，如果机动车驾驶人本身就在驾驶机动车，对机动车具有控制力，完全可以防止离开本车车体而不会被本车碰撞、碾压等。也就是说，如果机动车驾驶人没有过错的话，其一般是不会遭受本车碰撞、碾压等损害的。而在机动车驾驶人没有采取制动措施等过错的情况下，被本车碰撞、碾压致害的，应当由机动车驾驶人自行承担损害。例如，司机张某驾车过程中想上厕所，于是将A车停放在斜坡上，但离开机动车时没有拉住手刹。结果，张某刚下车不久，A车就溜车，将正在路边方便的自己撞伤。这种情形下的损害是张某自身的过错所致，应当由其自行承担，不属于交强险和商业第三者责任险所要分散的风险。如果机动车驾驶人离开本车车体而又没有过错却遭受了本车的碰撞、碾压，那么往往就存在另外的侵权人。此时，又可以通过相应的机动车的交强险给予赔偿。例如，张某驾驶A车与李某驾驶的B车相撞，A车翻到路基下，在翻滚中张某被A车压死，这种情形下张某相对B车而言就是第三人，可以请求承保B车的交强险和商业第三者责任险的保险公司赔偿。

◆ 疑点与难点

车内乘客遭受本车撞击或碾压能否获得交强险赔偿

司法实践中还出现过，本车的乘客在交强险和商业第三者责任险所保险的机动车发生交通事故时，被甩到车外而遭受本车撞击或碾压受害的情形，此时，该车的乘客能否获得本车的交强险或商业第三者责任保险的赔偿呢？《最高人民法院公报》2008 年第 7 期曾刊登的一个案件就是这种情形。该案案情为：2005 年 6 月 12 日 2 时 58 分，原告郑某宝乘坐大型汽车，沿 312 国道由西向东行驶，行至唯亭立交桥东堍处时，驾驶该车的司机杨某平对路面动态疏于观察，遇紧急情况时采取措施不当，致车辆失控，将乘坐在车内的原告甩出车外，原告随后又被该车碾压致重伤。交警工业园区大队就涉案交通事故出具事故认定书，认定杨某平负事故全部责任，原告不负事故责任。涉案肇事大型汽车系被告徐某良所有，杨某平系被告徐某良聘请驾驶该车的驾驶员。2004 年 12 月 8 日，被告徐某良为涉案肇事车辆向被告财保长兴支公司投保机动车辆第三者责任险，保险金额（责任限额）为 50 万元，且不计算免赔额，同时还为该车投保了车上人员险，保险金额（责任限额）为每座 5 万元，共投保 3 座。本案的争议在于，原告郑某宝究竟是本车人员，只能获得车上人员险的赔偿，即 5 万元，还是可以获得责任限额为 50 万元的商业第三者责任险的赔偿？这对于原告的利益影响是巨大的。

审理本案的法院认为，郑某宝属于第三者，理由在于：首先，涉案交通事故的受害人，即郑某宝属于财保长兴支公司与徐某良之间订立的机动车辆第三者责任险保险条款所规定的“第三者”。根据涉案机动车辆第三者责任险保险条款的规定，“第三者”是指除投保人、被保险人和保险人以外的，因保险车辆发生意外事故遭受人身伤亡或财产损失的保险车辆下的受害者。本案中，郑某宝不是涉案机动车辆第三者责任险的投保人、被保险人和保险人。郑某宝由于涉案保险车辆发生意外事故，被该车辆碾压导致严重伤害，属于因保险车辆发生意外事故遭受人身伤亡或财产损失的保险车辆下的受害者，当然也属于涉案机动车辆第三者责任险保险条款所规定的“第三者”。

其次，郑某宝在涉案交通事故发生前确系涉案保险车辆的“车上人员”，但此事实并不影响郑某宝在涉案交通事故中的“第三者”身份，上诉人财保长兴支公司关于涉案交通事故责任应当按照车上人员责任险理赔的观点不能成立。被上诉人徐某良在为涉案保险车辆投保机动车辆第三者责任险的同时，还为该车投保了车上人员责任险。徐某良与财保长兴支公司订立的车上人员责任险保险条款规定，因发生意外事故造成保险车辆车上人员的人身伤亡，依法应当由被保险人承担经济赔偿责任的，保险人负责按照责任限额予以理赔。据此可以认定，这里的“车上人员”仅指发生意外事故时身处保险车辆之上的人员。如果某人在意外事故发生前是保险车辆的车上人员，意外事故发生时已经置身于保险车辆之下，则不属于保险车辆的车上人员。由此进一步分析，可以得出以下结论：判断因保险车辆发生意外交通事故而受害的人属于“第三者”还是属于“车上人员”，必须以该人在交通事故发生当时这一特定的时间是否身处保险车辆之上为依据，在车上即为“车上人员”，在车下即为“第三者”。同时，由于机动车辆是一种交通工具，任何人都不可能永久地置身于机动车辆之上，故涉案机动车辆保险合同中所涉及的“第三者”和“车上人员”均为在特定时空条件下的临时性身份，即“第三者”与“车上人员”均不是永久的、固定不变的身份，二者可以因特定时空条件的变化而转化。本案中，涉案交通事故的事实是郑某宝被涉案保险车辆碾压致伤。该事故发生前，郑某宝的确乘坐于涉案保险车辆之上，属于车上人员。但由于驾驶员遇到紧急情况时操作不当，导致涉案保险车辆失控，将郑某宝甩出车外，随后被涉案保险车辆碾压致重伤。因此，涉案交通事故发生时，郑某宝不是在涉案保险车辆之上，而是在该车辆之外。如果郑某宝在涉案交通事故发生时是涉案保险车辆车上人员，则根本不可能被该车碾压致伤。因此，财保长兴支公司仅以郑某宝在涉案交通事故发生前乘坐于涉案保险车辆之上的事实，即认为郑某宝属于涉案保险车辆车上人员，涉案交通事故责任应当按照车上人员责任险理赔的观点不仅不符合涉案保险合同的规定，亦有悖于常理。①

笔者赞同上述法院的观点，因为本车乘客虽然也是被《交强险条例》排除在交强险的第三者范围之外的。但是，乘客并不像驾驶人那样对于机动车具有操控力，乘客没有过错而因本车驾驶人的原因离开本车车体，导致被本车碾压、碰撞而遭受损害的，当然属于第三者。事实上，从比较法来看，交强险也是可以适用于本车人员的。我国《交强险条例》只是为了节省交强险的支出而作出了有利于保险公司的规定。

◆ 相关规定

《最高人民法院关于审理道路交通事故损害赔偿案件适用法律若干问题的解释》（法释〔2020〕17号）

第十四条　投保人允许的驾驶人驾驶机动车致使投保人遭受损害，当事人请求承保交强险的保险公司在责任限额范围内予以赔偿的，人民法院应予支持，但投保人为本车上人员的除外。

第二十三条　【禁止饲养的危险动物致人损害责任没有减免责事由】

禁止饲养的烈性犬等危险动物造成他人损害，动物饲养人或者管理人主张不承担责任或者减轻责任的，人民法院不予支持。

---

① 郑某宝诉徐某良、中国人民财产保险股份有限公司长兴支公司道路交通事故人身损害赔偿纠纷案，载《中华人民共和国最高人民法院公报》2008年第7期。

◆ 条文要旨

本条是关于禁止饲养的危险动物致人损害的侵权赔偿责任不适用减免责事由的规定。

◆ 理解与适用

一、本条的规范意旨

《民法典》第1247条规定："禁止饲养的烈性犬等危险动物造成他人损害的，动物饲养人或者管理人应当承担侵权责任。"该条并未规定危险动物的饲养人或管理人的减责与免责事由。但是，《民法典》第1245条规定的免责和减责事由为"损害是因被侵权人故意或者重大过失造成的"。《民法典》第1246条规定的减责事由为"损害是因被侵权人故意造成的"。由此产生的疑问是，《民法典》第1247条没有规定减责与免责事由，是否意味着该条规定了一个侵权法上的绝对责任，即只要是禁止饲养的烈性犬等危险动物造成他人损害的，动物的饲养人或者管理人就没有任何可以主张的减轻责任或者免除责任的事由，其一定要承担全部的侵权赔偿责任。对此问题，《民法典侵权责任编解释（一）》第23条作出了规定。

二、饲养动物损害责任的归责原则

（一）我国法上饲养动物损害责任归责原则的演变

在我国，饲养动物损害责任的归责原则经历了从"单一的无过错责任"到"适用不同责任"的发展演变过程。最初，《民法通则》第127条曾规定："饲养的动物造成他人损害的，动物饲养人或者管理人应当承担民事责任；由于受害人的过错造成损害的，动物饲养人或者管理人不承担民事责任；由于第三人的过错造成损害的，第三人应当承担民事责任。"通说认为，该条确立了动物致害的无过错责任，即无论何种类型的动物，在造成他人损害时，动物的饲养人或者管理人都要承担无过错责任。

2010年施行的《侵权责任法》一改《民法通则》的做法，区分了不同类型的动物和情形，规定了不同的归责原则。具体而言：首先，依据该法第78条，饲养动物造成他人损害时，无论动物的饲养人、管理人有无过错，都要承担侵权责任，即适用的是无过错责任。只有证明损害是因受害人故意或重大过失所致时，饲养人或者管理人方能免责或减责。其次，《侵权责任法》规定了三种不同于无过错责任的例外情形，其中，有两种是比无过错责任更严厉的责任，即第79条与第80条规定的在以下两种情形中，动物的饲养人或管理人承担的是非常严格的责任：（1）违反管理规定，未对动物采取安全措施造成他人损害的情形；（2）禁止饲养的烈性犬等危险动物造成他人损害的情形。这两类责任的严格之处在于，即便受害人对于损害的发生具有重大过失，也不能减轻侵权人的责任。之所以作此规定，理由在于：那些违反管理规定不对动物采取安全措施的饲养人或管理人，以及饲养法律明文禁止饲养的烈性犬等危险动物的人，其行为不仅严重违法，主观上具有重大过错，且客观上对他人的人身、财产安全造成了很大的威胁。对这些漠视国家法度、肆意妄为之徒，自然不应宽待。《侵权责任法》规定的第三种例外情形则是比无过错责任更宽松的责任，即该法第81条关于动物园饲养的动物致人损害的责任。依据该条，动物园饲养的动物造成他人损害的，不适用无过错责任，而适用过错推定责任。这就是说，动物园可以通过证明尽到管理职责而免除责任。立法机关作此规定的理由在于：动物园饲养的动物是为了满足人民物质和文化生活提高的需要，或进行科学研究，并非如普通的自然人那样，纯粹是出于精神上的满足。况且，从实践来看，游客因动物园的动物而遭受损害，要么是因为动物园没有尽到管理的职责（如安全设施或设备的瑕疵、欠缺警示标志等），要么是游客自身的原因（如违反规定投喂食物、激惹或挑逗动物等）。因此，在动物园已经尽到了管理职责的情形下，损害就完全是由于受害人自身原因所致。此时，如果令动物园承担责任，过于苛刻。①

在我国编纂民法典时，立法机关延续了《侵权责任法》的做法，仍然依据动物的类型以及致害的情形不同，分别规定了不同的责任（参见表 2）。首先，依据《民法典》第 1245 条之规定，饲养动物损害责任原则上均适用无过错责任。其次，《民法典》第 1246—1247 条分别规定了两类特殊的无过错责任（即比一般的无过错责任更加严格的责任）。最后，《民法典》第 1248 条对动物园动物造成他人损害的责任规定了过错推定责任。

表 2 《民法典》中动物损害责任的类型

责任类型	适用类型	减责事由	免责事由
一般的无过错责任	《民法典》第 1245 条：没有例外规定，则普遍适用	被侵权人重大过失	被侵权人故意
严格的无过错责任	《民法典》第 1246 条：违反管理规定，未对动物采取安全措施造成他人损害	被侵权人故意	无
	《民法典》第 1247 条：禁止饲养的烈性犬等危险动物造成他人损害	无	无
过错推定责任	《民法典》第 1248 条：动物园的动物造成他人损害	被侵权人重大过失	被侵权人故意、动物园证明尽到管理职责

（二）禁止饲养的烈性犬等危险动物损害责任属于绝对责任

《民法典》第 1247 条对禁止饲养的危险动物的致害责任作出了规定。这种责任属于“绝对责任”或“结果责任”，即饲养人或者管理人没有任何可以主张的免责事由和减责事由。《民法典》之所以如此规定，

① 在侵权责任法起草中，对此动物园动物造成损害适用过错推定责任，有不同的意见。参见《侵权责任法草案座谈会简报（二）》，载全国人大常委会法制工作委员会民法室编：《侵权责任法立法背景与观点全集》，法律出版社 2010 年版，第 146 页。

理由在于：烈性犬等危险动物比一般的饲养的动物的危险性更高，故此法律法规或相关规定已经明确禁止饲养这些危险动物。饲养人或管理人在法律法规或相关规定禁止饲养的情况下，知法犯法，饲养此等危险动物，从而造成他人损害的，饲养人或者管理人的主观恶性更为严重。因此，对于此种禁止饲养的危险动物致害责任，不应当赋予饲养人或管理人任何免责事由或减责事由。①

在《民法典》颁布后，理论界对《民法典》第 1247 条是否有减免责事由存在不同的理解。多数学者认为，《民法典》第 1247 条与第 1245 条构成特别法与一般法的关系，而第 1247 条规定的是一种绝对责任，饲养人或者管理人没有任何的减轻责任与免除责任的事由，即便是受害人故意也不能减轻责任或免除责任。② 也有学者认为，被侵权人故意造成损害是否减轻饲养人或者管理人的侵权责任并不确定，因为《民法典》第 1174 条规定受害人故意是行为人不承担责任的一般抗辩事由，而第 1247 条并没有明文排除适用第 1174 条。③ 司法实践中也有不同看法，有的法院认为，《民法典》第 1247 条没有规定任何减免责事由，而有的法院认为，《民法典》第 1245 条规定了能够证明损害是因被侵权人故意或者重大过失造成的，可以不承担或者减轻责任。该规定可以作为第 1247

---

① 2013 年我国大连市就发生过一起藏獒咬死三周岁女童的严重事件。参见《藏獒咬死女童 主人被刑事拘留》，载微博“新华社”2013 年 6 月 28 日，https：//www.weibo.com/1699432410/zDxDcmm0X。德国从 1990 年开始关注危险动物的危险性。2000 年，德国汉堡发生一起很严重的危险动物造成他人损害的事件。两只被放开的斗犬在一所学校的校园内将一名六周岁的孩子撕咬致死。这促使德国各州和联邦的有关法规变得更加严格。德国联邦政府也努力动议，促使在欧盟层面实现更加普遍地禁止饲养危险犬。参见［德］克里斯蒂安·埃贝尔-博格斯：《德国民法动物饲养人责任（§§833，834BGB）施陶丁格注解》，王强译，中国政法大学出版社 2013 年版，第 23 页。

② 王利明：《侵权责任》（第二版），中国人民大学出版社 2021 年版，第 374—375 页；郭明瑞：《侵权责任法通义》，商务印书馆 2022 年版，第 306 页；程啸：《侵权责任法》（第三版），法律出版社 2021 年版，第 709 页；梁慧星：《侵权责任法讲义》，法律出版社 2023 年版，第 312 页。

③ 张新宝：《侵权责任法》（第五版），中国人民大学出版社 2020 年版，第 280 页。

条的减责或免责事由。①

《民法典侵权责任编解释（一）》第 23 条规定：“禁止饲养的烈性犬等危险动物造成他人损害，动物饲养人或者管理人主张不承担责任或者减轻责任的，人民法院不予支持。”笔者认为，司法解释这一规定是正确的，理由除了上文所述外，还包括：《民法典》第 1174 条虽然将受害人故意作为侵权责任的免责事由，但这是原则上的规定，如果法律有例外的规定，则适用例外的规定。我国《民法典》对于免责事由采取的是“一般规定+特别规定”的模式，同时我国法整体上对于侵权责任免责事由的规定又采取的是“一般法+特别法”的模式。故此，在免责事由法律规定的适用上，应当遵循“特别规定优于一般规定，特别法优于一般法”的原则。为了明确这一点，防止在适用中出现混乱，《民法典》第 1178 条规定：“本法和其他法律对不承担责任或者减轻责任的情形另有规定的，依照其规定。”这就是说，除了《民法典》总则编和侵权责任编规定的八种免责事由外，《民法典》本身以及其他法律对于免责事由以及减责事由有另外规定的，应当适用该规定。这就意味着，在确定一项侵权行为的免责事由时，首先要看特别规定和特别法。有特别规定和特别法的，就只能适用特别规定和特别法。只有在没有特别规定或特别法的情况下，才适用《民法典》对免责事由的一般规定。例如，《民法典》第 1246 条规定，即便损害是因为被侵权人的故意造成的，也只能减轻动物饲养人或管理人的侵权责任。显然这一规定就排除了《民法典》第 1174 条关于受害人故意可以免责的规定，而且该条也没有规定动物饲养人或者管理人的免责事由。《民法典》第 1247 条紧接着第 1246 条

① 认为没有减免责事由的判决如：卢某与陈某饲养动物损害责任纠纷案，北京市顺义区人民法院（2023）京 0113 民初 18400 号民事判决书；杨某翰与邱某枥饲养动物损害责任纠纷案，上海市青浦区人民法院（2021）沪 0118 民初 13037 号民事判决书。认为受害人故意或重大过失可以减免责的判决如：王某胜、李某饲养动物损害责任纠纷案，辽宁省抚顺市中级人民法院（2021）辽 04 民终 3660 号民事判决书。

而规定，却并未提及被侵权人的故意造成损害的，是否可以减轻或免除动物饲养人或管理人的侵权责任，这就充分说明了，立法者在该条中排除了饲养人或者管理人任何减责与免责的可能性，即便是受害人故意也不能减责，更不能免责。

三、禁止饲养的危险动物损害责任的构成要件

（一）禁止饲养的危险动物

《民法典》第1247条规定，禁止饲养的烈性犬等危险动物造成他人损害的，动物饲养人或者管理人应当承担侵权责任。由于“烈性犬等危险动物”对于他人的人身、财产安全，显然有高度之危险。因此，不得饲养这些动物。例如，《北京市养犬管理规定》第10条第1款规定：“在重点管理区内，每户只准养一只犬，不得养烈性犬、大型犬。禁养犬的具体品种和体高、体长标准，由畜牧兽医行政部门确定，向社会公布。”《贵州省城市养犬管理规定》第10条规定：“饲养大型犬只应当在固定场所圈养或者拴养。禁止饲养烈性犬只。大型犬只、烈性犬只的具体品种和体高、体长标准，由省级畜牧兽医行政部门确定，向社会公布。”《西安市限制养犬条例》第11条规定：“重点限养区内禁止个人饲养烈性犬、大型犬。单位饲养或者一般限养区内个人饲养烈性犬、大型犬的，必须实行拴养或者圈养。烈性犬、大型犬名录由市农业行政管理部门会同市公安机关确定，并向社会公布。”违反禁止性规定饲养这些动物本身就是严重的过错，故此，《民法典》第1247条没有为侵权人规定任何减责与免责事由。

“烈性犬”并非动物学上的概念，其具体范围如何，目前我国尚无法律和法规的统一规定，实践中规定烈性犬范围的文件效力层级往往比较低，一般是由各地的公安、农业部门加以确定，范围上各地存在差别，主要包括以下犬种：藏獒、比特斗牛梗、阿根廷杜高狗、巴西非拉狗、日本土佐犬、中亚牧羊犬、川东犬、苏俄牧羊犬、牛头梗、英国马士提夫、意大利卡斯罗、大丹犬、俄罗斯高加索、意大利扭玻利顿、斯塔福、

阿富汗猎犬、波音达犬、威玛猎犬、雪达犬、寻血猎犬、巴仙吉犬、英国斗牛犬、秋田犬、纽芬兰犬、贝林登梗、凯丽蓝梗、中华田园犬。[①]考虑到烈性犬致害责任属于最为严格的一类侵权责任，因此，必须由法律法规或部门规章进行统一规定，避免各地规定的差异。

烈性犬是一类危险动物，此外，危险动物还包括各类毒蛇、食人鱼、狮子、老虎、大象、鳄鱼等。对于动物园而言，其具有专门的设备、人员等条件，可以依法饲养一些危险动物，但是，对于其他的单位或个人如果违法饲养这些危险动物，就很容易对他人人身财产安全造成危害。故此，对于动物园饲养的动物即便是危险动物，依据《民法典》第1248条，依然适用过错推定责任。而其他单位或个人违法饲养禁止饲养的危险动物的，则适用《民法典》第1247条规定的绝对责任。

（二）造成了他人损害

所谓饲养动物造成了他人损害，包含两层意思：首先，该饲养动物的行为是导致他人损害的原因，即二者之间存在因果关系。其次，该饲养动物给他人造成的损害是因该动物固有的危险所致，例如动物的吠叫、跳跃、咬人、惊恐、失控、逃跑、交配等。动物危险表现为动物自然属性所对应的不可预测和自主的行为。在此过程中，动物本性的爆发是不是对外部刺激（例如发动机的噪声、飘动的衣物）的反应并不重要。[②]例如，狗因受刺激而狂吠惊吓他人、动物奔跑中撞伤他人或毁坏他人财物等。[③] 例如，在一个动物致人损害的案件中，法院认为："涉案的犬只虽未对人实施如'抓伤、扑倒、撕咬'等直接接触人体的动作，一般人在陌生犬只尤其是未被约束的犬只进入自身安全界线内的时候，本能会

---

① 参见《长沙市公安局、长沙市农业委员会关于公布危险犬只目录的通告》（长公通〔2019〕15号）；《厦门市公安局、厦门市农业局关于厦门经济特区大型犬标准和禁止饲养烈性犬品种的通告》（厦公综〔2007〕25号）。

② Brox/Walker, Besonderes Schuldrecht, 48. Aufl., Beck, 2024, §48, Rn19.

③ 例如，在左某诉王某银、白某等健康权纠纷案中，受害人因被告饲养的动物的惊吓而摔倒受伤，法院认为，适用饲养动物损害责任。参见天津市第二中级人民法院（2014）二中民四终字第204号民事判决书。

产生恐惧的心理，故欧某珍在看到未被采取任何约束措施的涉案犬只突然起立并向其逼近的时候，因本能的恐惧而避让进而摔倒，并致自己受伤。虽然犬只与人体不存在实际接触，但该伤害与犬只之间具备了引起与被引起的关系，故二者具备因果关系，动物饲养人或者管理人对此亦应当承担侵权责任。”① 笔者认为，法院的这个判决是非常正确的。动物虽然没有直接实施接触人体的动作，但是受害人因受到惊吓而作出一些反应以致摔倒受伤的，只要这种反应不属于受害人所属群体内的合理的人都不会作出的极不正常的反应，② 那么就应当认定损害是因饲养动物的危险现实化所致。不应当认为受害人对损害的发生有过错而减轻动物饲养人或者管理人的赔偿责任。

不过，当动物受到人的操控而如同一个机器或一个工具那样发生作用造成他人损害时（某人骑马冲向人群导致某人受伤），则不属于因特定动物的危险而造成的损害，不适用饲养动物损害责任。③ 例如，甲给其饲养的猴子发出指令，令其盗窃乙的钱包；再如，张三抓起一只乌龟砸向李四，将李四脑袋砸破。显然，这两个例子中，前者乙的财产损失并非因为猴子本身的危险性引发，猴子本身并不具有偷窃他人钱包的动物危险性，猴子的这一行为是受到了甲的训练所致，猴子只是甲的工具而已。后者李四并不是因为乌龟作为动物的危险现实化而受害，乌龟在这个例子中就是被张三当作了一块石头。因此，甲和张三都是应当依据《民法典》第 1165 条第 1 款所确立的过错责任原则而向乙、李四承担侵权损害赔偿责任。

---

① 欧某珍诉高某饲养动物损害责任纠纷案，载《中华人民共和国最高人民法院公报》2019 年第 10 期。

② 德国民法学界也认为，在判断受害人反应是否正常时，需要考虑的是受害人所属群体，如小孩、老人、妇女或者病人，至于动物本身客观上是否危险而足以使人恐慌，抑或狗的性情原本是否温顺等，都不起决定性作用。参见［德］克里斯蒂安·埃贝尔-博格斯：《德国民法动物饲养人责任（§§833，834BGB）施陶丁格注解》，王强译，中国政法大学出版社 2013 年版，第 43 页。

③ Brox/Walker, Besonderes Schuldrecht, 48. Aufl., Beck, 2024, §48, Rn19.

实践中，饲养动物侵害他人的人身财产权益而造成损害的情形包括：其一，饲养动物侵害他人生命权、健康权、身体权等人身权益而造成的财产损害与精神损害，如老虎咬死人、毒蛇咬伤他人。其二，饲养动物侵害他人的财产权益，如烈性犬将他人饲养的泰迪犬咬死等。

◆ 疑点与难点

一、禁止饲养的危险动物范围的法定化

《民法典》第 1247 条规定了侵权法上最严格的责任，此种责任是绝对责任，没有任何免责事由与减责事由。为了使人们的行为能够有明确和稳定的预期，同时也避免此种极为严格的责任被过宽适用，法律上需要严格控制该责任的适用范围。其中，最重要的控制方法就是确定何为“禁止饲养的烈性犬等危险动物”。也就是说，应当通过法律或者行政法规、部门规章等全国统一性的规范性法律文件，明确哪些动物属于禁止饲养的危险动物，不应当将该范围交由地方性法规、政府规章甚至单纯的政府机关文件加以规定，也不应当由法官在审判中自行认定。

二、禁止饲养的危险动物致人损害饲养人和管理人是否需要承担连带责任

我国《民法典》第 1245 条以下沿用了《民法通则》《侵权责任法》等以往法律的规定，将饲养动物损害责任的主体规定为“饲养人或者管理人”。一直以来，理论界对于何为动物的饲养人或者管理人都存在不同的看法。有的学者认为，饲养人大部分就是所有人，管理人包括两类：一是国有企业如动物园作为经营管理者，二是直接占有动物的人即占有人。[①] 有的观点认为，动物的饲养人一般是指动物的所有人，即对动物享有占有、使用、收益和处分权的人。动物的管理人是指实际控制和管束动物的人，管理人不以对动物享有所有权为必要，其也可以只是根据

---

① 孙亚明主编：《民法通则要论》，法律出版社 1991 年版，第 237 页。

某种法律关系直接占有动物的人。当动物的所有人和管理人不一致时，应当由动物的管理人承担责任。[①] 有的学者认为，所谓动物饲养人是指为了自己的利益而饲养并支配动物的人，虽然绝大多数情况下动物饲养人就是动物的所有人，但又不能等同于所有人。动物的管理人是指对动物具有管理和控制能力的人，主要是指管理国家所有的动物的法人或者其他社会组织，如动物园、动物管理机构等。[②] 还有的学者认为，在饲养或者管理自己所有的动物的情况下，饲养人和管理人就是指动物的所有人。但是在动物的所有人雇佣或者委托他人照管动物的时候，所有人（饲养人）是动物的管理人。在出租出借动物的情形下，承租人就是管理人。[③]

笔者认为，动物的饲养人通常是动物的所有权人，包括单独所有人或共有人。以养犬为例，依据我国一些地方性法规或地方政府规章，城市养犬者应当到居住地或者单位住所地的区、县公安部门指定机构申请办理养犬登记和年检。公安机关建立的养犬管理信息系统和养犬管理电子档案上要记载养犬人的姓名、居住地或者单位名称、住所地等信息。所谓“养犬人”就是犬类的饲养人。动物属于动产，其所有权的转移应当以交付为判断标准。因此，没有交付之前，动物的所有权没有转移，造成他人损害的，应当由所有人承担责任。[④] 当动物由数人共有时，依据《民法典》第 307 条，他们应当对该动物给他人造成的损害承担连带责任。

动物的所有权是表明控制权的存在并享有利益的一项重要指标，但

---

① 王利明主编：《民法·侵权行为法》，中国人民大学出版社 1993 年版，第 479 页；郭明瑞：《侵权责任法通义》，商务印书馆 2022 年版，第 301—302 页。

② 王利明：《侵权责任》（第二版），中国人民大学出版社 2021 年版，第 381—382 页。

③ 张新宝：《中国民法典释评·侵权责任编》，中国人民大学出版社 2020 年版，第 267—268 页。

④ 赵某余与林某乐等饲养动物损害责任、提供劳务者受害责任纠纷案，安徽省合肥市中级人民法院（2014）合民一终字第 00571 号民事判决书。

并非决定性的，因为在很多情况下，所有人之外的人会成为动物的保有人。[①] 故此，我国法上还规定了动物的管理人作为饲养动物损害责任的主体。所谓动物的管理人，是指动物所有人之外的对动物进行控制与管理的人，动物的管理人的范围较大，既包括依法负有管理动物的职责的人（如国家设立的动物园），也包括其他有权占有动物之人，如依借用合同、保管合同、委托合同等而占有动物并有管理职责的人，或者依法收容、没收动物的相关单位（如犬只收容所）。动物的管理人可以是直接占有人，也可以是间接占有人。但是，如果某人是依据用人单位的指令或者接受劳务一方要求而照顾动物，则动物的管理人是该用人单位或接受劳务一方。

依据《民法典》第 1245 条以下的规定，饲养动物损害责任的主体是动物的饲养人或者管理人。也就是说，当动物的饲养人与管理人为同一主体时，那么在动物造成他人损害时，承担责任的就是动物的饲养人。如果饲养人和管理人不是同一主体，由于管理人对于动物具有管理和控制力，故此，应当由动物的管理人承担饲养动物损害责任。然而，就禁止饲养的危险动物而言，因为此类动物本身是禁止饲养的，故此，在该类动物的饲养人将动物委托给他人管理时，管理人对于该动物的管理本身也是违法的，是法律所禁止的，这就如同《民法典》第 1214 条规定的那样，拼装的机动车与报废的机动车不得进行转让，否则只要发生交通事故造成损害的，转让人和受让人就要承担连带责任。基于这一法理，为了更好地预防非法饲养危险动物，应当认为禁止饲养的烈性犬等危险动物造成他人损害，动物饲养人和管理人不是同一人时，饲养人和管理人应当向被侵权人承担连带责任。

---

① ［德］克里斯蒂安·冯·巴尔、［英］埃里克·克莱夫：《欧洲私法的原则、定义与示范规则：欧洲示范民法典草案（第 5、6、7 卷）》，王文胜等译，法律出版社 2014 年版，第 523 页。

◆ 相关规定

《中华人民共和国民法典》

第一千二百四十七条 禁止饲养的烈性犬等危险动物造成他人损害的，动物饲养人或者管理人应当承担侵权责任。

第二十四条 【高空抛坠物致害时物业服务企业的相应补充责任】

物业服务企业等建筑物管理人未采取必要的安全保障措施防止从建筑物中抛掷物品或者从建筑物上坠落的物品造成他人损害，具体侵权人、物业服务企业等建筑物管理人作为共同被告的，人民法院应当依照民法典第一千一百九十八条第二款、第一千二百五十四条的规定，在判决中明确，未采取必要安全保障措施的物业服务企业等建筑物管理人在人民法院就具体侵权人的财产依法强制执行后仍不能履行的范围内，承担与其过错相应的补充责任。

◆ 条文要旨

本条是有关高空抛掷物品致害且具体侵权人能够确定时物业服务企业等建筑物管理人的补充责任的规定。

◆ 理解与适用

一、本条的规范意旨

现代都市宛如“钢筋水泥森林”，为了保障广大人民群众“头顶的安全”，我国《民法典》侵权责任编第十章“建筑物和物件损害责任”

用了三个条文（第1252—1254条）对建筑物、构筑物或者其他设施以及其上的搁置物、悬挂物和建筑物中的抛掷物、建筑物上的坠落物致害责任作出了详细规定。其中，第1254条特别规定了从建筑物中抛掷物品和建筑物上坠落的物品造成他人损害的侵权责任。依据该条第1款，从建筑物中抛掷物品或者建筑物上坠落的物品造成他人损害的，经过调查能够确定具体侵权人的，应当由侵权人依法承担侵权责任。对此没有争议。但是，要注意的是，即便能够确定具体侵权人，该侵权人是首要的责任人，也并不意味着仅仅由该具体侵权人来承担责任，因为，依据《民法典》第1254条第2款的规定，如果物业服务企业等建筑物管理人没有采取必要的安全保障措施来防止出现从建筑物中抛掷物品或者建筑物上坠落的物品造成他人损害的情形的发生，则物业服务企业等建筑物管理人也需要就它们违反安全保障义务的行为，依据《民法典》第1198条第2款承担相应的补充责任。被侵权人可以将具体的侵权人与建筑物管理人作为共同被告提起诉讼，此时法院应当如何判决他们承担责任呢？《民法典侵权责任编解释（一）》第24条对该问题作出了规定。

二、建筑物管理人违反安全保障义务的相应的补充责任

（一）建筑物管理人的安全保障义务的来源

所谓建筑物的管理人，是指对于建筑物负有维护管理职责的民事主体，最典型的就是物业服务企业。此外，一些建筑物的所有权人自行负责建筑物管理维护的，则该所有权人就是建筑物的管理人。作为建筑物的管理人，其依据物业服务合同的约定或者法律法规的规定等，对建筑物负有维修、养护、管理和维护义务，应当采取必要的安全保障措施来保障业主的人身财产安全，包括采取合理的措施防止发生有人从建筑物中抛掷物品或者建筑物上坠落物品造成他人损害的情形。具体来说，建筑物的管理人所负有的安全保障义务来自法律的规定和合同的约定：一方面，法律的规定中最主要的就是《民法典》第1198条的规定。依据该条第1款，物业服务企业等建筑物管理人也是小区的道路、绿地、走

廊等公共场所的管理人，其负有采取合理的措施保障公众人身财产权的安全保障义务，这是法定的安全保障义务；另一方面，合同的规定就是物业服务企业等建筑物管理人与业主之间订立的物业服务合同。《民法典》第 284 条至第 285 条规定，业主可以自行管理建筑物及其附属设施，也可以委托物业服务企业或者其他管理人管理。物业服务企业或者其他管理人根据业主的委托，依照《民法典》有关物业服务合同的规定管理建筑区划内的建筑物及其附属设施。《民法典》第 942 条规定："物业服务人应当按照约定和物业的使用性质，妥善维修、养护、清洁、绿化和经营管理物业服务区域内的业主共有部分，维护物业服务区域内的基本秩序，采取合理措施保护业主的人身、财产安全。对物业服务区域内违反有关治安、环保、消防等法律法规的行为，物业服务人应当及时采取合理措施制止、向有关行政主管部门报告并协助处理。"这就是物业服务人依据物业服务合同负有的安全保障义务。

综上可知，在发现有人从建筑物中抛掷物品或者建筑物上出现坠落的物品而危及业主的人身、财产安全时，物业服务企业等建筑物的管理人就应当采取合理措施，如向公安机关报告、对业主尽到提醒告知的义务甚至采取安装摄像头等手段来查找抛掷人等，防止发生此等情形。如果其没有履行这些安全保障义务，那么就应当承担未履行安全保障义务的侵权责任。

（二）第三人侵权时建筑物管理人违反安全保障义务的责任

《民法典》第 1198 条第 1 款和第 2 款分别规定了安全保障义务人违反安全保障义务的两种情形：一是，经营者、管理者或组织者负有的不因自己的行为而损害他人的安全保障义务，如果因为自己违反此种安全保障义务而造成他人损害的，经营者、管理者或者组织者应当承担侵权责任；二是，经营者、管理者或组织者负有的防止或制止第三人对他人实施侵权行为的安全保障义务，如果第三人造成他人损害而经营者、管理者或者组织未尽到安全保障义务的，它们应当承担相应的补充责任。

当发生有人从建筑物中抛掷物品或者建筑物上坠落物品而造成他人损害的情形，能够通过调查等确定抛掷物品的人是谁或者确定是何人的物品坠落下来之时，那么抛掷物品者或坠落物品的相关主体（物品的所有人或者建筑物的所有人、管理人或使用人）就是具体的侵权人，应当承担侵权责任。此时，作为安全保障义务人的建筑物的管理人只有在违反安全保障义务时，才需要依据《民法典》第1198条第2款承担相应的补充责任。具体来说，首先，建筑物的管理人只有在没有尽到安全保障义务时，才需要承担相应的补充责任。就建筑物中抛掷物品或者建筑物上坠落物品致害而言，《民法典侵权责任编解释（一）》第24条将没有尽到安全保障义务具体化为“防止从建筑物中抛掷物品或者从建筑物上坠落的物品造成他人损害”。这就是说，并不要求物业服务企业等建筑物管理人采取一切的安全保障措施来防止从建筑物中抛掷物品或者从建筑物上坠落的物品造成他人损害，而是只要求采取必要的安全保障措施。

其次，即便是违反了安全保障义务，建筑物的管理人也不是直接的侵权人，第三人（即抛掷物品者或坠落物品的相关主体）才是直接的侵权人，其应当承担侵权责任，建筑物的管理人承担的是“相应的补充责任”。这就是说，一方面，建筑物的管理人承担的是“补充责任”，而非连带责任或按份责任。补充责任就意味着建筑物的管理人实际上享有类似一般保证人的先诉抗辩权，即应当由从事侵权行为的第三人就受害人的损害承担侵权责任。如果该人已经全部承担了侵权责任，则建筑物的管理人就不需要再承担侵权责任。只有第三人下落不明或者没有赔偿能力而无力承担全部侵权责任时，建筑物的管理人才负补充责任，即第二位的赔偿责任。之所以如此，是考虑到：毕竟对受害人实施侵权行为的是从建筑物中抛掷物品或者建筑物上坠落物品的行为人，是第三人，而不是建筑物的管理人。虽然建筑物的管理人没有采取必要的安全保障措施，但这也只是造成损害发生的条件或间接原因，不能将其与第三人的侵权行为加以混淆。另一方面，建筑物的管理人要承担的不是全部的补充责任，而仅承担“相应”的补充责任，即与其过错相适应的补充责任。这是因为，如果一旦实施侵权行为的第三人没有赔偿能力，没有采取必要的安全保障措施的建筑物的管理人就必须承担兜底性的、全部的补充责任，实际上就等于管理人替代了第三人承担了全部的赔偿责任。法律规定的“补充责任”也就没有任何意义了。

为了明确具体侵权人确定时建筑物管理人的相应补充责任的涵义，《民法典侵权责任编解释（一）》第 24 条规定：“物业服务企业等建筑物管理人未采取必要的安全保障措施防止从建筑物中抛掷物品或者从建筑物上坠落的物品造成他人损害，具体侵权人、物业服务企业等建筑物管理人作为共同被告的，人民法院应当依照民法典第一千一百九十八条第二款、第一千二百五十四条的规定，在判决中明确，未采取必要安全保障措施的物业服务企业等建筑物管理人在人民法院就具体侵权人的财产依法强制执行后仍不能履行的范围内，承担与其过错相应的补充责任。”该规定与该司法解释第 14 条第 1 款的规定在原理上是相同的。

◆ 疑点与难点

必要的安全保障措施的判断

要明确建筑物管理人怎样做才能被认定为采取了必要安全保障措施来防止行为人从建筑物中抛掷物品、坠落物品造成他人损害，需要综合考虑相关因素才能正确判断。具体而言，这些因素包括：法律法规和相关标准的要求、行为的发生频率和危险程度、建筑物管理人的预防与控制能力等。例如，A 小区 6 号楼在一个月内已经发生了三起楼上有人往楼下扔垃圾或者杂物的事件，但是该小区的物业公司没有采取任何有效措施，结果第四起抛物事件造成了路人张某的人身损害，虽然查明了抛掷物品的是该楼 1001 的住户朱某，朱某当然要承担侵权责任，而物业公司也要承担相应的补充责任。反之，如果发生了第一起抛掷物品的事件后，该物业公司就立即查找行为人，查清楚是朱某抛掷的物品后，向其发出了告知书并且向公安部门报告并协助处理，此后朱某再次抛掷物品造成张某损害，则物业公司由于已经履行了安全保障义务，就不需要承担相应的补充责任。

◆ 相关规定

《中华人民共和国民法典》

第九百四十二条 物业服务人应当按照约定和物业的使用性质，妥善维修、养护、清洁、绿化和经营管理物业服务区域内的业主共有部分，维护物业服务区域内的基本秩序，采取合理措施保护业主的人身、财产安全。

对物业服务区域内违反有关治安、环保、消防等法律法规的行为，物业服务人应当及时采取合理措施制止、向有关行政主管部门报告并协助处理。

第一千一百九十八条 宾馆、商场、银行、车站、机场、体育场馆、娱乐场所等经营场所、公共场所的经营者、管理者或者群众性活动的组织者，未尽到安全保障义务，造成他人损害的，应当承担侵权责任。

因第三人的行为造成他人损害的，由第三人承担侵权责任；经营者、管理者或者组织者未尽到安全保障义务的，承担相应的补充责任。经营者、管理者或者组织者承担补充责任后，可以向第三人追偿。

第一千二百五十三条 建筑物、构筑物或者其他设施及其搁置物、悬挂物发生脱落、坠落造成他人损害，所有人、管理人或者使用人不能证明自己没有过错的，应当承担侵权责任。所有人、管理人或者使用人赔偿后，有其他责任人的，有权向其他责任人追偿。

第一千二百五十四条 禁止从建筑物中抛掷物品。从建筑物中抛掷物品或者从建筑物上坠落的物品造成他人损害的，由侵权人依法承担侵权责任；经调查难以确定具体侵权人的，除能够证明自己不是侵权人的外，由可能加害的建筑物使用人给予补偿。可能加害的建筑物使用人补偿后，有权向侵权人追偿。

物业服务企业等建筑物管理人应当采取必要的安全保障措施防止前款规定情形的发生；未采取必要的安全保障措施的，应当依法承担未履行安全保障义务的侵权责任。

发生本条第一款规定的情形的，公安等机关应当依法及时调查，查清责任人。

第二十五条　【高空抛掷物或坠落物致害具体侵权人难以确定时物业服务企业与可能加害的建筑物使用人的责任】

物业服务企业等建筑物管理人未采取必要的安全保障措施防止从建筑物中抛掷物品或者从建筑物上坠落的物品造成他人损害，经公安等机关调查，在民事案件一审法庭辩论终结前仍难以确定具体侵权人的，未采取必要安全保障措施的物业服务企业等建筑物管理人承担与其过错相应的责任。被侵权人其余部分的损害，由可能加害的建筑物使用人给予适当补偿。

具体侵权人确定后，已经承担责任的物业服务企业等建筑物管理人、可能加害的建筑物使用人向具体侵权人追偿的，人民法院依照民法典第一千一百九十八条第二款、第一千二百五十四条第一款的规定予以支持。

◆ 条文要旨

本条是有关高空抛掷物或坠落物致害而具体侵权人无法确定时建筑物管理人与可能加害的建筑物使用人的责任的规定。

◆ 理解与适用

一、本条的规范意旨

《民法典》第 1254 条要求在发生从建筑物中抛掷物品或者从建筑物上坠落的物品造成他人损害的情形后，公安等机关应当依法及时调查，查清责任人。查清了责任人的，就由责任人承担侵权责任。倘若经过调查难以确定具体侵权人的，此时就涉及可能加害的建筑物使用人需要依据《民法典》第 1254 条第 1 款第 2 句后半句给予补偿的问题，还涉及物业服务企业等建筑物的管理人在这种情形下是否需要承担责任以及如何承担责任等一系列问题。《民法典侵权责任编解释（一）》第 25 条对这些问题作出了规定。

二、可能加害的建筑物使用人的补偿责任

（一）责任性质和构成要件

《民法典》第 1254 条第 1 款第 2 句后半句中规定的“由可能加害的建筑物使用人给予补偿”，此种补偿责任不同于赔偿责任，性质上属于公平责任。其构成要件如下：

1. 造成损害的物品是从“建筑物”而非“构筑物或其他设施”中抛掷或者坠落的物品。这是因为，建筑物如住宅楼、办公楼往往层数较多且存在多个所有人（建筑物区分所有权）或使用人，难以确定具体的侵权人。如果是从构筑物或其他设施中抛掷或坠落的物品造成他人损害的，因该构筑物或其他设施的权利人多为单个的民事主体，受害人完全可以依据《民法典》第 1253 条，要求所有人、管理人或使用人承担责

任，不存在“由可能加害的建筑物使用人给予补偿”的问题。[①] 实践中常见的抛掷物或坠落物，有烟灰缸、砖头、菜板、玻璃、花盆等。

2. 造成他人损害，该损害可能是人身伤亡，也可能是财产损失。前者如受害人被楼上掉下来的水泥块砸伤或砸死，[②] 后者如受害人在自家露天阳台上建的阳光玻璃房的房顶被楼上扔下来的啤酒瓶砸伤。[③]

3. 难以确定具体侵权人。所谓难以确定具体侵权人，首先必须是经过调查仍然难以确定。依据《民法典》第 1254 条，进行调查的机关是公安等机关，确切地说，主要就是公安机关。因为在高空抛掷物品或坠落物品造成人身损害以及财产损害的情形中，该行为往往不仅是侵权行为，也是犯罪行为。《刑法》第 291 条之二规定：“从建筑物或者其他高空抛掷物品，情节严重的，处一年以下有期徒刑、拘役或者管制，并处或者单处罚金。有前款行为，同时构成其他犯罪的，依照处罚较重的规定定罪处罚。”故此，公安机关应当依法履行职责，进行调查，从而查明具体侵权人。调查后，能够确定具体的侵权人，就应当由该侵权人承担责任，至于违反安全保障义务的建筑物管理人也要承担相应的补充责任。如果公安机关经过调查仍然无法查明具体侵权人的，才能由可能加害的建筑物使用人给予补偿。同时，也涉及建筑物管理人违反安全保障义务的侵权责任。

（二）责任主体

《民法典》第 1254 条第 1 款第 2 句后半句所规定的承担补偿责任的

---

① 《最高人民法院关于依法妥善审理高空抛物、坠物案件的意见》第 11 条规定：“区分坠落物、抛掷物的不同法律适用规则。建筑物及其搁置物、悬挂物发生脱落、坠落造成他人损害的，所有人、管理人或者使用人不能证明自己没有过错的，人民法院应当适用侵权责任法第八十五条的规定，依法判决其承担侵权责任；有其他责任人的，所有人、管理人或者使用人赔偿后向其他责任人主张追偿权的，人民法院应予支持。从建筑物中抛掷物品造成他人损害的，应当尽量查明直接侵权人，并依法判决其承担侵权责任。”

② 黄某某诉陈某茂等十二户人身损害赔偿纠纷案，广东省梅州市中级人民法院（2011）梅中法民一终字第 123 号民事判决书。

③ 张某福与吴某祥、杭某云、闵某勇等不明抛掷物、坠落物损害责任纠纷案，贵州省遵义市汇川区人民法院（2014）汇民初字第 1748 号民事判决书。

主体是“可能加害的建筑物使用人”。具体而言，首先，责任人是建筑物的使用人而非所有人。使用人是指损害发生时占有并使用建筑物的人。使用人可能与所有人就是同一人，也可能不是同一人，例如，出租房屋的情形下，承租人就是使用人，不同于所有人。《民法典》之所以将责任主体限定为使用人，是因为只有这些人于损害发生时在建筑物内进行活动，控制、管理着建筑物和建筑物内的物品。当抛掷物、坠落物致人损害，又无法确定具体加害人时，加害者基本上就隐藏在使用人当中。因此，只有在实际使用人中间确定可能的加害人，才与社会生活的实际经验最相吻合。

其次，必须是可能加害的建筑物使用人。所谓“可能加害”，是指与损害具有因果关系的可能性较大。例如，某小区有 A、B、C 三栋楼，A 楼位于小区的最东边。受害人甲是在 A 楼东侧被掉下来的烟灰缸砸伤。那么，B 楼、C 楼以及 A 楼西侧的住户就不是可能加害的建筑物使用人。此外，即便是 A 楼东侧的业主，一层以及二层的住户也不大可能是可能加害的建筑物使用人。

最后，如果在诉讼发生时经过调查难以确定具体侵权人，而由可能加害的建筑物使用人对被侵权人给予了补偿，但此后发现了侵权人，那么依据《民法典》第 1254 条第 1 款第 3 句，可能加害的建筑物使用人补偿后，有权向侵权人追偿。

（三）免责事由

可能的加害人只有在证明自己不是侵权人时，才能免除补偿责任。要证明自己不是侵权人，就必须排除自己加害的全部可能性，这种证明责任的要求是比较高的。例如，受害人甲被建筑物中抛出的烟灰缸砸伤。其以二楼以上的住户乙、丙、丁、戊为被告提起诉讼。被告丁证明损害发生时自己和家人全部在国外旅行，家中并无任何人居住。这就可以排除其加害之全部可能性。但是如果丁只是证明自己和家人都不抽烟，因此没有烟灰缸。这显然没有排除加害的全部可能性。因为被告及其家人不抽烟并不等于家中就一定没有烟灰缸。

三、建筑物管理人违反安全保障义务的责任

如前所述，物业服务企业等建筑物管理人基于法律规定和物业服务合同的约定，有义务采取必要的安全保障措施，来保护业主以及其他公众的人身、财产安全。依据《民法典》第942条等法律规定，当物业服务区域内出现从建筑物中抛掷物品或者建筑物上坠落物品等危及他人人身、财产安全的行为时，应当及时采取合理措施制止、向有关行政主管部门报告并协助处理。因此，在发现有人从建筑物中抛掷物品或者建筑物上出现坠落的物品的情形，物业服务人应当立即采取有效的措施，如向公安机关报告、对于从楼下通行的人员尽到提醒告知义务，采取必要措施如安装摄像头等来查找抛掷物品或坠落物品的行为人等。如果物业服务企业等建筑物管理人没有履行这些安全保障义务的，就应当承担未履行安全保障义务的侵权责任。《民法典》第1254条第2款中所谓“承担未履行安全保障义务的侵权责任”，就是指物业服务企业等建筑物管理人应当依据《民法典》第1198条第2款承担违反安全保障义务的侵权责任。

四、可能加害的建筑物使用人与建筑物管理人承担责任的顺序

依据《民法典》第1254条第1款，从建筑物中抛掷物品或者从建筑物上坠落的物品造成他人损害的，经调查难以确定具体侵权人的，除能够证明自己不是侵权人的外，由可能加害的建筑物使用人给予补偿。可能加害的建筑物使用人补偿后，有权向侵权人追偿。同时，依据该条第2款，物业服务企业等建筑物管理人应当采取必要的安全保障措施防止前款规定情形的发生；未采取必要的安全保障措施的，应当依法承担未履行安全保障义务的侵权责任。由此就产生了可能加害的建筑物使用人的补偿责任与建筑物管理人未履行安全保障义务的侵权责任这二者之间的适用关系问题。这一点不同于能够确定具体侵权人的情形，在能够确定具体侵权人的情况下，该具体的侵权人是当然的、第一位的责任人，而建筑物的管理人是依据《民法典》第1198条第2款承担相应的补充责任。但是在无法确定具体侵权人的情形下，将可能加害的建筑物使用人与具体侵权人等同，显然是不妥的。因为可能加害的建筑物使用人承担的只是作为公平责任的补偿责任，不是侵权赔偿责任，是法律上为了保护被侵权人而作出的利益平衡。有鉴于此，《民法典侵权责任编解释（一）》第25条第1款规定："物业服务企业等建筑物管理人未采取必要的安全保障措施防止从建筑物中抛掷物品或者从建筑物上坠落的物品造成他人损害，经公安等机关调查，在民事案件一审法庭辩论终结前仍难以确定具体侵权人的，未采取必要安全保障措施的物业服务企业等建筑物管理人承担与其过错相应的责任。被侵权人其余部分的损害，由可能加害的建筑物使用人给予适当补偿。"这就是说，从建筑物中抛掷物品或者从建筑物上坠落的物品造成他人损害的，如果经公安等机关调查，民事案件一审法庭辩论终结前仍无法确定具体侵权人的，应当先由建筑物管理人承担未履行《民法典》第1198条第2款规定的安全保障义务的侵权责任。本来这个责任是相应的补充责任，但是由于并不存在第一位的责任人（因为无法确定具体的侵权人），故此，建筑物的管理人承担的是与其过错相应的责任（而非相应的补充责任）。倘若被侵权人的损害如果还未被完全填补的，由可能加害的建筑物使用人给予适当填补。

笔者认为，司法解释的上述规定是科学合理的。理由在于：物业服务企业等建筑物管理人本来依据法律规定和物业服务合同约定就有义务采取必要的安全保障措施，来保护业主以及其他公众的人身、财产安全。在从建筑物中抛掷物品或者从建筑物上坠落的物品造成他人损害的情形下，如果建筑物管理人没有履行安全保障义务，那么其违反义务的行为虽然不是造成损害的直接原因，但是该行为与损害的因果关系连接强于可能加害的建筑物使用人。因为对于可能加害的建筑物使用人的补偿责任，本身只是一种可能加害的推测，本质上是基于公平正义的考虑来实现损害的合理分散，是为了实现分配正义而非矫正正义。但是，让建筑物管理人承担未履行安全保障义务的侵权责任是实现矫正正义。故此，应当先由建筑物管理人承担未履行安全保障义务的侵权责任。如果被侵权人的损害还有没有被填补的，则由可能加害的建筑物使用人承担适当的补偿责任，也就是说，可能加害的建筑物使用人并非兜底性的，而是适当的补偿责任。当然，一旦具体侵权人确定后，承担责任的物业服务企业等建筑物管理人、可能加害的建筑物使用人都有权向具体侵权人追偿，这也是《民法典》第 1198 条第 2 款和第 1254 条第 1 款所明确规定的。《民法典侵权责任编解释（一）》第 25 条第 2 款也规定："具体侵权人确定后，已经承担责任的物业服务企业等建筑物管理人、可能加害的建筑物使用人向具体侵权人追偿的，人民法院依照民法典第一千一百九十八条第二款、第一千二百五十四条第一款的规定予以支持。"

◆ 疑点与难点

一、《民法典》第 1198 条第 1 款与建筑物管理人的侵权责任

《民法典》第 1198 条第 1 款与第 2 款最大的区别就在于，前者是经营场所、公共场所的经营者、管理者以及群众性活动的组织者自身违反安全保障义务造成他人损害时的侵权责任；后者是第三人侵权时，经营者、管理者或者组织未尽到安全保障义务而承担的侵权责任。从《民法典》第 1254 条第 2 款的规定来看，其要求物业服务企业等建筑物管理人应当采取必要的安全保障措施防止该条第 1 款规定情形的发生。而该条第 1 款规定的是有人从建筑物抛掷物品或者坠落物品，即存在第三人侵权，故此，物业服务企业等建筑物管理人没有采取必要的安全保障措施防止第 1254 条第 1 款的情形发生的，建筑物管理人是依据《民法典》第 1198 条第 2 款承担相应的补充责任。但是，《民法典》第 1254 条第 2 款并未排除物业服务企业等建筑物管理人自身存在违反安全保障义务的行为而造成他人损害的侵权责任。例如，物业服务公司在下雪天没有对小区的公共道路上的积雪进行清扫而导致业主摔伤；在台风到来之前没有

将已经枯死的小区的树木砍伐掉导致树枝断裂砸伤业主；在小区的建筑物外墙皮脱落后没有采取措施导致楼旁经过的路人被砸伤等。这些情形与建筑物中抛掷和坠落物品造成他人损害时建筑物管理人违反安全保障义务的侵权责任不同，前者适用《民法典》第1198条第1款，而后者适用同条第2款。

二、《民法典侵权责任编解释（一）》第25条第1款中建筑物管理人的责任性质

《民法典侵权责任编解释（一）》第25条第1款第1句规定："物业服务企业等建筑物管理人未采取必要的安全保障措施防止从建筑物中抛掷物品或者从建筑物上坠落的物品造成他人损害，经公安等机关调查，在民事案件一审法庭辩论终结前仍难以确定具体侵权人的，未采取必要安全保障措施的物业服务企业等建筑物管理人承担与其过错相应的责任。"该句中的"承担与其过错相应的责任"就是指《民法典》第1198条第2款规定的"相应的补充责任"，只是因为具体侵权人无法确定，因此也就不存在先由具体侵权人承担侵权责任，再由建筑物管理人来承担补充责任的问题，而是直接由建筑物管理人承担责任，当然这种责任也是与其过错相应的责任。

◆ 相关规定

《中华人民共和国民法典》

第一千一百九十八条 宾馆、商场、银行、车站、机场、体育场馆、娱乐场所等经营场所、公共场所的经营者、管理者或者群众性活动的组织者，未尽到安全保障义务，造成他人损害的，应当承担侵权责任。

因第三人的行为造成他人损害的，由第三人承担侵权责任；经营者、管理者或者组织者未尽到安全保障义务的，承担相应的补充责任。经营者、管理者或者组织者承担补充责任后，可以向第三人追偿。

第一千二百五十三条 建筑物、构筑物或者其他设施及其搁置物、悬挂物发生脱落、坠落造成他人损害，所有人、管理人或者使用人不能证明自己没有过错的，应当承担侵权责任。所有人、管理人或者使用人赔偿后，有其他责任人的，有权向其他责任人追偿。

第一千二百五十四条　禁止从建筑物中抛掷物品。从建筑物中抛掷物品或者从建筑物上坠落的物品造成他人损害的，由侵权人依法承担侵权责任；经调查难以确定具体侵权人的，除能够证明自己不是侵权人的外，由可能加害的建筑物使用人给予补偿。可能加害的建筑物使用人补偿后，有权向侵权人追偿。

物业服务企业等建筑物管理人应当采取必要的安全保障措施防止前款规定情形的发生；未采取必要的安全保障措施的，应当依法承担未履行安全保障义务的侵权责任。

发生本条第一款规定的情形的，公安等机关应当依法及时调查，查清责任人。

第二十六条　【施行时间与效力范围】

本解释自2024年9月27日起施行。

本解释施行后，人民法院尚未审结的一审、二审案件适用本解释。本解释施行前已经终审，当事人申请再审或者按照审判监督程序决定再审的，适用当时的法律、司法解释规定。

◆ 条文要旨

本条是关于本司法解释的施行时间和时间效力范围的规定。

◆ 理解与适用

本条第 1 款规定了《民法典侵权责任编解释（一）》的施行时间。第 2 款则是对《民法典侵权责任编解释（一）》时间效力范围的规定。

依据本条第 2 款，《民法典侵权责任编解释（一）》具有溯及效力，也就是说，不仅是 2024 年 9 月 27 日起受理的案件要适用该司法解释，即便是在 2024 年 9 月 27 日之前受理的案件，无论该案件是在一审程序还是二审程序当中，只要不是已经终审而处于再审程序的，也必须适用《民法典侵权责任编解释（一）》。之所以作此规定，主要就是考虑到《民法典侵权责任编解释（一）》是对我国《民法典》侵权责任编的规定所作的解释，是被解释的《民法典》侵权责任编的一部分。既然《民法典》已经自 2021 年 1 月 1 日起施行，并且也已经适用于正在审理的一审和二审案件，当然《民法典侵权责任编解释（一）》也应当适用于这些案件。

◆ 疑点与难点

依据《全国人民代表大会常务委员会关于加强法律解释工作的决议》的规定，最高人民法院的司法解释都是针对法院审判工作中具体应用法律、法令的问题而作出的解释。故此，在《民法典》施行之后，最高人民法院针对《民法典》所作的司法解释基本上都具有溯及效力，即适用于司法解释颁布后尚未终审的案件，如《最高人民法院关于适用〈中华人民共和国民法典〉合同编通则若干问题的解释》《最高人民法院关于适用〈中华人民共和国民法典〉总则编若干问题的解释》。如果是与《民法典》同时施行的一些司法解释，例如《最高人民法院关于适用〈中华人民共和国民法典〉有关担保制度的解释》《最高人民法院关于适用〈中华人民共和国民法典〉物权编的解释（一）》《最高人民法院关于适用〈中华人民共和国民法典〉婚姻家庭编的解释（一）》则仅规定

“本解释自 2021 年 1 月 1 日起施行”。至于这些司法解释的时间效力问题，应当适用《最高人民法院关于适用〈中华人民共和国民法典〉时间效力的若干规定》的有关规定。

附录：《中华人民共和国民法典》侵权责任相关条文

第一编 总 则

第八章 民 事 责 任

第一百七十六条 民事主体依照法律规定或者按照当事人约定，履行民事义务，承担民事责任。

第一百七十七条 二人以上依法承担按份责任，能够确定责任大小的，各自承担相应的责任；难以确定责任大小的，平均承担责任。

第一百七十八条 二人以上依法承担连带责任的，权利人有权请求部分或者全部连带责任人承担责任。

连带责任人的责任份额根据各自责任大小确定；难以确定责任大小的，平均承担责任。实际承担责任超过自己责任份额的连带责任人，有权向其他连带责任人追偿。

连带责任，由法律规定或者当事人约定。

第一百七十九条 承担民事责任的方式主要有：

（一）停止侵害；

（二）排除妨碍；

（三）消除危险；

（四）返还财产；

（五）恢复原状；

（六）修理、重作、更换；

（七）继续履行；

（八）赔偿损失；

（九）支付违约金；

（十）消除影响、恢复名誉；

（十一）赔礼道歉。

法律规定惩罚性赔偿的，依照其规定。

本条规定的承担民事责任的方式，可以单独适用，也可以合并适用。

第一百八十条 因不可抗力不能履行民事义务的，不承担民事责任。法律另有规定的，依照其规定。

不可抗力是不能预见、不能避免且不能克服的客观情况。

第一百八十一条 因正当防卫造成损害的，不承担民事责任。

正当防卫超过必要的限度，造成不应有的损害的，正当防卫人应当承担适当的民事责任。

第一百八十二条 因紧急避险造成损害的，由引起险情发生的人承担民事责任。

危险由自然原因引起的，紧急避险人不承担民事责任，可以给予适当补偿。

紧急避险采取措施不当或者超过必要的限度，造成不应有的损害的，紧急避险人应当承担适当的民事责任。

第一百八十三条 因保护他人民事权益使自己受到损害的，由侵权人承担民事责任，受益人可以给予适当补偿。没有侵权人、侵权人逃逸或者无力承担民事责任，受害人请求补偿的，受益人应当给予适当补偿。

第一百八十四条 因自愿实施紧急救助行为造成受助人损害的，救助人不承担民事责任。

第一百八十五条 侵害英雄烈士等的姓名、肖像、名誉、荣誉，损害社会公共利益的，应当承担民事责任。

第一百八十六条 因当事人一方的违约行为，损害对方人身权益、财产权益的，受损害方有权选择请求其承担违约责任或者侵权责任。

第一百八十七条 民事主体因同一行为应当承担民事责任、行政责任和刑事责任的，承担行政责任或者刑事责任不影响承担民事责任；民事主体的财产不足以支付的，优先用于承担民事责任。

……

第七编 侵权责任

第一章 一般规定

第一千一百六十四条 本编调整因侵害民事权益产生的民事关系。

第一千一百六十五条 行为人因过错侵害他人民事权益造成损害的，应当承担侵权责任。

依照法律规定推定行为人有过错，其不能证明自己没有过错的，应当承担侵权责任。

第一千一百六十六条 行为人造成他人民事权益损害，不论行为人有无过错，法律规定应当承担侵权责任的，依照其规定。

第一千一百六十七条 侵权行为危及他人人身、财产安全的，被侵权人有权请求侵权人承担停止侵害、排除妨碍、消除危险等侵权责任。

第一千一百六十八条 二人以上共同实施侵权行为，造成他人损害的，应当承担连带责任。

第一千一百六十九条 教唆、帮助他人实施侵权行为的，应当与行为人承担连带责任。

教唆、帮助无民事行为能力人、限制民事行为能力人实施侵权行为的，应当承担侵权责任；该无民事行为能力人、限制民事行为能力人的监护人未尽到监护职责的，应当承担相应的责任。

第一千一百七十条 二人以上实施危及他人人身、财产安全的行为，其中一人或者数人的行为造成他人损害，能够确定具体侵权人的，由侵权人承担责任；不能确定具体侵权人的，行为人承担连带责任。

第一千一百七十一条 二人以上分别实施侵权行为造成同一损害，每个人的侵权行为都足以造成全部损害的，行为人承担连带责任。

第一千一百七十二条 二人以上分别实施侵权行为造成同一损害，能够确定责任大小的，各自承担相应的责任；难以确定责任大小的，平均承担责任。

第一千一百七十三条　被侵权人对同一损害的发生或者扩大有过错的，可以减轻侵权人的责任。

第一千一百七十四条　损害是因受害人故意造成的，行为人不承担责任。

第一千一百七十五条　损害是因第三人造成的，第三人应当承担侵权责任。

第一千一百七十六条　自愿参加具有一定风险的文体活动，因其他参加者的行为受到损害的，受害人不得请求其他参加者承担侵权责任；但是，其他参加者对损害的发生有故意或者重大过失的除外。

活动组织者的责任适用本法第一千一百九十八条至第一千二百零一条的规定。

第一千一百七十七条　合法权益受到侵害，情况紧迫且不能及时获得国家机关保护，不立即采取措施将使其合法权益受到难以弥补的损害的，受害人可以在保护自己合法权益的必要范围内采取扣留侵权人的财物等合理措施；但是，应当立即请求有关国家机关处理。

受害人采取的措施不当造成他人损害的，应当承担侵权责任。

第一千一百七十八条　本法和其他法律对不承担责任或者减轻责任的情形另有规定的，依照其规定。

第二章　损害赔偿

第一千一百七十九条　侵害他人造成人身损害的，应当赔偿医疗费、护理费、交通费、营养费、住院伙食补助费等为治疗和康复支出的合理费用，以及因误工减少的收入。造成残疾的，还应当赔偿辅助器具费和残疾赔偿金；造成死亡的，还应当赔偿丧葬费和死亡赔偿金。

第一千一百八十条　因同一侵权行为造成多人死亡的，可以以相同数额确定死亡赔偿金。

第一千一百八十一条　被侵权人死亡的，其近亲属有权请求侵权人承担侵权责任。被侵权人为组织，该组织分立、合并的，承继权利的组织有权请求侵权人承担侵权责任。

被侵权人死亡的，支付被侵权人医疗费、丧葬费等合理费用的人有权请求侵权人赔偿费用，但是侵权人已经支付该费用的除外。

第一千一百八十二条 侵害他人人身权益造成财产损失的，按照被侵权人因此受到的损失或者侵权人因此获得的利益赔偿；被侵权人因此受到的损失以及侵权人因此获得的利益难以确定，被侵权人和侵权人就赔偿数额协商不一致，向人民法院提起诉讼的，由人民法院根据实际情况确定赔偿数额。

第一千一百八十三条 侵害自然人人身权益造成严重精神损害的，被侵权人有权请求精神损害赔偿。

因故意或者重大过失侵害自然人具有人身意义的特定物造成严重精神损害的，被侵权人有权请求精神损害赔偿。

第一千一百八十四条 侵害他人财产的，财产损失按照损失发生时的市场价格或者其他合理方式计算。

第一千一百八十五条 故意侵害他人知识产权，情节严重的，被侵权人有权请求相应的惩罚性赔偿。

第一千一百八十六条 受害人和行为人对损害的发生都没有过错的，依照法律的规定由双方分担损失。

第一千一百八十七条 损害发生后，当事人可以协商赔偿费用的支付方式。协商不一致的，赔偿费用应当一次性支付；一次性支付确有困难的，可以分期支付，但是被侵权人有权请求提供相应的担保。

第三章 责任主体的特殊规定

第一千一百八十八条 无民事行为能力人、限制民事行为能力人造成他人损害的，由监护人承担侵权责任。监护人尽到监护职责的，可以减轻其侵权责任。

有财产的无民事行为能力人、限制民事行为能力人造成他人损害的，从本人财产中支付赔偿费用；不足部分，由监护人赔偿。

第一千一百八十九条 无民事行为能力人、限制民事行为能力人造成他人损害，监护人将监护职责委托给他人的，监护人应当承担侵权责任；受托人有过错的，承担相应的责任。

第一千一百九十条 完全民事行为能力人对自己的行为暂时没有意识或者失去控制造成他人损害有过错的，应当承担侵权责任；没有过错的，根据行为人的经济状况对受害人适当补偿。

完全民事行为能力人因醉酒、滥用麻醉药品或者精神药品对自己的行为暂时没有意识或者失去控制造成他人损害的，应当承担侵权责任。

第一千一百九十一条 用人单位的工作人员因执行工作任务造成他人损害的，由用人单位承担侵权责任。用人单位承担侵权责任后，可以向有故意或者重大过失的工作人员追偿。

劳务派遣期间，被派遣的工作人员因执行工作任务造成他人损害的，由接受劳务派遣的用工单位承担侵权责任；劳务派遣单位有过错的，承担相应的责任。

第一千一百九十二条 个人之间形成劳务关系，提供劳务一方因劳务造成他人损害的，由接受劳务一方承担侵权责任。接受劳务一方承担侵权责任后，可以向有故意或者重大过失的提供劳务一方追偿。提供劳务一方因劳务受到损害的，根据双方各自的过错承担相应的责任。

提供劳务期间，因第三人的行为造成提供劳务一方损害的，提供劳务一方有权请求第三人承担侵权责任，也有权请求接受劳务一方给予补偿。接受劳务一方补偿后，可以向第三人追偿。

第一千一百九十三条 承揽人在完成工作过程中造成第三人损害或者自己损害的，定作人不承担侵权责任。但是，定作人对定作、指示或者选任有过错的，应当承担相应的责任。

第一千一百九十四条 网络用户、网络服务提供者利用网络侵害他人民事权益的，应当承担侵权责任。法律另有规定的，依照其规定。

第一千一百九十五条 网络用户利用网络服务实施侵权行为的，权利人有权通知网络服务提供者采取删除、屏蔽、断开链接等必要措施。通知应当包括构成侵权的初步证据及权利人的真实身份信息。

网络服务提供者接到通知后，应当及时将该通知转送相关网络用户，并根据构成侵权的初步证据和服务类型采取必要措施；未及时采取必要措施的，对损害的扩大部分与该网络用户承担连带责任。

权利人因错误通知造成网络用户或者网络服务提供者损害的，应当承担侵权责任。法律另有规定的，依照其规定。

第一千一百九十六条 网络用户接到转送的通知后，可以向网络服务提供者提交不存在侵权行为的声明。声明应当包括不存在侵权行为的初步证据及网络用户的真实身份信息。

网络服务提供者接到声明后，应当将该声明转送发出通知的权利人，并告知其可以向有关部门投诉或者向人民法院提起诉讼。网络服务提供者在转送声明到达权利人后的合理期限内，未收到权利人已经投诉或者提起诉讼通知的，应当及时终止所采取的措施。

第一千一百九十七条 网络服务提供者知道或者应当知道网络用户利用其网络服务侵害他人民事权益，未采取必要措施的，与该网络用户承担连带责任。

第一千一百九十八条 宾馆、商场、银行、车站、机场、体育场馆、娱乐场所等经营场所、公共场所的经营者、管理者或者群众性活动的组织者，未尽到安全保障义务，造成他人损害的，应当承担侵权责任。

因第三人的行为造成他人损害的，由第三人承担侵权责任；经营者、管理者或者组织者未尽到安全保障义务的，承担相应的补充责任。经营者、管理者或者组织者承担补充责任后，可以向第三人追偿。

第一千一百九十九条 无民事行为能力人在幼儿园、学校或者其他教育机构学习、生活期间受到人身损害的，幼儿园、学校或者其他教育机构应当承担侵权责任；但是，能够证明尽到教育、管理职责的，不承担侵权责任。

第一千二百条 限制民事行为能力人在学校或者其他教育机构学习、生活期间受到人身损害，学校或者其他教育机构未尽到教育、管理职责的，应当承担侵权责任。

第一千二百零一条 无民事行为能力人或者限制民事行为能力人在幼儿园、学校或者其他教育机构学习、生活期间，受到幼儿园、学校或者其他教育机构以外的第三人人身损害的，由第三人承担侵权责任；幼儿园、学校或者其他教育机构未尽到管理职责的，承担相应的补充责任。幼儿园、学校或者其他教育机构承担补充责任后，可以向第三人追偿。

第四章　产 品 责 任

第一千二百零二条　因产品存在缺陷造成他人损害的，生产者应当承担侵权责任。

第一千二百零三条　因产品存在缺陷造成他人损害的，被侵权人可以向产品的生产者请求赔偿，也可以向产品的销售者请求赔偿。

产品缺陷由生产者造成的，销售者赔偿后，有权向生产者追偿。因销售者的过错使产品存在缺陷的，生产者赔偿后，有权向销售者追偿。

第一千二百零四条　因运输者、仓储者等第三人的过错使产品存在缺陷，造成他人损害的，产品的生产者、销售者赔偿后，有权向第三人追偿。

第一千二百零五条　因产品缺陷危及他人人身、财产安全的，被侵权人有权请求生产者、销售者承担停止侵害、排除妨碍、消除危险等侵权责任。

第一千二百零六条　产品投入流通后发现存在缺陷的，生产者、销售者应当及时采取停止销售、警示、召回等补救措施；未及时采取补救措施或者补救措施不力造成损害扩大的，对扩大的损害也应当承担侵权责任。

依据前款规定采取召回措施的，生产者、销售者应当负担被侵权人因此支出的必要费用。

第一千二百零七条　明知产品存在缺陷仍然生产、销售，或者没有依据前条规定采取有效补救措施，造成他人死亡或者健康严重损害的，被侵权人有权请求相应的惩罚性赔偿。

第五章　机动车交通事故责任

第一千二百零八条　机动车发生交通事故造成损害的，依照道路交通安全法律和本法的有关规定承担赔偿责任。

第一千二百零九条　因租赁、借用等情形机动车所有人、管理人与使用人不是同一人时，发生交通事故造成损害，属于该机动车一方责任的，由机动车使用人承担赔偿责任；机动车所有人、管理人对损害的发生有过错的，承担相应的赔偿责任。

第一千二百一十条　当事人之间已经以买卖或者其他方式转让并交付机动车但是未办理登记，发生交通事故造成损害，属于该机动车一方责任的，由受让人承担赔偿责任。

第一千二百一十一条　以挂靠形式从事道路运输经营活动的机动车，发生交通事故造成损害，属于该机动车一方责任的，由挂靠人和被挂靠人承担连带责任。

第一千二百一十二条　未经允许驾驶他人机动车，发生交通事故造成损害，属于该机动车一方责任的，由机动车使用人承担赔偿责任；机动车所有人、管理人对损害的发生有过错的，承担相应的赔偿责任，但是本章另有规定的除外。

第一千二百一十三条　机动车发生交通事故造成损害，属于该机动车一方责任的，先由承保机动车强制保险的保险人在强制保险责任限额范围内予以赔偿；不足部分，由承保机动车商业保险的保险人按照保险合同的约定予以赔偿；仍然不足或者没有投保机动车商业保险的，由侵权人赔偿。

第一千二百一十四条　以买卖或者其他方式转让拼装或者已经达到报废标准的机动车，发生交通事故造成损害的，由转让人和受让人承担连带责任。

第一千二百一十五条　盗窃、抢劫或者抢夺的机动车发生交通事故造成损害的，由盗窃人、抢劫人或者抢夺人承担赔偿责任。盗窃人、抢劫人或者抢夺人与机动车使用人不是同一人，发生交通事故造成损害，属于该机动车一方责任的，由盗窃人、抢劫人或者抢夺人与机动车使用人承担连带责任。

保险人在机动车强制保险责任限额范围内垫付抢救费用的，有权向交通事故责任人追偿。

第一千二百一十六条　机动车驾驶人发生交通事故后逃逸，该机动车参加强制保险的，由保险人在机动车强制保险责任限额范围内予以赔偿；机动车不明、该机动车未参加强制保险或者抢救费用超过机动车强制保险责任限额，需要支付被侵权人人身伤亡的抢救、丧葬等费用的，由道路交通事故社会救助基金垫付。道路交通事故社会救助基金垫付后，其管理机构有权向交通事故责任人追偿。

第一千二百一十七条 非营运机动车发生交通事故造成无偿搭乘人损害，属于该机动车一方责任的，应当减轻其赔偿责任，但是机动车使用人有故意或者重大过失的除外。

第六章 医疗损害责任

第一千二百一十八条 患者在诊疗活动中受到损害，医疗机构或者其医务人员有过错的，由医疗机构承担赔偿责任。

第一千二百一十九条 医务人员在诊疗活动中应当向患者说明病情和医疗措施。需要实施手术、特殊检查、特殊治疗的，医务人员应当及时向患者具体说明医疗风险、替代医疗方案等情况，并取得其明确同意；不能或者不宜向患者说明的，应当向患者的近亲属说明，并取得其明确同意。

医务人员未尽到前款义务，造成患者损害的，医疗机构应当承担赔偿责任。

第一千二百二十条 因抢救生命垂危的患者等紧急情况，不能取得患者或者其近亲属意见的，经医疗机构负责人或者授权的负责人批准，可以立即实施相应的医疗措施。

第一千二百二十一条 医务人员在诊疗活动中未尽到与当时的医疗水平相应的诊疗义务，造成患者损害的，医疗机构应当承担赔偿责任。

第一千二百二十二条 患者在诊疗活动中受到损害，有下列情形之一的，推定医疗机构有过错：

（一）违反法律、行政法规、规章以及其他有关诊疗规范的规定；

（二）隐匿或者拒绝提供与纠纷有关的病历资料；

（三）遗失、伪造、篡改或者违法销毁病历资料。

第一千二百二十三条 因药品、消毒产品、医疗器械的缺陷，或者输入不合格的血液造成患者损害的，患者可以向药品上市许可持有人、生产者、血液提供机构请求赔偿，也可以向医疗机构请求赔偿。患者向医疗机构请求赔偿的，医疗机构赔偿后，有权向负有责任的药品上市许可持有人、生产者、血液提供机构追偿。

第一千二百二十四条　患者在诊疗活动中受到损害，有下列情形之一的，医疗机构不承担赔偿责任：

（一）患者或者其近亲属不配合医疗机构进行符合诊疗规范的诊疗；

（二）医务人员在抢救生命垂危的患者等紧急情况下已经尽到合理诊疗义务；

（三）限于当时的医疗水平难以诊疗。

前款第一项情形中，医疗机构或者其医务人员也有过错的，应当承担相应的赔偿责任。

第一千二百二十五条　医疗机构及其医务人员应当按照规定填写并妥善保管住院志、医嘱单、检验报告、手术及麻醉记录、病理资料、护理记录等病历资料。

患者要求查阅、复制前款规定的病历资料的，医疗机构应当及时提供。

第一千二百二十六条　医疗机构及其医务人员应当对患者的隐私和个人信息保密。泄露患者的隐私和个人信息，或者未经患者同意公开其病历资料的，应当承担侵权责任。

第一千二百二十七条　医疗机构及其医务人员不得违反诊疗规范实施不必要的检查。

第一千二百二十八条　医疗机构及其医务人员的合法权益受法律保护。

干扰医疗秩序，妨碍医务人员工作、生活，侵害医务人员合法权益的，应当依法承担法律责任。

第七章　环境污染和生态破坏责任

第一千二百二十九条　因污染环境、破坏生态造成他人损害的，侵权人应当承担侵权责任。

第一千二百三十条　因污染环境、破坏生态发生纠纷，行为人应当就法律规定的不承担责任或者减轻责任的情形及其行为与损害之间不存在因果关系承担举证责任。

第一千二百三十一条　两个以上侵权人污染环境、破坏生态的，承担责任的大小，根据污染物的种类、浓度、排放量，破坏生态的方式、范围、程度，以及行为对损害后果所起的作用等因素确定。

第一千二百三十二条　侵权人违反法律规定故意污染环境、破坏生态造成严重后果的，被侵权人有权请求相应的惩罚性赔偿。

第一千二百三十三条　因第三人的过错污染环境、破坏生态的，被侵权人可以向侵权人请求赔偿，也可以向第三人请求赔偿。侵权人赔偿后，有权向第三人追偿。

第一千二百三十四条　违反国家规定造成生态环境损害，生态环境能够修复的，国家规定的机关或者法律规定的组织有权请求侵权人在合理期限内承担修复责任。侵权人在期限内未修复的，国家规定的机关或者法律规定的组织可以自行或者委托他人进行修复，所需费用由侵权人负担。

第一千二百三十五条　违反国家规定造成生态环境损害的，国家规定的机关或者法律规定的组织有权请求侵权人赔偿下列损失和费用：

（一）生态环境受到损害至修复完成期间服务功能丧失导致的损失；

（二）生态环境功能永久性损害造成的损失；

（三）生态环境损害调查、鉴定评估等费用；

（四）清除污染、修复生态环境费用；

（五）防止损害的发生和扩大所支出的合理费用。

第八章　高度危险责任

第一千二百三十六条　从事高度危险作业造成他人损害的，应当承担侵权责任。

第一千二百三十七条　民用核设施或者运入运出核设施的核材料发生核事故造成他人损害的，民用核设施的营运单位应当承担侵权责任；但是，能够证明损害是因战争、武装冲突、暴乱等情形或者受害人故意造成的，不承担责任。

第一千二百三十八条　民用航空器造成他人损害的，民用航空器的经营者应当承担侵权责任；但是，能够证明损害是因受害人故意造成的，不承担责任。

第一千二百三十九条　占有或者使用易燃、易爆、剧毒、高放射性、强腐蚀性、高致病性等高度危险物造成他人损害的，占有人或者使用人应当承担侵权责任；但是，能够证明损害是因受害人故意或者不可抗力造成的，不承担责任。被侵权人对损害的发生有重大过失的，可以减轻占有人或者使用人的责任。

第一千二百四十条 从事高空、高压、地下挖掘活动或者使用高速轨道运输工具造成他人损害的，经营者应当承担侵权责任；但是，能够证明损害是因受害人故意或者不可抗力造成的，不承担责任。被侵权人对损害的发生有重大过失的，可以减轻经营者的责任。

第一千二百四十一条 遗失、抛弃高度危险物造成他人损害的，由所有人承担侵权责任。所有人将高度危险物交由他人管理的，由管理人承担侵权责任；所有人有过错的，与管理人承担连带责任。

第一千二百四十二条 非法占有高度危险物造成他人损害的，由非法占有人承担侵权责任。所有人、管理人不能证明对防止非法占有尽到高度注意义务的，与非法占有人承担连带责任。

第一千二百四十三条 未经许可进入高度危险活动区域或者高度危险物存放区域受到损害，管理人能够证明已经采取足够安全措施并尽到充分警示义务的，可以减轻或者不承担责任。

第一千二百四十四条 承担高度危险责任，法律规定赔偿限额的，依照其规定，但是行为人有故意或者重大过失的除外。

第九章 饲养动物损害责任

第一千二百四十五条 饲养的动物造成他人损害的，动物饲养人或者管理人应当承担侵权责任；但是，能够证明损害是因被侵权人故意或者重大过失造成的，可以不承担或者减轻责任。

第一千二百四十六条 违反管理规定，未对动物采取安全措施造成他人损害的，动物饲养人或者管理人应当承担侵权责任；但是，能够证明损害是因被侵权人故意造成的，可以减轻责任。

第一千二百四十七条 禁止饲养的烈性犬等危险动物造成他人损害的，动物饲养人或者管理人应当承担侵权责任。

第一千二百四十八条 动物园的动物造成他人损害的，动物园应当承担侵权责任；但是，能够证明尽到管理职责的，不承担侵权责任。

第一千二百四十九条 遗弃、逃逸的动物在遗弃、逃逸期间造成他人损害的，由动物原饲养人或者管理人承担侵权责任。

第一千二百五十条 因第三人的过错致使动物造成他人损害的，被侵权人可以向动物饲养人或者管理人请求赔偿，也可以向第三人请求赔偿。动物饲养人或者管理人赔偿后，有权向第三人追偿。

第一千二百五十一条 饲养动物应当遵守法律法规，尊重社会公德，不得妨碍他人生活。

第十章 建筑物和物件损害责任

第一千二百五十二条 建筑物、构筑物或者其他设施倒塌、塌陷造成他人损害的，由建设单位与施工单位承担连带责任，但是建设单位与施工单位能够证明不存在质量缺陷的除外。建设单位、施工单位赔偿后，有其他责任人的，有权向其他责任人追偿。

因所有人、管理人、使用人或者第三人的原因，建筑物、构筑物或者其他设施倒塌、塌陷造成他人损害的，由所有人、管理人、使用人或者第三人承担侵权责任。

第一千二百五十三条 建筑物、构筑物或者其他设施及其搁置物、悬挂物发生脱落、坠落造成他人损害，所有人、管理人或者使用人不能证明自己没有过错的，应当承担侵权责任。所有人、管理人或者使用人赔偿后，有其他责任人的，有权向其他责任人追偿。

第一千二百五十四条 禁止从建筑物中抛掷物品。从建筑物中抛掷物品或者从建筑物上坠落的物品造成他人损害的，由侵权人依法承担侵权责任；经调查难以确定具体侵权人的，除能够证明自己不是侵权人的外，由可能加害的建筑物使用人给予补偿。可能加害的建筑物使用人补偿后，有权向侵权人追偿。

物业服务企业等建筑物管理人应当采取必要的安全保障措施防止前款规定情形的发生；未采取必要的安全保障措施的，应当依法承担未履行安全保障义务的侵权责任。

发生本条第一款规定的情形的，公安等机关应当依法及时调查，查清责任人。

第一千二百五十五条 堆放物倒塌、滚落或者滑落造成他人损害，堆放人不能证明自己没有过错的，应当承担侵权责任。

第一千二百五十六条 在公共道路上堆放、倾倒、遗撒妨碍通行的物品造成他人损害的，由行为人承担侵权责任。公共道路管理人不能证明已经尽到清理、防护、警示等义务的，应当承担相应的责任。

第一千二百五十七条 因林木折断、倾倒或者果实坠落等造成他人损害，林木的所有人或者管理人不能证明自己没有过错的，应当承担侵权责任。

第一千二百五十八条 在公共场所或者道路上挖掘、修缮安装地下设施等造成他人损害，施工人不能证明已经设置明显标志和采取安全措施的，应当承担侵权责任。

窨井等地下设施造成他人损害，管理人不能证明尽到管理职责的，应当承担侵权责任。

……

参考文献

一、中文著作

（一）专著

1. 王利明:《侵权责任法研究（上卷）》（第二版），中国人民大学出版社 2018 年版。

2. 王利明:《侵权责任法研究（下卷）》（第二版），中国人民大学出版社 2018 年版。

3. 王利明:《民法总则研究》（第三版），中国人民大学出版社 2018 年版。

4. 王利明、周友军、高圣平:《中国侵权责任法教程》，人民法院出版社 2010 年版。

5. 王泽鉴:《损害赔偿》，北京大学出版社 2017 年版。

6. 王泽鉴:《侵权行为法》（增订新版），台北作者印行 2015 年版。

7. 梁慧星:《民法总论》（第五版），法律出版社 2019 年版。

8. 梁慧星:《侵权责任法讲义》，法律出版社 2023 年版。

9. 郭明瑞:《民法总则通义》（修订版），商务印书馆 2022 年版。

10. 郭明瑞:《侵权责任法通义》，商务印书馆 2022 年版。

11. 杨立新:《侵权责任法》（第四版），法律出版社 2021 年版。

12. 张新宝:《侵权责任法立法研究》，中国人民大学出版社 2009 年版。

13. 张新宝：《侵权责任法原理》，中国人民大学出版社 2005 年版。

14. 崔建远等：《民法总论》（第三版），清华大学出版社 2019 年版。

15. 李永军：《民法典总则论》，中国法制出版社 2022 年版。

16. 杨代雄：《民法总论》，北京大学出版社 2022 年版。

17. 王竹：《侵权责任法疑难问题专题研究》（第三版），中国人民大学出版社 2023 年版。

18. 陈龙业：《民法典侵权责任编的创新发展与规则适用》，人民法院出版社 2024 年版。

19. 程啸：《侵权责任法》（第三版），法律出版社 2021 年版。

（二）民法典释义书

1. 黄薇主编：《中华人民共和国民法典侵权责任编解读》，中国法制出版社 2020 年版。

2. 黄薇主编：《中华人民共和国民法典人格权编解读》，中国法制出版社 2020 年版。

3. 黄薇主编：《中华人民共和国民法典婚姻家庭编解读》，中国法制出版社 2020 年版。

4. 王利明主编：《中国民法典评注·侵权责任编》，人民法院出版社 2021 年版。

5. 张新宝：《中国民法典释评·侵权责任编》，中国人民大学出版社 2020 年版。

6. 邹海林、朱广新主编：《民法典评注：侵权责任编》，中国法制出版社 2020 年版。

7. 徐涤宇、张家勇主编：《〈中华人民共和国民法典〉评注（精要版）》，中国人民大学出版社 2022 年版。

8. 杨代雄主编：《袖珍民法典评注》，中国民主法制出版社 2022 年版。

9. 最高人民法院民法典贯彻实施工作领导小组：《中华人民共和国

民法典侵权责任编理解与适用》，人民法院出版社 2020 年版。

10. 最高人民法院民事审判第一庭：《最高人民法院〈关于确定民事侵权精神损害赔偿责任若干问题的解释〉的理解与适用》，人民法院出版社 2001 年版。

二、外文著作

（一）德文著作

1. Münchener Kommentar zum BGB /Wagner，8. Aufl.，Beck，2020.

2. Ahrens/Spickhoff，Deliktsrecht，Beck，2022.

3. Deutsch/Ahrens，Deliktsrecht，5. Aufl.，2009.

4. Fuchs/Pauker/Baumgärtner，Delikts-und Schadensersatzrecht，9. Aufl.，Springer，2017.

5. Brox/Walker，Besonderes Schuldrecht，48. Aufl.，Beck，2024.

6. Looschelders，Schuldrecht Besonderer Teil，19. Aufl.，Heymanns，2024.

7. Larenz/Canaris，Lehrbuch des Schuldrechts，Band II/2，Beck，1994.

（二）英文著作

1. Walter van Gerven，Jeremy Lever&Pierre Labrouche，Cases，Materials and Text on National，Supranational and International Tort Law，Hart Publishing，2000.

2. Paula Giliker，Vicarious Liability in Tort：A Comparative Perspective，Cambridge University Press，2010.

3. Duncan Fairgrieve ed.，Product Liability in Comparative Perspective，Cambridge University Press，2005.

4. Cees Van Dam，European Tort Law，2nd. ed.，Oxford University Press，2013.

5. Salmond & Heuston，The Law of Torts，21st ed.，Sweet and Maxwell，1996.